MISERÁVEL NO PARAÍSO

MISERÁVEL
NO PARAÍSO

A VIDA DE
ANTHONY
BOURDAIN

CHARLES
LEERHSEN

MISERÁVEL NO PARAÍSO
A VIDA DE ANTHONY BOURDAIN
© 2022 by Charles Leerhsen
AUTOR: Charlers Leerhsen

DIRETOR DA ALMEDINA BRASIL: Rodrigo Mentz
EDITOR: Marco Pace
ASSISTENTES EDITORIAIS: Larissa Nogueira e Rafael Fulanetti
ESTAGIÁRIA DE PRODUÇÃO: Laura Roberti

TÍTULO ORIGINAL: *Down and out in paradise: the life of Antony Bourdain*
TRADUÇÃO: Luciana Boni
REVISÃO: Gabriela Leite e Neto Bach
DIAGRAMAÇÃO: Almedina
DESIGN DE CAPA: FBA

ISBN: 9786554271608
Agosto, 2023

Dados Internacionais de Catalogação na Publicação (CIP)
(Câmara Brasileira do Livro, SP, Brasil)

Leerhsen, Charlers
Miserável no paraíso : a vida de Anthony Bourdain /Charlers Leerhsen ; tradução Luciana Boni. -- 1. ed.
-- São Paulo, SP : Edições 70, 2023.
Título original: Down and out in paradise.
Bibliografia.
ISBN 978-65-5427-160-8
1. Chefes de cozinha - Biografia 2. Gastronomia
3. Histórias de vida 4. Suicídio - História
5. Viagens - Narrativas I. Título.

23-160570 CDD-641.5092

Índices para catálogo sistemático:

1. Chefes de cozinha : Biografia 641.5092
Tábata Alves da Silva - Bibliotecária - CRB-8/9253

Este livro segue as regras do novo Acordo Ortográfico da Língua Portuguesa (1990).

Todos os direitos reservados. Nenhuma parte deste livro, protegido por copyright, pode ser reproduzida, armazenada ou transmitida de alguma forma ou por algum meio, seja eletrônico ou mecânico, inclusive fotocópia, gravação ou qualquer sistema de armazenagem de informações, sem a permissão expressa e por escrito da editora.

EDITORA: Almedina Brasil
Rua José Maria Lisboa, 860, Conj.131 e 132, Jardim Paulista | 01423-001 São Paulo | Brasil
www.almedina.com.br

Para Frankie.

AB: Há algo que eu possa fazer?
AA: Pare de encher meu saco.
AB: Ok.

Última troca de mensagens entre Anthony Bourdain e Asia Argento na noite em que ele se matou.

Sumário

Prelúdio	13
Parte Um	29
Parte Dois	115
Parte Três	197
Epílogo	295
Agradecimentos	299
Notas finais	301
Referências	315
Créditos de imagens	321

Prelúdio

Ele era o epítome do legal. Um garoto de Jersey, de sorriso triste, que combinava padrões extremamente elevados com a subestimada arte de não dar a mínima de maneiras que pareciam excitar ambos os sexos. Você queria ser ele ou transar com ele, especialmente se você escutou as fofocas sobre seu membro generoso. Ele tinha o melhor emprego do mundo (isso se você pudesse chamar de emprego), a melhor vida do mundo, aplaudido em todos os lugares. Cigarros, bebidas e o tempo sempre lhe fizeram bem. Então a dúvida é: como ele chegou ao ponto de desejar se matar? Como esse cenário começa a fazer algum sentido?

É tudo sobre a mulher, dizem as más línguas. Sombriamente linda, você tinha que admitir, e certamente não era boba, mas era problema com P maiúsculo, uma femme fatale *à* moda antiga. *Coquetel depois de coquetel, ela podia acompanhá-lo a noite toda para então se afastar como um navio recuando na guerra. Ele amava isso sobre ela, a forma como ela era forte e independente e estava sempre sedenta; ele amava aquela boca suja. "Eu nunca me senti assim antes!", ele dizia para quem quisesse ouvir. Mas a ousadia dela também era o maior problema deles. Significava que ela transava com quem ela quisesse. Algumas vezes, diziam, com quem estivesse próximo. Claro, ele já tinha feito o mesmo e vinha de um mundo em que o sexo não significava muita coisa, mas como ele estava completamente apaixonado por ela e tinha grandes planos para os dois, e era um romântico incurável, um maldito garoto de Jersey, a simples possibilidade de ela dormir com outras pessoas importava a ponto de deixá-lo fisicamente doente. Tantas ligações longas e dolorosas para Roma, que faziam com que ele voltasse cambaleando, pálido e abalado, aos trabalhos do dia. As pessoas que o esperavam não conseguiam nem olhá-lo nos olhos. Ele sentia que a estava perdendo. "Por que você não segue em frente com a porra da sua vida?", ela teria gritado, uma noite. Um de seus amigos disse: "Um bilhão de putas na porra do mundo e ele tinha que escolher uma que ou o aceitava ou o largava."*

Os fãs dele a odiavam, se recusavam a falar o nome dela; ele não ligava. Seus melhores amigos estavam de saco cheio com o papo adolescente e, ao mesmo tempo, com as crises nervosas. Desde que havia deixado sua primeira esposa, Nancy, ele tinha contemplado suicídio diversas vezes. Ele tentaria novamente? Dessa vez com mais vontade? Sim, ele o faria, em uma noite em que estava especialmente bêbado.

Sirenes, policiais, a imprensa. Uma porra de uma bagunça. Quando o sol nasceu, Frank Sinatra ainda estava vivo, mas o mundo todo sabia que ele tinha tentado se matar por causa de Ava Gardner.

Na verdade, podemos aprender muito com as celebridades, que, afinal, viajam mais longe e mais rápido na vida e, portanto, acumulam os arranhões e contusões mais edificantes. As cicatrizes de uma pessoa normal falam estritamente de sua história pessoal, normalmente banal; as celebridades, por outro lado, mostram o que pode – inevitavelmente (e tranquilizadoramente) – dar errado, mesmo quando se tem dinheiro, beleza e adoração em quantidades extravagantes. Anthony Michael Bourdain – chef, escritor e apresentador de um programa de viagens na TV fechada, que morreu por suas próprias mãos em 8 de junho de 2018, aos 61 anos – foi um piloto de testes ideal. Ele não escondeu suas cicatrizes e outras imperfeições como a maioria das celebridades faz e falou não sobre tudo, na verdade, mas muito sobre seu histórico de tomar decisões ruins e não ter sorte e, especialmente, sobre como "ter o melhor emprego do mundo" significa que você, como a maioria das pessoas, segue preso à comédia comum. Com Tony podemos aprender não apenas dicas práticas como "por que você não deve pedir peixe às segundas-feiras" (seu conselho mais famoso, presente em *Kitchen Confidential*, publicado no Brasil como *Cozinha confidencial*, best-seller dos anos 2000 e responsável por torná-lo uma estrela) e pequenas pérolas de sabedoria como "viajar nem sempre é bonito; você se machuca, fica marcado e muda no processo; pode até partir seu coração", mas também coisas sobre a vida que você nem sabia que não sabia. Por exemplo, se realmente acabarmos com o rosto que merecemos – no caso de Tony, uma grande e bela máscara da Ilha de Páscoa através da qual ele, de alguma forma, vigiava o mundo com ansiedade e cautela –, o funeral que merecemos é outra questão.

Considere: nas horas e dias depois da morte de Anthony Bourdain, as coisas não seguiram como normalmente seguiriam em termos de organização. Ninguém entrou em contato com a Frank E. Campbell Funeral Chapel, mortuário de 120 anos no Upper East Side que, décadas antes, havia enterrado o amado pai de Tony, Pierra (além de Rudolph Valentino, Judy Garland e Jackie O), pedindo ajuda para enterrar Tony, colocá-lo em uma urna ou até mesmo tirá-lo da França, onde ele havia se enforcado em uma maçaneta de banheiro. Ao mesmo tempo, ninguém do círculo íntimo de Tony começou a organizar uma cerimônia menos formal, mais colorida e comemorativa, inspirada em uma ou mais culturas com as quais conviveu em suas viagens pela televisão, uma opção que o falecido poderia ter considerado apropriada e, o que foi sempre importante para ele, divertida. Depois de mais de 250 episódios, dependendo de como você conta, pelo menos 4 programas, as possibilidades eram muitas: banda filarmônica de New Orleans, cerimônia japonesa zen, uma cerimônia tradicional maltesa em que as pessoas jogam sal no estômago do falecido, uma pira hindu, um daqueles funerais taiwaneses em que os sobreviventes contratam strippers para garantir a presença de convidados, um velório queniano em que as eulogias são feitas propositalmente com mentiras... Ou até mesmo um funeral judeu, para o qual Tony era qualificado por ser filho de Gladys Sacksman, do Bronx. Sim, etnicamente falando, Tony se identificava como judeu e embora o tradicional *levaya*, com seu ritual de corte do laço preto, Kadisha e dispersão simbólica de terra, não pareça tão exótico para as pessoas da região de Nova York, onde Tony cresceu e manteve raízes, é tão espiritualmente arraigado e dolorosamente universal quanto qualquer coisa que ele experimentou em sua carreira de dezessete anos como curador de portos distantes. Se eventualmente a opção judaica não fosse possível – e certamente não seria –, o motivo seria o fervor com que Tony detestava sua mãe, então com 83 anos. Embora Gladys, como ele, não fosse praticante, qualquer cerimônia que parecesse reconhecer sua influência sobre ele, ou mesmo sua existência, teria sido rejeitada pelos verdadeiros íntimos de Tony como sendo insensível a seus desejos presumidos. Mas estamos nos levando por hipóteses aqui. Na verdade, não havia ninguém, íntimos ou profissionais, fazendo planos para Tony. Nada relacionado a planejamento de memorial estava acontecendo.

Em vez disso – enquanto o mundo se surpreendia e lamentava a notícia da morte repentina de Tony; e as buscas no Google por "suicídio de Bourdain" dispararam para mais de cem milhões; e Donald Trump e Barack Obama expressaram pesar e condolências em tweets estranhamente semelhantes; e milhares de enlutados se dirigiram espontaneamente para onde um dia ficara o Les Halles, restaurante já fechado na Park Avenue South onde Tony trabalhou como chef principal, para deixar bilhetes manuscritos e buquês de flores ou prender cartões às janelas com chiclete ou band-aid (*"Não nos conhecemos. Perdi tantas pessoas ultimamente. Sua morte é uma que eu não vou superar."*) –, no meio de todo o sofrimento, o homem do momento repousava basicamente ignorado no canto de um necrotério quieto e bem iluminado em Colmar, França. As pessoas que estavam viajando com ele quando ele se enforcou no hotel Le Chambard, no vilarejo de Kaysersberg, ou seja, sua equipe de TV e seu bom amigo e ajudante ocasional no ar, o renomado chef Eric Ripert, haviam voltado para os Estados Unidos assim que a polícia lhes deu sinal verde, alguns, dizia-se, batendo as portas de seus quartos de hotel com raiva (de Tony) ao sair da Alsácia. Tendo respondido às perguntas previsíveis sobre seu comportamento durante seus últimos dias, e tendo dito, sem surpresa, que tinha sido realmente péssimo, não havia mais nada que eles pudessem fazer. Enquanto isso, não se ouvia sobre nenhum membro da família chegando.

Em vez de um plano mais detalhado, havia apenas uma breve diretriz por e-mail, enviada pelo irmão mais novo de Tony, Christopher, seu único irmão, com quem ele não tinha um relacionamento próximo, para que o corpo fosse cremado em Strasbourg, capital da região, quase 80 km ao norte, e as cinzas enviadas para Ottavia, italiana de 39 anos, residente em Nova York, que foi esposa de Tony por 11 anos. (O casal, havia se separado dois anos antes, mas, por insistência de Tony, nunca se divorciaram e mantiveram contato quase que diário, principalmente para discutir os problemas românticos dele, e também para combinar visitas com sua filha, Ariane – embora, na época de sua morte, Tony não visse sua única filha, então com 11 anos, há muitos meses.) Durante as cerca de 48 horas que o legista levou para localizar um caixão grande o bastante para acomodar um cadáver de 1,80 m de altura, o necrotério permaneceu silencioso; nenhum membro da equipe entrou para xeretar o corpo fortemente tatuado do chef famoso ou tirar uma selfie. Repórteres e fotógrafos já estavam chegando na região, vindos de todos os cantos do mundo, para cobrir as notícias do suicídio de Anthony Bourdain; mas, a menos que encontrassem um turista para interrogar, suas perguntas atraíam principalmente gauleses encolhendo os ombros. Um fosso de indiferença local manteve os profissionais da mídia longe da história como eles a conceberam inicialmente: lojistas chocados, viticultores melancólicos, fabricantes de salsichas sombrios, todos expressando sua profunda dor franco-alemã. Como o prefeito de Kaysersberg (e legista de Colmar), Pascal Lohr, me disse quando visitei essas cidades alguns meses depois: "Honestamente, não senti absolutamente nenhuma surpresa, empolgação ou sensação de perda com a notícia de sua morte. Eu não reconheci o nome dele."

Sim, Anthony Bourdain, Deus o abençoe, conseguiu morrer em um lugar em que ninguém sabia quem ele era. Na primavera de 2018 isso era uma façanha.

Ele era um literato – um leitor, um escritor, bem educado nas ambiguidades da vida – com uma história literária que ia da pobreza à riqueza de uma forma mais sinuosa do que o normal: um chef raivoso, de classe média alta (mas quase sem um tostão), de meia-idade, modestamente bem-sucedido (mas, sim, de alguma forma sem um tostão), recém-saído de uma dose de metadona e conhecido mais por suas habilidades organizacionais do que por seu talento para texturas e sabores (em outras palavras, nada de Ripert, Paul Bocuse ou Thomas Keller, nem de longe) tornou-se, não da noite para o dia, mas (melhor ainda) gradualmente e bem diante de nossos olhos, ao longo de dezessete temporadas de TV, um verdadeiro cidadão do mundo, aclamado em quase todos os lugares onde viveu sua ressaca. Um chef tribal na Namíbia preparou o reto (não lavado) de seu principal javali em um banquete em sua honra; os corpulentos mineiros de carvão do condado de McDowell, Virgínia Ocidental, sorriram ao vê-lo e lhe deram tapinhas nas costas; os melhores bartenders da Indochina (emprestando uma expressão de um dos seus escritores preferidos, Graham Greene) não apenas sabiam seu nome e sua preferência de gin (Bombay Sapphire) – porque ele era cliente regular em qualquer lugar que estivesse e eles eram os melhores bartenders da Indochina –, como sabiam se seria, ou não, uma noite de martinis. "Seus fãs são jovens e velhos, homens e mulheres, heterossexuais e queer", escreveu a editora do livro de Tony, Karen Rinaldi, logo após sua morte, em um artigo chamado *Why Anthony Bourdain Matters*. "Eles são azuis e vermelhos, leste e oeste, preto e branco; eles são modernos e quadrados, aventureiros e tímidos, paleo e veganos, viajantes inveterados ou apenas de poltrona. *Ele foi um dos poucos exemplos de alguém que poderia irritar as pessoas e ainda manter seu respeito apesar de seu rancor.*"

Os itálicos são meus. A observação de Rinaldi é incisiva e o fato dela, uma amiga próxima, ter tocado nesse ponto – sua crescente antipatia – logo depois de sua morte é importante, acredito. Nos seus últimos dois anos, Tony afastou as pessoas ou deixou relacionamentos de longa data esfriarem até o ponto em que, em junho de 2018, não havia mais ninguém em sua vida para desempenhar o papel de "pessoa que planeja seu funeral" – ou pelo menos ninguém –, exceto uma mulher com quem nenhum dos seus amigos ou familiares falariam, ou mesmo falariam sobre, e que, de qualquer forma e por vários motivos, não estaria à altura da tarefa de organizar uma despedida adequada. Entretanto, por ser Tony, ele ainda tinha (para usar a palavra de Rinaldi) o respeito, pelo menos, de todos que o conheceram e o amor de quase um mundo inteiro cheio de pessoas que se sentiam da mesma forma. "Havia caos em torno dele o tempo todo", disse um veterano da equipe de TV depois que ele morreu, referindo-se aos problemas pessoais, atrasos nos voos, falhas de equipamento e convidados ausentes que fazem parte do estilo de vida confuso de 250 dias na estrada. "Mas na frente ou fora das câmeras, Tony vivia uma jornada mágica."

●   ●   ●

Charles Leerhsen

A TV, no final das contas, é apenas um negócio especialmente frio: se você der, receberá; se não o fizer, não receberá, e as contas serão resolvidas rapidamente. Em troca de uma jornada mágica, Tony realizou um pequeno milagre: fez um programa de viagens na TV fechada que as pessoas realmente queriam assistir. É fácil subestimar o quão raro e difícil isso é. Os programas de viagens parecem ter um apelo embutido. Quem não tem curiosidade sobre lugares distantes com nomes estranhos? Sente-se, relaxe, faça uma viagem de poltrona – e tudo isso parece fantástico, mas não é bem assim. Todo mundo que conhece o projetor de fotos da Kodak sabe o quão assustadora é a frase "fotos da nossa última viagem". E igualmente desagradáveis eram, naquela época, aqueles diários de viagem narrados alegremente, cheios de beijoqueiros Blarney Stone*, motoristas de riquixá e dançarinos de hula que as estações de TV locais exibiam durante os atrasos da chuva de beisebol ou às 2h, quando seu pai estava apenas descansando seus olhos no sofá. Quem sabe por quê, mas os seres humanos não parecem estar programados para se preocupar com as andanças de outras pessoas, assim como absolutamente ninguém realmente quer ver fotos de seus filhos ou animais de estimação no celular. É uma daquelas aversões que parecem universais e eternas; Marco Polo provavelmente esvaziava a sala no século XIII. O que, claro, não significa que não houve grandes quantidades de escritos sobre viagens ou produção de documentários ao longo dos anos, mas sim que apenas um talento extraordinário para essas coisas pode superar o que parece ser uma resistência natural profundamente arraigada.

A única coisa que Tony sabia sobre a televisão quando começou era que não queria se tornar uma criatura dela. Se fosse pra ser

---

* N.E.: A Pedra da Eloquência – Blarney Stone – está inserida na torre do Castelo de Blarney, na Irlanda, desde 1446, quando o castelo atual foi construído. Conforme diz a lenda, se alguém beija a pedra recebe o dom da eloquência e adquire a habilidade da adulação.

moldado pelas lideranças da rede em um apresentador profissional habilidoso, ele preferia fazer um giro de 180 graus e voltar para a cozinha. "Aqui está minha sugestão", ele disse a um executivo da TV fechada, no começo da sua carreira: "Viajo pelo mundo todo, como um monte de merda e faço o que caralhos eu quiser." Acabou que isso foi uma fórmula de sucesso e deu a Tony a impressão de que, como ele disse mais de uma vez: "Não ligar para porra nenhuma é um modelo de negócios fantástico para a TV."

Mas Tony se importava. Quando ele assistiu aos episódios iniciais de seu primeiro programa, *A Cook's Tour*, em 2001, e viu apenas "uma espécie de diário de viagem doido, com imagens verdadeiras e locuções ensaiadas", ele resolveu torná-lo menos comum, mas sem perder a calma, mantendo o que *estava* funcionando. Aprimorar um programa de televisão à vista do público, tornando-o cada vez mais pessoal e arriscado em termos de convenções do meio, tornou-se o trabalho de sua vida. "Os poderes estranhos e terríveis da televisão são realmente emocionantes para mim", disse ele em uma entrevista de 2016. Desde o início, nada estava fora dos limites para Tony: breves homenagens em preto e branco a seus diretores de cinema favoritos; sequências animadas; piadas sombrias sobre suicídio (o primeiro episódio de *A Cook's Tour* apresentava uma cena de Tony morto no chuveiro), palavrões e cigarros diante das câmeras. "Qualquer diretor com uma ideia para *qualquer* coisa que possa causar medo e confusão na rede (e possivelmente no público) é bem-vindo para tentar." Ele comentou, na época: "Tenho apoiado com entusiasmo programas que sejam anamórficos, contados ao contrário, filmados em filmes de 16 milímetros deliberadamente corrompidos, com sequências de sonhos, animações, filmados completamente à noite e em lugares que de outra forma eu nunca teria ido se não fosse pela paixão do diretor. Não há nada que eu odeie mais do que um episódio filmado e editado perfeitamente."

Com o tempo, os elementos vieram e foram; o papel da comida mudou de algo que ele se sentava para comer e tentava descrever para um símbolo de amizade que ele aceitava com humildade e admiração das pessoas orgulhosas que visitava. O show também ficou menos extremo e mais adulto à medida que avançava de uma renovação para outra. No final, Tony não estava mais testando sua coragem com pratos bizarros como o reto do javali ou uma especialidade islandesa chamada *hakarl*, um tubarão podre que vem cheirando amônia, que Tony descreveu como "a pior, mais repugnante e terrível coisa que eu já comi", ou, em Saigon, o coração ainda pulsante de uma cobra ("como uma ostra muito atlética e agressiva"), ou sopa de sangue cru na Tailândia. Ele parou de querer comer comida nojenta ou mergulhar de penhascos vertiginosos em mares perigosamente escuros como vinho com o abandono das férias de primavera. Ele estava ficando cansado, por um lado, mas também percebeu que o material bizarro, embora fosse bom para gerar publicidade, muitas vezes atrapalhava a narrativa. Momentos surpreendentes ainda ocorreriam nas últimas temporadas de *Parts Unknown*, mas seriam mais com ele comentando calmamente – enquanto mexia alguns ovos em uma panela com uma espátula em uma cozinha no Uruguai – que "fazer uma omelete para alguém na manhã seguinte é a melhor coisa do mundo", ou Barack Obama sentando em um banquinho de plástico em frente a Tony em uma lanchonete em Hanói, suspirando significativamente, depois tomando um longo gole de uma cerveja gelada.

Uma coisa que nunca mudou, porém, foi a ideia central de o público vivenciar cada destino através da sensibilidade de uma pessoa em particular: ele. Sua crença mais básica sobre a humanidade, ele disse uma vez, era que "o mundo está cheio de pessoas fazendo o melhor que podem... [pessoas] que gostariam de vestir uma camisa limpa todas as manhãs e viver suas vidas com um pouco de dignidade". Tony trouxe para cada local "uma capacidade quase ilimitada de empatia", disse seu amigo, o produtor de TV David Simon, "por sentir a vida, os amores e as esperanças dos outros". Sua natureza carinhosa, mas nunca condescendente, tem sido frequentemente comentada, e com razão. Mas a empatia por si só teria feito uma série sem graça. Duas outras qualidades que muitas vezes não são mencionadas deram ao show sua coragem e rigidez irresistíveis. Uma era a ética de trabalho de Bourdain. Como uma personalidade da TV, ele mais do que compensou todos os deveres de casa que havia deixado de lado no colégio e na faculdade. Seu objetivo, desde o início, era chegar em cada parada programada mergulhado na história, viciado na literatura e faminto pelo prato típico sobre o qual ele tanto tinha escutado falar. Quem mais, em uma viagem para o México para uma filmagem de *No Reservations* (Sem reservas), releria *Debaixo do Vulcão*, livro encharcado de álcool e ambientado em Quauhnahuac, de Malcolm Lowry, em busca de qualquer contexto e perspectiva? Tony era um daqueles escritores perpetuamente empolgados que, como Julian Barnes disse em seu livro *Something to Declare*, "empilham a pesquisa como uma pilha de compostagem, mas depois a deixam em paz, até que ela se estabilize, ganhe calor e transforme-se utilmente em elementos fertilizantes." E Tony esperava o mesmo esforço obsessivo de todos ao seu redor, fossem as pessoas de câmera e som com quem ele viajava há anos ou os freelancers que contratavam por alguns dias em cada parada. Com o tempo, o slogan militar britânico "Planejamento e preparação adequados evitam um desempenho ruim" tornou-se um refrão que ele repetia de maneira escrota quando caia uma chave de fenda ou havia um súbito aumento do ruído de fundo que ninguém poderia prever – sempre pronto para deixar seus leais companheiros cientes de que mais uma vez o decepcionaram. "Diversão" não era uma palavra que ele associaria à produção de *Parts Unknown*, disse seu diretor mais empregado, Tom Vitale, após a morte de Tony.

Curiosamente, porém, "engraçado" era. O humor é o outro ingrediente que deu textura ao show; na frente e atrás das câmeras, sendo, ou não, o chefe infernal, Tony reflexivamente foi para o riso. "Ele era um comediante de coração", disse Bonnie McFarlane, uma veterana que já ajudou Tony a marcar um show em um clube de comédia de Manhattan para que ele pudesse ajustar seu timing. Naquela época, não surpreendeu nenhum de seus amigos que Tony tivesse "Alison" de Elvis Costello em sua secretária eletrônica ("Às vezes eu gostaria de poder impedi-lo de falar / Quando ouço as coisas bobas que você diz."). "Ser engraçado era extremamente importante para Tony", disse seu colaborador Joel Rose. "Certa vez, ele me disse que estava lendo um livro sobre como ser engraçado e dizia para usar muitas palavras com K porque as palavras com K eram mais engraçadas – e nós dois achamos isso meio engraçado." As piadas em seu programa eram quase sempre sobre Tony e seus pés de palhaço, tamanho 44. Enquanto ele chama um táxi no episódio de Montreal de sua série *The Layover*, sua narração diz: "Eu me levanto, faço as malas, cuspo bile amarela no bidê e vou para o aeroporto". Era reconfortante para o público perceber que o cara que parecia ser o mais legal do mundo, não tinha uma vida perfeita. Escrevendo sobre George Orwell (cujas memórias de 1933, *Down and Out in Paris and London – Na pior em Paris e Londres*, inspiraram *Kitchen Confidential*), o crítico Lionel Trilling disse uma vez que a genialidade de seu tema residia precisamente em não ser um gênio, e que por "enfrentar o mundo com nada mais do que a inteligência simples, direta e desenganada de alguém", ele causava em seus leitores uma sensação de alívio. O mesmo aconteceu com Tony, que constantemente nos lembrava que a vida é uma luta, mas que devemos continuar mesmo assim. Em outro episódio de *The Layover*, filmado em Hong Kong, ele exclama: "Se não houvesse sangue em minhas fezes, esta seria uma manhã perfeita!"

Ele poderia ter rido da ideia de morrer em um lugar onde ninguém soubesse quem ele era? Possivelmente. O relacionamento de Tony com a ideia de celebridade era complicado. Na maior parte do tempo, ele gostava de ser famoso. Seus amigos de bebida sabiam muito bem que ele tinha um Alerta do Google para "Anthony Bourdain" definido como "quando acontece" e configurado como uma notificação *push* em seu iPhone. "Estávamos sentados em um bar", disse-me David McMillan, cofundador do grupo de restaurantes Joe Beef em Montreal, "e seu telefone fazia ping-ping-ping toda vez que seu nome era mencionado em algum lugar. Era uma loucura. Ele amava, mas eu me sentia um avô mandando ele guardar aquela coisa!" Quando o telefone ficava mudo por muito tempo, Tony ia para as redes sociais para dizer algo que poderia fazer as pessoas falarem sobre ele novamente. Uma tática favorita era criticar outro chef de TV por endossar uma linha de má qualidade de utensílios de cozinha ou inserir um produto em seu programa (coisas que ele nunca fez, embora lhe custassem muito dinheiro). Ele sabia que não havia nada como uma briga de celebridades para fazer o seu iPhone apitar. "A notoriedade em grande parte era um jogo para ele", disse McMillan. "Ele se divertia muito brincando com o poder que tinha." Um ano antes de Tony se matar, quando era indiscutivelmente tão famoso quanto qualquer pessoa na América, ele disse a Patrick Radden Keefe, do New Yorker: "Se estou infeliz, é falta de imaginação".

A história de como ele chegou a esse ponto na vida é uma que ele nunca se cansou de repassar em sua mente – ou na frente de uma plateia. Três meses antes de Kaysersberg, enquanto filmava um episódio de sua série da CNN, *Parts Unknown*, no Quênia, ele e seu companheiro de viagem do momento, o comediante e apresentador de TV W. Kamau Bell, pararam ao pôr do sol em uma colina de uma reserva remota de vida selvagem – gim e tônica na mão – e falaram sobre sua perplexidade compartilhada sobre o quão longe eles chegaram dos lugares que uma vez presumiram que sempre estariam: no caso de Bell, Alabama, Boston e Chicago, onde ele cresceu na classe média; no caso de Tony, o *mis en place* apertado de uma ou outra cozinha de restaurante de Nova York. Os dois ainda não eram amigos, dava para perceber pela linguagem corporal deles, mas eles se davam da maneira que Tony sempre conseguia com seu fluxo aparentemente interminável de companheiros na tela. Ainda assim, este não foi um momento clássico de *Parts Unknown*; Tony estava morto quando foi ao ar, então não podia deixar de parecer um pouco com uma sessão espírita, com a estrela falando do além-túmulo, uma impressão reforçada pela luz moribunda e um ritmo um tanto lânguido, não parecido com a TV: toques preservados e fornecidos por sua sempre engenhosa equipe de produção Zero Point Zero.

A conversa começa de verdade com Bell expressando espanto, misturado com gratidão e talvez um pouco de culpa, por um benefício inesperado do sucesso do show business: transporte gratuito para lugares ainda intocados, longe da rota turística. Como é possível, ele se pergunta, que ele – *ele* – esteja olhando para esse deslumbrante pôr do sol africano? Depois de um tempo, Tony confirma o sentimento, do seu jeito característico. "Assim que as câmeras desligam e eu sento com a equipe e tomo um coquetel, eu me belisco", diz ele. "Não acredito que faço isso, que *vejo* isso." Outra pausa longa; o som plangente de uma corda sendo dedilhada, um corte para as girafas procurando comida. "Eu tinha 43 anos e fritava batatas", Tony continua. "Eu tinha certeza de que nunca conheceria *Roma*, muito menos *isso!*" O discurso é uma variação de algo que ele disse muitas vezes em shows anteriores, em livros, em entrevistas e nas palestras esgotadas que deu em teatros e salas de aula em todo o país. Talvez ele fosse de fato o narcisista que muitas vezes afirmava ser, porque não conseguia evitar cair em devaneios ao som de seu próprio mito de origem. Pelo menos era uma boa história.

A tomada queniana, embora apenas uma versão parcial da história, é importante porque pode ter sido a última vez que ele demonstrou publicamente estar maravilhado com a sua própria sorte. Sua visão de vida estava prestes a mudar radicalmente – na verdade, sabemos agora, já estava mudando – e logo sua preciosa pequena história poderia ir se foder. "Odeio meu trabalho, odeio meus fãs, odeio minha vida", ele diria à esposa, Ottavia, a quem ainda confidenciava seus pensamentos mais íntimos. Mas ainda não.

PARTE UM

A estrada do excesso leva ao palácio da sabedoria.
— WILLIAM BLAKE

Na exclusiva Dwight-Englewood School, em Nova Jersey, Bourdain (terceiro da esquerda para a direita) andava com um grupo que se autodenominava *Cruisers*.

Capítulo 1

Um dia, cerca de 12 anos antes de começar a beber e fumar, Anthony Bourdain nasceu. O abençoado evento ocorreu em 25 de junho de 1956, quinquagésimo terceiro aniversário de seu herói literário George Orwell, morto há seis anos por tuberculose. Além disso, 25 de junho era basicamente uma data à deriva na calmaria do meio do calendário, a exata, mas sem sentido, estação intermediária até o próximo Natal, a festa não observada da Beata Jutta da Turíngia, padroeira da Prússia – ou pelo menos era até 2018, quando Eric Ripert e José Andrés a reinventaram como outra coisa. Agora, todos os anos, no Bourdain Day, multidões vão às redes sociais para descrever como Tony mudou suas vidas e como, apenas sendo esse ser intrigantemente envelhecido que viajava o mundo fazendo comentários inteligentes, de alguma forma os ajudou a passar por períodos de luto, vício, depressão, divórcio e uma ampla gama de doenças físicas, incluindo eczema e câncer em estágio quatro.

Muitos dos ex-amigos de colégio de Tony ainda estão tentando entender a noção de que o chato obcecado por quadrinhos com quem eles compartilhavam baseado foi canonizado tão rapidamente. Seu ceticismo é natural e louvável; como o próprio Orwell disse (sobre Mahatma Gandhi), os santos devem ser considerados culpados até que se prove o contrário. De fato, como Jesus disse: "Em verdade vos digo, ninguém é profeta em sua própria terra".

Mas Ripert e Andrés conceberam o Bourdain Day nas primeiras ondas de luto mundial, quando o obituário da CNN para Tony estava disparando para o topo da lista de histórias digitais mais lidas, e aqueles homens com estrelas Michelin sabem uma ou duas coisas sobre calor – e ventilação. ("Os grandes chefs entendem o desejo humano", disse Tony certa vez.) A ideia do Bourdain Day pegou imediatamente e realmente não contradiz o que a velha gangue pensa sobre o adolescente Tony. O Bourdain Day é, acima de tudo, a celebração do amadurecer tardio. Além de estar tão longe de ser perfeito, crescer tarde na vida era uma das principais razões pelas quais Tony inspirava milhões de pessoas que ele nunca conheceu. *Olhar para o que continua possível, mesmo depois que a juventude acaba* foi, de certa forma, a agradável moral de cada uma de suas histórias na televisão. O que deve ser lembrado sobre o Bourdain Day, porém, é que é principalmente uma saída para a adoração de seus fãs, não um momento para conjurar a pessoa histórica. Você precisa de mais do que uma garrafa de champanhe para comemorar o Bourdain Day; você também precisa da amnésia que o álcool traz. A verdade inconveniente sobre a história de bem-estar de Tony, afinal, é que seu protagonista morreu por suicídio. No final, ele foi uma fonte de esperança por pouco tempo, antes de nos dar uma lição sobre o que acontece quando a "coisa com penas"[*] de Emily Dickinson voa.

Muitos dos fãs obstinados de Bourdain não querem se concentrar na verdade confusa sobre o banheiro em Kaysersberg ou sobre a última namorada de Tony, a atriz italiana Asia Argento, a quem eles podem ver como a vilã da história ou talvez até, no mais extremo dos casos, seu rival romântico. O que é bom para

---

[*] N.E.: Referência ao poema *"Hope" is the thing with feathers* (Esperança é a coisa com penas), de Emily Dickinson. Disponível em: https://www.poetryfoundation.org/poems/42889/hope-is-the-thing-with-feathers-314. Acesso em: 25 abr. 2023.

os guardiões da imagem de Tony – a CNN e algumas das pessoas próximas à propriedade de Anthony Bourdain –, para quem um Tony higienizado e inspirador é mais valioso do que um desesperado quando se trata dos negócios contínuos de programas e filmes de Bourdain (como *Roadrunner*, de 2021) e livros. Essas pessoas esperam que Sarah Bernhardt estivesse certa quando disse, em suas memórias: "A lenda é vitoriosa, apesar da história." E que eles possam aumentar – enquanto continuam a receber uma fatia – a fortuna de tamanho decente que Tony deixou principalmente para sua esposa e filha (apesar de algumas notícias enganosas, que fizeram parecer que ele mal era um milionário no final).

Na versão autorizada da história, contada agora pelas mentes de marketing por trás da Bourdain, Inc., as referências à sua morte são mantidas em um mínimo absoluto. Às vezes, ele parece ter ascendido ao céu no auge de seu poder, rompendo com sua existência terrena. Seu relacionamento com Argento, que estava no centro de tudo no final, nunca é explicado com muita profundidade ou detalhe, e os jornalistas conseguem entrevistas com membros próximos de Bourdain com base em sua disposição de jogar junto com o mito. "Precisamos proteger a marca!" foi, segundo me disseram, o grito de guerra da agente extremamente leal de Tony, Kimberly Witherspoon, e até mesmo de seu bom e verdadeiro amigo Ripert, que disse (por excesso de proteção, não por desejo de lucro): "Eu quero controlar a narrativa."

Em termos de viabilidade comercial, isso faz sentido: coisas comemorativas vendem, coisas deprimentes não. No entanto, quando tentamos escolher as lições a tirar da vida, começamos a construir uma mentira – neste caso, uma mentira sobre um homem singularmente dedicado à verdade e oposto à pretensão e às relações públicas. Como observou sua amiga Helen Rosner, redatora de culinária da revista *New Yorker*, Tony "não andava por Manhattan com seguranças, nem insistia em aprovação de fotos, nem se escondia atrás de um batalhão de publicitários". Quando viajava para seu programa, nunca negociava com agências oficiais de turismo porque desdenhava a versão autorizada das coisas; ele recusou a palavra "marca" e certamente teria odiado ter um "dia" fabricado em sua homenagem. Por um tempo, parecia que metade das postagens na página da Anthony Bourdain Appreciation Society do Facebook eram fotos dele mostrando o dedo do meio para, deve-se supor, os CEOs e senadores que pensam que comandam o mundo. "Ele tinha uma noção muito boa do que queria defender", disse seu editor Daniel Halpern, "e do que não defenderia". Nada disso importa, já que ele não está mais por perto para se defender; você pode até usar IA para que ele diga o que quiser com sua própria voz, como fez o criador do filme *Roadrunner*. Outra coisa que a história de Anthony Bourdain nos ensina é que, quando você morre, eles pegam você pelas bolas.

O local de nascimento de Tony foi o Columbia Presbyterian Hospital, na parte alta de Manhattan, mas para aqueles que estão inclinados a entender sua vida, esse detalhe é uma pista falsa. Nunca houve nada superior e, por muito tempo, preciosamente pouco no meio ou na baixa Manhattan sobre Anthony Michael Bourdain. Duke Ellington era na parte alta de Manhattan. Tony era basicamente um garoto de ponte e túnel desde o início – embora seus pais possam ter voltado para a cidade para que sua mãe pudesse experimentar o melhor atendimento médico da era Eisenhower e seu pai pudesse andar nervosamente nos mesmos corredores do hospital como figurões corporativos e lendas do show business, o bolso do peito cheio de charutos no estilo de meados do século. (O verniz caipira de Tony sobreviveu até mesmo aos seus dias de drogado e ainda está em exibição nos primeiros episódios de *A Cook's Tour*.) Gladys, de 21 anos, e Pierre Bourdain, de 26, haviam ansiosamente lançado sua sorte com a multidão de jovens casados em ascensão naquele momento, fugindo da suposta volatilidade da cena urbana para a suposta segurança dos subúrbios. Quando Pierre levou sua esposa dilatada para o leste, pela ponte George Washington, eles já tinham uma casinha de pedra aconchegante em Leonia, Nova Jersey, com um quarto de bebê esperando. Sabemos disso porque os Bourdain mal haviam trazido o bebê Tony de volta para casa quando seu pai – um morador da 155 Christie Street, Leonia – apareceu na primeira página do Hackensack Record por atropelar um pedestre com seu carro em frente a um supermercado no coração do movimentado distrito comercial da cidade.

Leonia, a quinze minutos de carro de Manhattan em um dia de tráfego decente, não era Levittown, repleta de casas pré-fabricadas idênticas. Embora não tão próspera quanto a vizinha Englewood, era uma comunidade obviamente confortável de cerca de 7.500 habitantes, estabelecida em 1668 pelos holandeses e ingleses e atravessada por George Washington e suas tropas fugindo de Charles Cornwallis em 1776; um impressionante mural de dois metros de altura na escola Anna C. Scott – que Tony frequentou desde o jardim de infância, "quando ficou esperto demais para o sistema público de ensino, por volta da 6ª série", como disse um amigo – até retrata a fuga congelada com direção a Valley Forge. Destacar-se por sua inteligência em Leonia não parece ser pouca coisa. Uma pesquisa feita na década de 1920 mostrou que 80% da população havia frequentado pelo menos alguma faculdade, uma estatística quase inacreditável para a época; e, mais tarde, 92% disseram possuir um cartão de biblioteca. Ao longo das décadas, cinco vencedores do Prêmio Nobel, incluindo Enrico Fermi, viveram lá, ao lado de artistas como Alan Alda, Freddie Bartholomew, Tony Bennett, Sammy Davis Jr. e Buddy Hackett. Quando Gladys e Pierre se mudaram alguns quarteirões ao norte, em meados da década de 1960, eles venderam sua casa original para um romancista promissor chamado Robert Ludlum. Você nunca sabia quem encontraria em Leonia. Cerca de um ano depois que Pierre atropelou aquele pedestre na Broad Avenue com a Fort Lee Road, um motorista de Teaneck colidiu no mesmo cruzamento movimentado com uma caminhonete dirigida por Pat Boone.

No entanto, apesar de sua longa e relativamente glamorosa história, Leonia na década de 1950 era uma comunidade dormitório típica de classe média, fortemente determinada, por conta dos valores de propriedade e imobiliários, a parecer segura, temente a Deus e, acima de tudo, agradável. "A maioria das ruas residenciais é ladeada por bordos e carvalhos que formam copas sobre as estradas", observou o *New York Times* em um perfil de admiração de 1997, que também mencionou dez igrejas. As escolas públicas eram consideradas aceitáveis, certamente superiores às do outro lado do rio Hudson, já públicas demais na época de Tony e cada vez mais; a força policial discretamente eficaz em reprimir quase qualquer tipo de movimentação. Se os patriarcas da cidade não podiam eliminar o pecado, pelo menos poderiam mantê-lo a portas fechadas (havia várias lojas de bebidas na cidade, mas nenhum bar). Cidadãos de Leonia se consideravam moderadamente progressistas, mesmo que alguns clubes de campo próximos ainda fossem "restritos" (ou seja, não abertos a judeus); e por alguma estranha coincidência, quase todos os residentes negros viviam no mesmo bairro de Spring Street, literalmente do outro lado dos trilhos da ferrovia.

O *Bergen Record* era um jornal diligente, acima da média, cobrindo uma série de eventos nacionais, bem como de Nova Jersey e vizinhança, mas se esforçava para produzir o máximo possível de boas notícias em meio aos anúncios de cintas, margarina e grelhados de US$ 1 o quilo no Howdy Doody Discount Center. "Zoo recebe macaco domado" era uma manchete típica da época, assim como "Ninguém picado enquanto abelhas voam", "Caminhão derruba poste, mas não há queda de luz" e (no dia seguinte ao nascimento de Tony) "Salsichas em piqueniques podem ser feitas de maneiras diferentes." Claro, supurando logo abaixo dessa superfície tranquila estava o vasto mar de medo e decepção no qual escritores como Cheever, Updike e, mais tarde, Rick Moody zarparam. Mas às vezes a vida real em Leonia chegava perto do mito tranquilizante. O acidente de trânsito de Pierre, embora sem dúvida tenha levantado as sobrancelhas, no final foi apenas mais uma daquelas confusões esquecíveis nas quais a cidade parecia se orgulhar de se especializar. Sua vítima de 55 anos sofreu apenas uma contusão no quadril – e os leitores do Record provavelmente riram de um erro de digitação que fez com que Pierre Bourdain fosse citado por dirigir "sem carro"*.

Crescer em um ambiente tão completamente limpo deu ao adolescente Tony algo com o que lutar, especialmente em uma época em que os jovens americanos protestavam abertamente contra a hipocrisia e a complacência do *establishment*. "Quando crianças, nós dois sentimos que o destino havia nos colocado no lugar errado", disse Dae Bennett, filho de Tony Bennett, agora produtor musical e na época parceiro de Tony Bourdain na alienação (e muitas vezes na detenção, por fumar) na escola particular Englewood School for Boys, que Tony frequentou da sétima série ao ensino médio. "Até a *branquitude* do cenário nos incomodava." Depois que ficou famoso, Tony dizia repetidamente em livros e entrevistas que tinha sido um adolescente extremamente raivoso, e é natural presumir que essas emoções estavam de alguma forma ligadas às grandes convulsões sociais e políticas daquele período – e agravadas pela impenetrabilidade de sua cidade natal em relação aos tempos de mudança. Tony certamente se posicionou contra o racismo institucional e a Guerra do Vietnã e participou de sua parcela de protestos. Ele queria mandar o governo para aquele lugar da mesma forma que qualquer hippie.

---

* NT: o autor comenta que o erro teria sido a publicação da expressão "carless driving", ou seja, dirigir sem carro, no lugar da correta "careless driving", que se traduziria como "dirigir sem cuidado, sem atenção."

Mas sua raiva surgiu da mesquinhez e presunção daqueles em posição de autoridade ou de algo mais pessoal? É difícil dizer, porque quando se tratou de elaborar as fontes de sua raiva, o escritor que se mostraria tão hábil em descrever a inevitável conexão entre comida e política, a patente pretensão da cerveja artesanal e a camaradagem vulgar da cozinha do restaurante ficava estranhamente sem palavras. Em uma entrevista com Jill Dupleix no Festival de Escritores de Sydney de 2011, Tony tentou dizer por que era tão furioso naquela época. Sua explicação lembrava algo que ele havia dito muitas vezes antes – ou seja, que sua frustração estava enraizada em "uma sensação de romantismo arruinado, uma decepção com a maneira como as coisas aconteceram. Era para ser muito mais bonito, romântico e gentil, e aprendi bem cedo que não seria assim." Tony era de fato um romântico inveterado em um grau às vezes ridículo – e, neste caso, ele pareceu estar insinuando algo não político ou social, mas psicológico e emocional. Mas qual é o sujeito daquela segunda frase e, já que estamos aqui, do que ele estava falando? Quem deu a ele essa ideia idílica de como a vida deveria ser? Cinco anos depois, em 2016, no programa de rádio Fresh Air da NPR com Dave Davies, Tony ainda lutava para dizer por que estava tão bravo. "Acho que cresci, você sabe, como uma criança dos anos Kennedy", disse ele. "Eu perdi o Verão do Amor. Eu não tinha idade para tudo o que estava acontecendo com aquela subcultura. Então, quando me tornei adolescente, fiquei desapontado, muito desapontado, amargamente desapontado com o rumo do país, com o tipo de entretenimento e aventuras que pareciam oferecer. Parecia que eu tinha perdido os bons tempos." Sentindo que estava se debatendo como seu boxeador favorito, o próprio "Bayonne Bleeder", Chuck Wepner, Tony sabiamente escolheu jogar a toalha. "Seja qual for o motivo", disse ele a Davies, sinalizando que era hora de abandonar esse assunto teimoso e passar para outro para o qual ele tivesse um material melhor, "eu era definitivamente um garoto muito raivoso, amargo, niilista, destrutivo e autodestrutivo."

Na Leonia da memória, Anthony Raivoso é uma figura indescritível. Alguns de seus amigos do ensino médio alegaram que o viram em surtos e flashes e sempre de maneiras indiretas – nos industriosos mas rudes gibis de R. Crumbish que ele desenhava e na escrita estilo Hunter S. Thompson que ele enviava em vão para revistas e jornais, ou quando ele andava pela cidade com um par de nunchakus* pendurados em seu cinto na tentativa de parecer durão; a maior parte da velha multidão, no entanto, não relata tais coisas. O Tony que eles conheciam era extremamente enérgico ("Ele meio que *estourava* quando falava", disse um amigo), ansioso para agradar, "uma alegria de ter em sala de aula" de acordo com sua avaliação da escola do décimo primeiro ano e, no final das contas, não tão notável. A irritabilidade que ele demonstrava na ocasião era apenas isso porque, como Jerry Seinfeld observou: "Você não pode ter comédia sem raiva", e Tony estava seriamente interessado em ser engraçado. "Ele era intenso, mas não sombrio", disse-me David Mansfield, um músico amigo dele que deixou Leonia aos dezoito anos para se juntar à Rolling Thunder Revue de Bob Dylan. "Era uma cultura nós-contra-eles naquela época, tínhamos o cabelo até os ombros e Tony idolatrava os Stooges, Frank Zappa e tudo mais, mas não estávamos expressando nenhuma instabilidade mental profunda. Éramos apenas neuróticos comuns que andavam de bicicleta pela cidade e chutavam uma ou outra lata de lixo – essa era a nossa ideia de sermos rebeldes. Depois disso, íamos para casa e líamos *Steal This Book* (Roube este livro), de Abbie Hoffman, ou *Medo e Delírio em Las Vegas*, de Hunter S. Thompson. Tony, sempre um consumidor voraz de cultura pop, reverenciava *Laranja Mecânica*,

---

* N.E.: Arma de artes marciais com dois bastões pequenos conectados por uma corda ou corrente.

de Stanley Kubrick, e *200 Motéis*, de Frank Zappa, dois dos filmes mais surreais do início dos anos 1970, mas foi *Medo e Delírio: uma jornada selvagem ao coração do sonho americano*, de Thompson, com ilustrações de Ralph Steadman, que "explodiu sua mente" quando ele acompanhou a versão serializada na Rolling Stone em 1971, disse Mansfield. "Tony adotou a linguagem do livro e aspirou ao estilo de vida", embora sempre tenha parado antes da propensão do protagonista Raoul Duke para destruir quartos de hotel e destruir carros. "Honestamente", disse Mansfield, "Tony Bourdain nunca foi terrivelmente marginal. Por baixo da pose, ele era um garoto inteligente, doce e bonito de Leonia, Nova Jersey."

É possível, claro, que Tony Raivoso estivesse presente, mas fora de sua escrita e desenho em grande parte invisível. A infância de Tony foi marcada por uma tensão entre o garoto que se sentia mortificado por suas idílicas circunstâncias pessoais e aquele que ficava profundamente chocado com elas. Se ele realmente estava tão furioso quanto parecia querer que todos acreditassem, pode ter sido porque estava secretamente apaixonado pela frondosa e pequena Leonia e sentia vergonha, em algum nível, de ser tão sentimental. Em uma composição escolar escrita por volta da décima série e intitulada *Early Morning Whimsy*, ele escreveu sobre andar pela cidade em sua bicicleta na hora fresca antes do amanhecer, conversando com leiteiros, chapinhando em poças e cobiçando mulheres que saíam em suas varandas vestindo camisolas para pegar o jornal ("Eu vejo você, senhora, eu vejo você!", ele gritava, soando um pouco como seu futuro desafeto, Jerry Lewis). "Falta a este ensaio a continuidade e a percepção de alguns de seus outros", disse seu professor de inglês, que sem dúvida esperava algo mais ferino, em uma nota à margem – mas revelou um lado terno que talvez tenha surpreendido até ele.

Tony não apenas vivia em Leonia, mas também se divertia com ela, um garoto levando uma vida antiquada de investigação e aventura, envolvido nos ritmos e rituais de uma cidade pequena. "Todo inverno a polícia de Leonia fazia limpeza nos pântanos para encher as quadras de basquete para que as crianças pudessem patinar e todos esses peixes bizarros e mutantes congelavam no gelo – achávamos isso muito legal, disse seu amigo de infância Chris Boyd. (O fascínio de Tony por coisas bizarras e mutantes levaria muito tempo para desaparecer; de fato, por um tempo, ele comia essas coisas para viver. Como Paula Froehlich, uma de suas ex-namoradas, me disse: "Você entende que ele nunca se tornou um adulto completo, certo?" Em outras noites frias, ele e Bennett acendiam uma fogueira no topo de uma colina no Englewood Country Club (do qual Don Rickles e Joey Bishop eram membros) e desciam de trenó pelas encostas nos fundos de Palisades. Os sábados de verão geralmente significavam uma viagem ao Hiram's Roadstand em Fort Lee, lar do Estripador, uma salsicha que estoura quando frita (a única maneira de comê-la), criando um espaço que os aficionados veem como um grito silencioso por chili, queijo e cebola crua. E então, em todas as estações, havia os gibis dos quais ele era um ávido estudante e colecionador. Com Tony, a curiosidade podia facilmente se transformar em obsessão, como aqueles que, no início dos anos 1980, o viram se transformar em um autodenominado especialista no assassinato de JFK e assistiram a seus monólogos sobre Jack Ruby sabem muito bem. Quando criança, ele tinha todas as edições do Zap, o modelo para o movimento *underground comix* dos anos 1960, bem como seletos espécimes históricos raros de colecionadores de outros quadrinhos que ele mantinha "em embalagens especiais de arquivo" – Mansfield me disse com uma risada. (É uma pena que, quando Tony argumentou mais tarde que, apesar da presunção generalizada, ele não era nada legal, ele não pensou em mencionar essa evidência persuasiva.) E é claro que ele nunca poderia ter Superman ou Homem-Aranha suficientes. Um pequeno anúncio classificado que ele publicou na seção "Quero comprar" do *Record* no início de junho de 1971 dizia: "Histórias em quadrinhos – de preferência antigas, mas também recentes; Títulos principais: Marvel e DC; Tony Bourdain, 119 Orchard Place, Leonia." Raivoso ou não, este é o verdadeiro Tony Bourdain, preservado em fonte *agate*. Ele tinha quatorze anos na época, ainda era um escoteiro em boa posição – e já estava profundamente envolvido com as drogas, se ainda não era um viciado.

Com Tony, como com a maioria das pessoas, você tem que levar os inocentes aos ilícitos. Para ele e a maioria de seus amigos abastados, a vida era, para colocar em termos de quadrinhos, Zap conhece Archie. Na Englewood School for Boys (que logo se fundiria com a vizinha Dwight School for Girls), o grupo de cerca de vinte garotos mais velhos com quem ele andava se autodenominava *Cruisers*, ou às vezes *Crazy Cruisers*. Eles não chegavam a se vestir da mesma forma, mas levavam o clube muito a sério e falavam em palavras-código, como "*dodowell*", que significava, um me disse, "tudo está tranquilo". (Nesta época, Tony também pertencia a outro grupo masculino chamado *Blue Moose Club*, cujos membros se cumprimentavam dizendo "*G'moose*" e tinham um aperto de mão secreto, mas nunca foram sua tribo principal.) Nos campi exuberantes de Dwight e Englewood, os *Cruisers* eram considerados seu próprio grupo demográfico distinto, ao lado dos atletas, dos estudiosos e dos nerds. O nome deles, pelo que todos podem se lembrar, veio do carro de alguém, bem como de sua propensão coletiva a passear por North Jersey, comer *junk food* e ficar chapado com maconha e dopado com produtos farmacêuticos ilícitos como quaaludes e anfetaminas. (No episódio do Irã de *Parts Unknown*, filmado em 2014, Tony diz: "Passei minha juventude praticamente em um estacionamento".) Quando adulto, Tony reclamava que a maioria de seus amigos do ensino médio tinha mais dinheiro e menos supervisão do que ele (porque os pais deles eram divorciados e os dele não), o que tornava mais fácil para eles conseguirem drogas. Mas Dae Bennett e outros se lembram de Tony como um dos usuários mais pesados. "Ele usava qualquer coisa e muito", disse Bennett. "Ele e seus amigos me ofereciam coisas e eu dizia: 'Você está louco? Você nem sabe o que é isso! Eles fazem as coisas com a porra de água sanitária!' Mas ele queria ser aquele cara que vivia lá no limite." Mansfield lembrou-se de uma noite muito típica quando eles tinham quatorze anos e "estavam descendo a Rota 80 com Tony e dois ou três outros amigos e todos estavam viajando em LSD. Eu estava sóbrio, sentado no banco de trás, e eles estavam gritando sobre dirigir através de uma nuvem de fogo em forma de cogumelo."

No entanto, em outras ocasiões – especialmente quando estava na companhia de jovens mulheres – Tony se comportava. "Matávamos aula e ele vinha me visitar no meu quarto muito feminino", disse-me Andrea Blickman, a então "rainha do quaalude" de cabelos roxos, agora enfermeira. "Ele se sentava na minha cama de dossel e conversávamos por horas", fumando um Lark atrás do outro e, algumas vezes, fumando também cigarros menos legais. Ele era "obviamente vulnerável, muito engraçado e capaz de ver o mundo através de suas lentes distorcidas". Apesar de sua personalidade vencedora, das drogas e do status de Tony como "um dos garotos mais bonitos" do campus, não havia, ela disse, "nada remotamente paquerador ou sexual" em suas maratonas de bate-papo. "Eu era alguns anos mais velha que ele e ele era como meu irmão mais novo." De fato, com uma exceção notável, que veremos em um momento, Tony não se envolveu com nenhuma das garotas do grupo – embora tenha abordado o assunto sexo ao se esconder atrás do que podemos chamar de arte. Certa vez, ele escreveu a Blickman uma carta obviamente fictícia sobre uma viagem que ele e alguns amigos fizeram para Catskills, durante a qual ele "se envolveu no antigo entra e sai" (uma referência a Laranja Mecânica) com "uma dançarina contorcionista exótica de topless, com vinte anos, chamada Panama Red", e seu presente de formatura para Blickman e várias outras garotas *Cruisers* foi uma história em quadrinhos original, desenhada à mão, do tamanho de um pôster, cheia de chicotes, correntes e pênis gigantes. As destinatárias disseram que não ficaram ofendidas – ele era um amor, afinal, e sinceramente aspirava a ser um ilustrador profissional –, mas uma delas observou: "mais tarde, quando penduerei um de seus desenhos no meu dormitório da faculdade, as pessoas tiveram a impressão de que eu era pervertida."

Havia, talvez não surpreendentemente, um aspecto performativo em muito do que Tony fazia naquela época. Ele não apenas desenhava ou escrevia, mas também agia como um artista excêntrico ou autor boêmio para o entretenimento de si e dos outros. Ele estava experimentando personalidades, disse mais tarde, experimentando-as pelo tamanho e pelo conhecimento e estímulo que o fingimento proporcionava. Não era diferente quando se tratava de drogas. Ele não queria apenas ficar chapado, escapar da realidade, relaxar ou aprofundar sua consciência, ele queria assumir as armadilhas de um viciado, até passar mal pelas drogas, apenas para impressionar as pessoas ao seu redor. Bennett me disse que notou esse comportamento perigoso e tentou conversar com ele sobre "o que pode acontecer quando você quer ter credibilidade nas ruas, mas é do condado de Bergen e é meio difícil". A ideia de ser um impostor era um assunto delicado para Tony (e sempre seria). "Toda vez que eu tocava no assunto", Bennett me disse, "ele não queria saber. Ele ficava puto e dizia: 'Por que você se importa?'" A amizade logo esfriou e eles perderam contato. Mas uma noite, quase quarenta anos depois, Bennett recebeu um telefonema de seu famoso pai, que disse que estava na sala verde de Larry King, "sentado com um cara que diz que vocês dois passaram muito tempo juntos na detenção". Ele colocou o outro Tony no telefone e Dae – que ficou com os olhos cheios de lágrimas ao me contar essa história – disse: "Ei, cara, muito obrigado!"

Os *Cruisers* não tinham uma estrutura formal, mas tinham um líder definido – Phillip Goldman. Flip, como todos o chamavam, era um bonito, espirituoso e bem-apessoado "pioneiro a adotar coisas legais", disse Blickman, que tinha uma mecha branca semelhante a de Susan Sontag em seu cabelo castanho, o que parecia marcá-lo como alguém especial. Sua atração magnética afetava homens e mulheres igualmente, mas ninguém era mais escravo de Flip do que Tony, dois anos mais novo que ele, que, poucos dias depois de se conhecerem, tornou-se seu devotado animal de estimação. Onde quer que Flip fosse, Tony o seguia, ansioso para aproveitar seu carisma e cumprir suas ordens. A princípio, Flip o submeteu a uma espécie de trote, só porque podia. ("Na primeira sexta-feira de nossas viagens ao clube de esqui, nós o fizemos andar no bagageiro", lembrou ele.) À medida que Flip foi conhecendo Tony melhor, porém, passou a gostar genuinamente dele – e também a pensar que ele poderia ser útil.

A namorada fixa de Flip, quase desnecessário dizer se você conhecesse a cena social Dwight-Englewood, era Nancy Putkoski, filha de um médico que era reservada por natureza, mas loira e bonita ("de um jeito católico polonês, se esse é o seu tipo de coisa", uma de suas colegas de classe me informou maliciosamente). Eles formavam uma dupla deslumbrante, o rei *Cruiser* de sorriso rápido e sua rainha sedutoramente inexpressiva. O único problema de Flip no mundo – ou assim parecia – era que os pais de Nancy estavam preocupados com o fato de ela estar envolvida seriamente com alguém na idade dela e disseram à filha que não queriam que ele aparecesse tanto em casa. Flip pensou que poderia resolver suas preocupações aparecendo com outro amigo, o que poderia fazer as visitas parecerem um inocente encontro em grupo – e Tony, que ainda era baixo para sua idade, não havia manifestado nenhum interesse particular por garotas e sempre tinha algumas revistas em quadrinhos debaixo do braço, parecia o disfarce perfeito. Mas então, na metade do ano letivo de 1973-1974, algo aconteceu.

Apenas os três principais sabiam os detalhes antes cobiçados, mas gradualmente ficou claro que Flip e Nancy não eram mais um casal, enquanto – para surpresa dos outros *Cruisers* – Tony e Nancy eram. (O único comentário de Nancy para mim sobre isso foi "Travessuras do ensino médio!") O que tornava a situação duplamente estranha era que nada foi explicitamente reconhecido. Flip, talvez por orgulho, parecia estoico sobre a perda de sua namorada para um acólito, e Nancy e Tony continuaram publicamente quase exatamente como antes, o que significava que eles não pareciam passar tanto tempo juntos. O apego, no entanto, era intenso, pelo menos da parte dele. Assim que Nancy decidiu ir para o Vassar College, Tony, que era um ano mais novo, elaborou um plano com seu orientador acadêmico para aumentar a carga horária e frequentar a escola de verão para que pudesse terminar Englewood mais cedo e segui-la até lá. "Claramente, ele era dedicado a Nancy, talvez até um pouco obcecado por ela, ou nunca teria deixado sua vida em Leonia", disse Blickman. Você nunca saberia disso pela maneira como eles agiam. Nancy sempre manteve seus sentimentos escondidos, então você poderia dizer que ela estava pelo menos sendo consistente. Mas talvez, à sua maneira, Tony também estivesse. Apesar de sempre parecer ansioso para se expressar – com desenho, escrita e humor verbal –, ele era um menino com limites bem definidos e segredos bem guardados. "Você quer saber que tipo de cara era o jovem Tony Bourdain?", Dae Bennett me perguntou. "Ele era o tipo de cara que, quando estávamos crescendo juntos, vinha à minha casa o tempo todo. Mas eu nunca fui convidado à casa dele, nem mesmo *uma vez*." Nem Tony, em nenhuma das muitas histórias que fazia sobre si mesmo em livros e entrevistas, deu ao público mais do que uma espiada por trás das cortinas.

Capítulo 2

Algumas vezes, uma salsicha é apenas uma salsicha. Ainda assim, quando você considera a maior parte das evidências, fica claro que as primeiras viagens de Tony a Hiram's Roadstand, realizadas por volta dos oito anos de idade com seu pai, Pierre, eram algo mais do que apenas sua devoção ao longo da vida ao que ele mais tarde chamou de "carne em forma tubular". Eram uma experiência de união. Um amor comum por coisas salgadas, gordurosas e salsichas, combinado com uma certa dificuldade com a dona da casa, os cimentou permanentemente em uma pequena equipe unida. Não que eles concordassem em absolutamente tudo, aquele par espelhado de alto-falantes animados que se encaixava perfeitamente na atmosfera estridente e masculina do Lar do Estripador. O pobre Pierre adorava o refrigerante de salsaparrilha no Hiram's, enquanto o pobre Tony preferia a cerveja de bétula – mas isso aparentemente foi o mais próximo de um drama familiar que os dois conseguiram chegar. Chamo Pierre de pobre porque ele morreu em 1987 aos 57 anos, sozinho e acima do peso; seu sonho suburbano destruído; seu casamento há muito tempo morto; sua carreira em condições positivamente embaraçosas. Eu chamo Tony de pobre porque quando Pierre teve seu ataque cardíaco fatal, Tony era, aos trinta anos, ainda um viciado em crack abrindo mexilhões em um bar de um restaurante no West Village e sentindo como se tivesse falhado em deixar seu pai orgulhoso e agora era tarde demais. "Ele nunca me viu terminar um livro ou conquistar qualquer coisa importante", disse Tony mais tarde, olhando para trás. "Eu gostaria de ter compartilhado isso com ele."

Pai e filho tinham uma tradição de compartilhar experiências que remontava aos dias em que Tony ainda era filho único e eles liam *O Vento nos Salgueiros*, *Ursinho Pooh*, *Doutor Doolittle* e *Emil e os Detetives* antes de dormir. A cópia em francês de Pierre do último, naquele estado sujo que só livros muito amados ficam e marcada com "rabiscos de nazistas patetas e bombardeiros de mergulho Stuka nas margens", permaneceu na posse de Tony até o fim – o que significa que sobreviveu às vendas de livros e discos que ele fazia quando precisava de dinheiro para comprar drogas. Mais tarde eles iriam juntos ao cinema pra ver filmes como *Dr. Fantástico*, que seu irmão Chris era muito novo para assistir. Sinceramente, Tony, então com nove anos, também não estava pronto, mas Pierre o levou mesmo assim porque mal podia esperar para apresentá-lo a bons filmes. Tudo o que Tony se lembrava sobre a visão satírica de Kubrick sobre a aniquilação nuclear era seu pai jogando a cabeça para trás e rindo.

À medida que Tony se aproximava do estágio em que as crianças normalmente começam a se afastar dos pais e a preferir a companhia dos amigos, Pierre conseguiu se envolver discretamente na vida de Tony, fazendo coisas como levá-lo a shows. Em um dos episódios finais de *Parts Unknown*, ambientado no Lower East Side, um Tony aparentemente muito cansado se ilumina momentaneamente ao contar a Harley Flanagan – o líder de uma banda proto-punk chamada Cro-Mags – que, quando ele tinha cerca de 12 anos, seu pai o levava com um ou dois amigos para o Fillmore East, na Segunda Avenida perto da Sexta Rua, para ver as bandas *Mothers of Invention* e *Ten Years After*, ou qualquer uma que ele estivesse animado no momento. Então, depois de matar algumas horas em um cinema ou livraria (Pierre não bebia muito), ele os buscava depois do show e os levava para casa. "O pai de Tony podia fazer a mágica acontecer porque ele trabalhava na Columbia Records", disse Andrea Blickman. "Nós o amávamos por isso." Certa vez, Pierre conseguiu ingressos para Tony e um grupo de seus amigos do ensino médio para uma apresentação da Filarmônica de Nova York da Tocata e Fuga em Ré Menor de Bach – não porque eles compartilhavam sua paixão pela música clássica (eles não compartilhavam), mas porque essa era a partitura da primeira parte do filme Fantasia, de Walt Disney, "e se você se considera um membro da geração psicodélica", disse Blickman, "foi um filme muito importante. Ficamos emocionados!" Mais tarde, o grupo (menos Pierre) aventurou-se pela Broadway até o O'Neal's Baloon – como se fazia naqueles dias após uma noite de alta cultura no Lincoln Center – e, talvez porque seu líder, Tony, fosse muito alto, puderam beber sem precisarem comprovar idade. Beber em Manhattan sempre tinha sido o sonho de garotos de Jersey, e o passeio tornou-se uma lenda, relembrado com entusiasmo mais de trinta anos depois em uma reunião realizada na casa de um ex-*Cruiser* grisalho – mas não, eles perceberam, por Tony, que ficou sentado em silêncio, como ele fez a maior parte da noite, olhando fixamente para o nada e deixando-os imaginar por que ele tinha ido até Englewood se não iria participar da conversa com eles, os garotos mais velhos e legais que um dia ele tinha tentado impressionar.

Embora seu casamento já mostrasse sinais de separação, Pierre e Gladys não eram de forma alguma o casal mais estranho. Ambos altos e corpulentos a ponto de serem o que Mansfield chamava de "quase desajeitados", eles, um católico secular e uma judia secular, descendentes do que costumava ser chamado de linhagem camponesa resistente, mas com gostos intelectuais em música e livros, de alguma forma se encontraram (da forma que católicos, judeus, camponeses, intelectuais e burgueses farão em Nova York) e se casaram em 1954, concluindo de maneira formal duas infâncias especialmente confusas. Pierre nunca conheceu seu pai de verdade – que por um momento feliz, dez anos antes de seu nascimento, foi notícia de primeira página em todo o país como "o membro mais jovem do Exército dos Estados Unidos". Até certo ponto, é um conto encantador da era da Primeira Guerra Mundial. No verão de 1919, Pierre Michel Bourdain, de quatorze anos, fez amizade com membros da 54ª Artilharia da Costa quando eles acamparam no que um jornal chamou de "fazenda desgastada perto de Maine--et-Loire" em Bordeaux. Os soldados ficaram tão encantados pelo corajoso garoto que, quando chegou a hora de embarcar de volta para casa, decidiram levá-lo junto, supostamente com a permissão de seus pais. O problema é que, logo após a chegada, Pierre Michel foi declarado clandestino e voltou para a França. Final da história encantadora. Sete anos depois, porém, depois de servir no exército da Terceira República, o avô de Tony emigrou legalmente para os Estados Unidos, onde conseguiu um emprego como balconista de cosméticos em uma loja de departamentos no centro de Manhattan e se casou com uma francesa chamada Gabrielle Riousse, 13 anos mais velha. Com a ajuda de sua renda como costureira para os muito ricos, eles se mudaram para um prédio com porteiro na West 95th Street e perseguiram o sonho americano. O pai de Tony, único filho do casal, chegou em 1929. Tudo parecia perfeito. Mas na véspera do ano novo de 1931, Pierre Michel morreu de ataque cardíaco aos 26 anos.

A história inicial de Pierre, o filho, é um pouco confusa. Ele raramente falava sobre sua infância ou seus anos de solteiro, tornando-o o oposto de seu filho primogênito, que parecia sofrer de mania de memórias. "Meu pai era, para mim, um homem misterioso", disse Tony, que conseguiu, no entanto, reunir alguns detalhes biográficos para contar ao público em geral. Pierre, disse Tony, cresceu falando francês com sua mãe solteira em sua casa no Upper West Side e fazendo viagens de verão para a Normandia para visitar parentes. Depois de se formar na exclusiva Birch Wathen School, Pierre entrou em Yale no outono de 1947, aos dezessete anos, mas permaneceu apenas quatro semestres. O motivo de sua partida precoce é desconhecido, mas ele tinha o hábito de se desviar do caminho do sucesso. Alguns anos depois, depois de trabalhar como assistente na London Records, Pierre ingressou no exército, onde passou a maior parte do tempo como sargento de suprimentos na Alemanha. É difícil dizer exatamente o que ele fazia, mas provavelmente nada muito interessante. Ocupar-se com coisas interessantes não era algo que combinava com Pierre. Durante grande parte de sua vida adulta, ele ocupou dois empregos triviais, em vez de uma única posição importante, como acontecia com a maioria dos patriarcas de Leonia. Quando Tony nasceu em 1956, Pierre vendia cópias durante o dia e trabalhava na loja de discos Sam Goody à noite. Mais tarde, ele venderia câmeras na grande loja Willoughby, perto da Macy's em Herald Square, antes de trabalhar meio turno na Goody's. Ninguém duvidava que ele tinha inteligência e energia necessárias para coisas melhores, mas sempre teve dificuldade em ir além dos limites do que lhe interessava. Em seu livro de 2001, *Em Busca do Prato Perfeito*, Tony o chamou de "um homem tímido com poucos amigos, desconfortável com confrontos e com grandes grupos, um homem que temia gravata e paletó, despretensioso, que se divertia com hipocrisia, afetação, com senso de absurdo e irônico [que] tinha uma alegria infantil em coisas simples" – uma longa maneira de dizer que ele não entrevistava bem.

Embora totalmente americano – Tony disse que sempre ficava surpreso quando seu pai, de repente, começava a falar francês com motoristas de táxi haitianos –, Pierre tinha pouco em comum com os nova-iorquinos de fala rápida e cotovelos afiados com os quais ele frequentemente se encontrava. Sua única chance profissional ocorreu quando Tony tinha cerca de treze anos e, com a ajuda de uma conexão de seus dias na London Records, Pierre conseguiu um cargo de "executivo" (palavra gentil de Tony; era mais uma posição de gerente de nível médio) na Columbia Records. Embora suas responsabilidades envolvessem embalagens e não a música, que era sua paixão, ele estava feliz por ter o salário, o título (gerente de merchandising clássico), a chance de trazer para casa braçadas de álbuns gratuitos para Tony e Christopher e (talvez com a ajuda de sua esposa jornalista) por ser ocasionalmente citado nos jornais sobre as tendências da indústria fonográfica. (Em 1974, ele previu erroneamente ao *New York Times* que o som quadrifônico seria a próxima grande novidade.) Mas então algo aconteceu ou não aconteceu e Pierre perdeu o emprego na gravadora de Vladimir Horowitz, Eugene Ormandy e muitos de seus outros heróis musicais de cabelos compridos. Na época de sua morte, ele estava de volta à área de vendas, tirando o pó e ajustando as caixas de plástico em uma loja no Upper East Side chamada Orpheus Remarkable Recordings.

Gladys Bourdain, que morreu em janeiro de 2020 aos 85 anos, nunca foi uma pessoa fácil de agradar – ou de se aconchegar –, mas era difícil não notar. Quando a mencionei a uma ex-colega do *New York Times*, onde ela trabalhou como copidesque de 1984 a 2008, a mulher disse: "Nunca pensei que alguém me pediria para falar sobre Gladys Bourdain, embora eu tenha passado uma boa parte da minha vida fazendo exatamente isso." O consenso entre os nove ex-colegas com quem conversei (sete deles mulheres) era que todos tinham uma história sobre Gladys. O número de histórias de Gladys que a retratavam como incompetente ou mal-informada (ou até mesmo descuidada com sua aparência) totalizou exatamente zero. Mas, se me permitem ser um pouco detalhista, a porcentagem daqueles que disseram que, apesar de suas "habilidades editoriais intocadas" e "inteligência óbvia", ela poderia ser "dura", "difícil", "impossível", "mandona" "desafiadora", "julgadora" ou "imperiosa" chegou perigosamente perto de cem. Ela era o tipo de pessoa, disse-me um ex-chefe dela no *Times*, Don Hecker, que "gostava de dominar uma conversa e não resistia em dar conselhos a seus colegas sobre questões profissionais como edição e protocolos de redação."

Claramente – e obviamente em total contraste com Pierre –, Gladys era do tipo franco e, em parte por causa do que ela dizia quando se colocava, de quão fortemente ela se colocava e da pouca tolerância que ela tinha para qualquer um que dissesse o contrário, ela não passava a melhor impressão. Suas ofensas, se é que podemos chamá-las assim, soam insignificantes quando consideradas à parte da cultura da área de copidesque do *Times*, mas naquele contexto elas eram lendárias. Principalmente, elas diziam respeito à maneira como ela se comportava – ou seja, como se ela fosse melhor do que uma copidesque, alguém mais alta na hierarquia –, mas também há histórias sobre ela fazendo o tipo de coisas que *simplesmente não eram feitas* no jornal. Certa vez, por exemplo, depois que o copidesque foi transferido para um local diferente dentro do prédio, dizem que ela perturbou o editor-chefe Gene Roberts sobre a colocação dos móveis até que ele reorganizasse a sala de acordo com seu gosto. Em outra ocasião, quando ela pensou que um colega de trabalho havia deixado os restos de um jantar da lanchonete do *Times* em seu espaço de trabalho por muito tempo, ela esperou até que ele se afastasse, então pegou sua bandeja e a jogou fazendo barulho – pratos e talheres de verdade e tudo – em uma lixeira próxima. Gladys era notoriamente meticulosa; ela reagia teatralmente ao cheiro de peixe e manteiga de amendoim no escritório e repreendia colegas de trabalho por enfiarem as mãos em um saco de pipoca compartilhado, ordenando que, pelo amor de Deus, fossem buscar pratos de papel. E assim por diante.

Claro, você deve se perguntar: se ela fosse um homem, ela teria sido menos lendária e talvez até lembrada com carinho por sua franqueza e brio? O consenso no grupo de ex-colegas sobre essa questão foi "possivelmente". Mas, pelo menos até certo ponto, Gladys parecia gostar de sua reputação no *Times* e além. "A essência de Gladys Bourdain ficou clara para mim uma noite, quando fui ouvir seu filho Anthony falar na Biblioteca Pública de Nova York", disse Diane Nottle, uma de suas ex-colegas. "Alguém na plateia perguntou a ele como era trabalhar na cozinha de um restaurante, e ele disse sem hesitar: 'Se você gosta de dominar um pequeno grupo de pessoas em um lugar pequeno, então um emprego em restaurante pode ser para você!' Eu ri alto porque era assim que Gladys funcionava. 'Bem', eu disse a mim mesma, 'agora sabemos onde ele aprendeu isso!'"

Gladys dificilmente mencionou Tony para seus colegas de trabalho do *Times*, mesmo depois que ele se tornou famoso – ele sempre seria um canhão livre demais para ela se associar publicamente e, além disso, ela, como Pierre, reflexivamente se esforçava para esconder virtualmente todas as suas informações pessoais. No caso dela, os fatos específicos, mundanos e às vezes embaraçosos de sua vida (e de Tony) só teriam atrapalhado a imagem que ela desejava projetar – uma imagem de glamour, intriga e possibilidades infinitas. "'Elegância' é a palavra que me vem à mente quando penso em Gladys", disse Christopher Phillips, que trabalhou ao lado dela no copidesque por vários anos. "Apesar de ser uma mulher grande e mais velha", disse Phillips, "ela tinha um jeito de se vestir lindamente, mas com simplicidade, e sempre teve uma pele maravilhosa, uma linda sombra verde nos olhos e uma dicção perfeita" (tudo o que ele observou a destacava da maioria dos colegas de trabalho, "que vinham trabalhar parecendo desleixados"). Além do período, no início dos anos 1950, em que ela passou em Paris, trabalhando como correspondente da *Agence France-Presse* e se apaixonando pela cultura francesa, Gladys raramente, ou nunca, fez referência a qualquer vida passada. "A única vez que a ouvi mencionar o marido", disse

Hecker, "foi quando ela expressou ressentimento pela estupidez dele por não ter mantido uma casa na França". Phillips, seu amigo homem mais próximo no copidesque, não se lembra dela ter dito uma única palavra sobre Pierre. "Certa vez, ela deixou escapar que tinha sido dona de casa em Nova Jersey e fiquei surpreso", disse ele. "Você não pensava nela daquele jeito. Ela tinha um tipo de conhecimento que associo aos europeus cultos, aquelas pessoas que não precisam estudar, tiram tudo do ar. Fiquei chocado quando li em seu obituário que ela veio de um lugar modesto no Bronx."

O bairro mais ao norte de Nova York nunca foi chique, mas ainda era o Bronx do poeta Ogden Nash quando Gladys Sacksman cresceu lá nas décadas de 1930 e 1940; a futura juíza da Suprema Corte Sonia Sotomayor e sua laia ainda não haviam chegado em número suficiente para expulsar a população branca plebeia de seus poleiros. University Heights, onde Gladys morava, era um bairro movimentado com máquinas de refrigerantes nas esquinas, delicatessens Hebrew National, lojas de doces Loft's e lojas de calçados Thom McAn livremente dispostas ao redor do campus da cidade alta da Universidade de Nova York (NYU), mas a pura sensação de classe média de tudo isso, a indefinição agressiva, não se traduzia necessariamente em um senso de ordem e paz.

Em 28 de abril de 1949, logo após Gladys ter saído para o ensino médio, alguém bateu em sua porta e gritou: "Entrega!" Quando sua mãe, Martha, abriu, o homem pegou uma faca e roubou joias avaliadas em US$ 4.600. Como o pai de Gladys, Milton – cuja família chegara sem um tostão do remanso ucraniano de Ostroh no início dos anos 1900 e que agora dirigia uma "empresa de caminhões" de um homem só quando não estava jogando pôquer na varanda – poderia ter dado à sua esposa um tesouro que o *New York Daily News* listou como "um solitário de diamante, uma aliança de casamento de diamante, um anel de coquetel e um relógio de coquetel"? Talvez fique mais claro se você souber que o avô materno de Tony se especializara no transporte de itens que caíam dos caminhões de outras pessoas. Um ano antes de sua própria casa ser roubada, Milton Sacksman foi preso, junto com dois cúmplices, por dirigir com US$ 60.000 em tecidos roubados. A esse crime seguiu-se uma condenação pela venda de mais de um milhão de selos fiscais de cigarros roubados – que, por sua vez, se seguiu a um período de confinamento forçado por posse de mais de quatrocentos pares de calças roubadas. Milton entrou e saiu da prisão (e dos jornais) durante a maior parte da infância de sua filha. Gladys podia ainda não saber o que queria ser quando crescesse, mas sabia que não queria ser uma Martha, casada com um Milton, nem por todos os relógios do mundo. No final, foi apenas uma foto escura, tirada no improviso, mas Gladys parecia brilhante e otimista – e mais do que um pouco bonita – quando o "fotógrafo indagador" do *Daily News*, Jimmy Jemail, a parou do lado de fora do Vanderbilt Hotel em Manhattan em meados de novembro de 1952 e fez a questão do dia: Você consegue identificar um homem casado? Se sim, como? A resposta de Gladys mostrou que, aos 18 anos, seu maquinário de formação de opinião já fazia hora extra. "Não", ela disse. "Homens inteligentes são mais ou menos parecidos. Se eles são casados, podem criar a impressão que quiserem. Isso porque a maioria das mulheres é crédula e gosta de atenção, extravagante ou não. Os homens espertos, se não forem muito velhos, lembram de tirar suas alianças." Claramente, a Sra. Sacksman tinha uma visão realista do mundo. Nada de ladrão de calças para ela. Ela se formaria no Hunter College, uma escola urbana boa, sólida e sem frescuras, onde garotas inteligentes da cidade como ela estudavam, e entraria na vida com os olhos bem abertos.

Sua eventual escolha de marido não foi necessariamente um erro – ou uma surpresa se você for um estudioso do comportamento humano. Para uma francófila autoritária como Gladys, o passivo Pierre pode ter sido, em certo sentido simbiótico, o parceiro perfeito: um francês em construção que ela teoricamente poderia melhorar. Os problemas viriam depois. Em seus primeiros anos juntos, os Bourdain eram tão entusiasmados e otimistas quanto qualquer jovem casal. Forravam as paredes com a literatura que estimavam e, nos fins de semana, transformavam sua sala em um cinema de arte, onde projetavam filmes franceses e italianos em 16 milímetros para si mesmos e às vezes para alguns amigos, usando o ruidoso, quente e pesado equipamento de última geração que Pierre pegava emprestado da loja Willoughby's. Quando os convidados chegavam, Gladys às vezes pegava o *Mastering the Art of French Cooking*, livro de Julia Child, de cima da geladeira e fazia Coquilles Saint Jacques. (O cheiro adocicado das vieiras e a conversa abafada dos adultos invadia o quarto de Tony – e o deixava furioso, dizia ele, porque estava sendo deixado de fora.) Politicamente, Pierre e Gladys também estavam na mesma página. Em 1965, eles emprestaram seus nomes a uma promessa, redigida pelo Conselho Inter-religioso local e publicada no *Record*, que dizia que eles não discriminariam seus vizinhos com base em raça, cor ou credo e "resistiriam a todas as pressões para vender sua casa rapidamente" se uma família não branca se mudasse para perto. Sem deixar de testar nenhum clichê da era Camelot, eles também atuaram juntos no teatro comunitário – ou pelo menos Pierre apareceu em comédias românticas como *Amor Eletrônico* e dramas como *A Morte do Caixeiro Viajante*, enquanto Gladys (cujo jeito dominador era talvez um disfarce para timidez excessiva) trabalhou nos bastidores fazendo maquiagem, efeitos sonoros e iluminação.

Ainda assim, nenhuma forma de arte os entusiasmava mais do que a música clássica, que eles iam ouvir em concertos e também ouviam em casa da maneira que se esperava naquela época: com o ouvido atento em um equipamento de áudio superior. "Pierre foi a primeira pessoa que conheci que tinha um sistema hi-fi de verdade", disse David Mansfield, que talvez tenha sido o único amigo que

Tony convidou para passar a noite. "Ele tinha grandes alto-falantes montados nas paredes da sala, Altec 604Es ou algo assim, como monitores de estúdio. Ele também tinha um gravador Crown de duas pistas, onde gravava as transmissões semanais da Filarmônica e do Metropolitan Opera, e tinha as paredes forradas com suas fitas. À mesa do café da manhã ele era jovial e alegre, depois sentava no sofá, aumentava o volume e ouvia Wagner com o cabelo voando para trás."

Mas apesar de permanecerem em contato com seus interesses pessoais (como o Dr. Benjamin Spock, em seu best-seller *Meu filho, Meu Tesouro*, aconselhava jovens pais a fazer), Pierre e Gladys nunca deixaram seus filhos para trás, com babás. Eles faziam viagens familiares para a França, iam juntos na maioria dos verões para Jersey Shore e regularmente se amontoavam em sua perua para comer em Manhattan, às vezes em um Horn & Hardart Automat quando pegavam Pierre depois do trabalho, mas com a mesma frequência em Chinatown, Little Italy ou no restaurante cubano-chinês La Caridad, no Upper West Side. "Só queríamos que eles fossem um pouco mais vividos do que alguns de nossos vizinhos de Leonia", disse Gladys, em um raro momento de expansão, ao *Hackensack Record* em 2007, "e adorávamos comida de todos os tipos". De uma certa distância – uma distância que Tony tentava preservar quase nunca convidando amigos –, chez Bourdain parecia estar funcionando muito bem. A família tinha uma churrasqueira funcionando no quintal, um cachorro mestiço chamado Puccini, uma bola Wiffle e taco na garagem e um pacote de peito de frango descongelando perpetuamente no balcão da cozinha, de acordo com o código suburbano. Com o incentivo e a orientação de Gladys, o pré-adolescente Tony assava biscoitos e bonecos de gengibre na época do Natal; nos aniversários, quando os meninos podiam escolher o que quisessem para o jantar (e Chris geralmente pegava um pedaço de bolo), Tony pedia rosbife com pudim de Yorkshire e suflê de chocolate.

Juntamente com suas tradições mais agradáveis, a família também tinha o que parecia ser um número maior do que a média de regras rigorosamente aplicadas. Gladys, que ganhou naturalmente o papel de malvada, proibiu refrigerantes e *junk food*, constantemente corrigia a gramática de todos (se Tony perguntasse "Posso comer uma tigela de cereal?", ela diria: "Você pode, mas não vai!"*) (embora ela acabasse dando a ele qualquer comida que ele pedisse porque achava que ele era muito magro) e levava muito a sério a higiene dental. "Depois que Tony e Chris escovavam os dentes na hora de dormir", disse Mansfield, "a mãe deles pegava uns comprimidos vermelhos, que ela os fazia mastigar. Os comprimidos manchavam seus dentes para mostrar onde você ainda tinha placa." Quando Tony abria a boca para que Gladys pudesse fazer suas inspeções, ele sentia seu nível de raiva aumentar – mas, realmente, que criança que se preze não sentiria? E até ele teve que admitir que Gladys, embora fosse extremamente rígida, nunca foi diretamente má ou abusiva com *ele*. "Eu não queria amor ou atenção", escreveu ele em seu livro de 2010, *Medium Raw*. "Meus pais me amavam. Nenhum deles bebia demais. Ninguém me batia. Deus nunca foi mencionado – então não fiquei incomodado nem com religião, nem com igreja, nem com qualquer noção de pecado ou inferno. Eu ganhei a bicicleta que queria de Natal." No fim das contas, o que deixava Tony tão incomodado, ele disse, era "o sufocante estrangulamento do amor e da normalidade em minha casa".

---

* NT: O autor usa aqui um exemplo da gramática do inglês com a diferença entre *can* e *may*, que têm a mesma tradução em português, mas significados diferentes em inglês. Can significa poder com o sentido de ter habilidade para fazer algo, enquanto May é usado como poder na hora de pedir permissão. Aqui no caso, Gladys corrigia o filho que usava a linguagem mais informal – Can I have a bowl of cereal? – dizendo "You can, but you may not" para lembrá-lo de como ele deveria falar corretamente.

Com raiva da normalidade? Como justificativa para a raiva perpétua, isso não soa menos suspeito do que as anteriores que o vimos proferir. No entanto, o que parece certo é que o mesmo menino que em torno de seus amigos fazia o papel de um artista brincalhão, acenando com os braços e arregalando os olhos, ansioso pela aprovação dos colegas na forma de risadas, era de fato um "pequeno cretino taciturno, mal-humorado e difícil" (palavras dele, em *Kitchen Confidential*) quando na companhia exclusiva de seus pais e irmão. Tony constantemente intimidava Chris, recusava-se a se aplicar nos estudos em sua escola preparatória cara e frequentemente aparecia para jantar, disse ele, "atrasado, chapado e beligerante". Se ele soubesse que Gladys estava recebendo amigos para almoçar, ele poderia alegremente ameaçar vagar pela sala de jantar fumando maconha, só para dar a ela algo com que se preocupar. "Sua adolescência foi terrível para mim", disse Gladys ao *Record* – mas podemos ver na seção de abertura de *Kitchen Confidential* que ela estava subestimando a situação; o ressentimento de Tony já estava no auge aos nove anos, quando a família fez sua primeira incursão na França.

Os Bourdain viajaram com estilo naquela travessia em cabine de primeira classe no Queen Mary, mas, graças a Tony, não viajaram em paz. Embora houvesse algumas coisas sobre a viagem que ele (décadas depois) teve que admitir que gostou muito – como a vichyssoise a bordo do navio (ele amava a palavra tanto quanto a sopa), os quadrinhos de Tintin e Asterix, as antigas fortificações nazistas que cravejaram a praia na desolada cidade turística da Normandia, onde inicialmente se hospedaram –, ele basicamente fez o papel do americano irritante que achava a manteiga parecida com queijo, o queijo parecido com pus e a Torre Eiffel apenas menos tediosa do que, como disse em *Kitchen Confidential*, o inferno que era empurrar "barcos de brinquedo na fonte do Jardim de Luxemburgo". Gladys e Pierre tentaram adoçar seu humor com "centenas de dólares" em quadrinhos de Tintin, que compraram na livraria inglesa W. H. Smith, e a tática funcionou brevemente. Mas como eles não lhe dariam o que ele decidira que realmente queria – permissão para fumar cigarros e tomar um copo de vinho comum com água no jantar, como faziam alguns de seus colegas franceses apenas um pouco mais velhos –, ele ficou de mau humor e reclamou o verão inteiro. Até o momento em que comeu ostra.

Embora "nunca peça peixe na segunda-feira" tenha sido o conselho mais citado em *Kitchen Confidential*, o consumo daquela primeira ostra é talvez a história mais lembrada dos primeiros 44 anos de Tony: o *slurp* que fez dele um superstar. É uma história simples: uma manhã, ele e sua família foram levados para a costa de La Teste sur Mer em um pequeno barco de madeira para observar alguns bancos de ostras; seu guia, sem hesitar, estendeu a mão, puxou um enorme espécime incrustado de lodo, abriu-o com uma faca enferrujada e o entregou a Tony (de acordo com ele, o único dos Bourdain que não era completamente antiostras) para que comesse. Desceu gloriosamente enquanto sua família assistia, horrorizada. A princípio, Tony pareceu colocar a experiência sob uma luz puramente positiva, um momento Madeleine reverso "inesquecivelmente doce", que "tinha gosto de água do mar... de salmoura e carne... e, de alguma forma... de futuro...", um momento "ainda muito mais vivo para mim do que muitos outros 'primeiros' que seguiram: primeira transa, primeiro baseado, primeiro dia no ensino médio, primeiro livro publicado ou qualquer outra coisa." A ostra mudou tudo para ele, escreveu, porque aquele "objeto brilhante, vagamente sexual, ainda pingando e quase vivo" trouxe a percepção de que "a comida tinha *poder*" e de que a vida pode ser repleta de sensações maravilhosas e quase indescritíveis que, para melhor e pior, tinham que ser experimentadas para serem acreditadas. É uma passagem tão linda, surpreendente e intensa que você mal percebe que engolir o bivalve foi, no fundo, um ato sádico. Ou realmente outro em uma série de atos sádicos que ele estava infligindo alegremente à sua família.

Naquele momento em que os horrorizou em La Teste, Tony já estava se vingando com comidas pela França por pelo menos duas semanas. A ofensa pela qual ele ainda estava se vingando havia sido perpetrada quando eles visitaram Vienne – uma cidade de tamanho razoável, vinte e duas milhas ao sul de Lyon – e Gladys e Pierre fizeram uma reserva para almoçar em um restaurante, então mundialmente conhecido, chamado La Pyramide. A reserva, no entanto, era para dois, não para quatro, algo que Tony não percebeu até que seus pais anunciaram, quando pararam no estacionamento, que apenas mamãe e papai jantariam naquele momento. Deixar o malcriado Tony no carro era o mesmo que "deixar Baby no canto": algo que não pode ser feito. Ele não diz em *Kitchen Confidential* que ele e Chris ficaram trancados dentro do luxuoso Rover que tinha sido alugado para o mês de férias, mas descreve uma provação de três horas e um calor sufocante que o deixou furioso, ainda mais furioso do que ele certamente estaria se seus pais o tivessem levado até La Pyramide, forçado a parar de reclamar por um momento e feito ele escolher algo do menu sem hambúrguer. "As coisas mudaram. *Eu* mudei" do lado de fora do restaurante, onde, dominado pelo desejo de "superar os pais gastronômicos", escreveu, ele prometeu se tornar o comedor mais aventureiro que eles já viram – para enojá-los e custar-lhes muito dinheiro no processo. "Cérebro? Queijos fedorentos e escorrendo que cheiravam a pés de homens mortos? Carne de cavalo? Molejas? Aceito tudo!!" Sua raiva, neste caso, é mais compreensível do que o normal (supondo que ele não estivesse exagerando sobre as três horas no carro), mas do ponto de vista literário, as epifanias consecutivas parecem redundantes. A passagem de "As coisas mudaram. *Eu* mudei" para a afirmação de que "Agora era tudo diferente" depois da ostra leva apenas três páginas. Eu me pergunto se ele já chegou a se arrepender de juntar dois momentos supostamente divisores de águas ou (já que estamos questionando as decisões do escritor) daquele duplo ponto de exclamação. A prosa é como o cabelo, disse Flaubert, brilha quando penteada; como escritor e como homem, Tony podia ser do tipo despenteado.

Os Bourdains viviam no luxo; e muito. Pierre gostava de dizer: "Sou um homem de necessidades simples", e sobre coisas como vinho e roupas, ele geralmente era; mas ele também ansiava pela boa vida, como era definida na América de meados do século XX, e tinha a tendência de satisfazer suas paixões sem se preocupar com o preço. "Meu pai era um sonhador que não parecia pensar ou falar sobre coisas financeiras", foi o que Tony disse em uma entrevista de 2017 para a revista *Wealthsimple*, na qual ele dançou em torno de um assunto sobre o qual quase nunca falava. Além de ser um audiófilo, um viajante e um fã de comida, Pierre também era um fã de carros, e durante anos dirigiu uma caminhonete Rover que custava cerca de três vezes mais que um Oldsmobile ou Chevy, embora sua renda provavelmente fosse uma fração de seus vizinhos de Leonia. Seu hábito mais caro, porém, era dizer sim à esposa, que era "muito mais organizada" do que ele, disse Tony, mas cujas "aspirações superavam sua capacidade de pagar". O objetivo das pessoas em seu círculo social era... bom, qualquer que fosse o objetivo do vizinho; e, por um tempo, os Bourdain pareciam estar conseguindo. Eles tiraram *duas* férias de verão em alguns anos, compraram uma casa maior em Leonia e transferiam seus filhos para uma escola particular. Eles não economizavam dinheiro. Quando um dos parentes de Pierre morreu na França e eles herdaram uma quantia moderada, ele e Gladys gastaram tudo imediatamente em um elaborado paisagismo – "uma construção completa; demorou anos", disse Tony, embora eles estivessem lutando para pagar as mensalidades dos meninos. "Em retrospecto", observou Tony secamente, "talvez pudéssemos ter passado sem os arbustos."

Quando Tony estava se aproximando da idade do ensino médio, Pierre foi forçado a vender o Rover e depois dirigiu pela cidade em uma velha lata velha amassada da qual seus filhos tinham vergonha; ele também teve que vender uma casa que possuíam na França. "Eu tinha consciência sobre dinheiro?", Tony comentou na entrevista da *Wealthsimple*. "Sim. Eu tinha consciência de que às vezes não tínhamos o suficiente. Eu tinha consciência de que tínhamos menos dinheiro à disposição do que as pessoas com quem eu estudava." Isso era uma maneira simples de explicar.

Embora Tony não tenha mencionado isso no longo artigo da *Wealthsimple* (ou em qualquer outro lugar), quando a família morava na Christie Street, Gladys e Pierre uma vez ficaram tão atrasados com os impostos sobre a propriedade que o xerife colocou a casa deles em leilão público, com a venda anunciada, como por lei tinha que ser, na seção de Avisos Legais do *Hackensack Record*. O casal aparentemente conseguiu juntar o suficiente e/ou negociar um plano de pagamento que no último minuto permitiu que eles mantivessem sua casa; mas a humilhação pública deve ter sido devastadora para uma família que se orgulhava de se encaixar perfeitamente em seu confortável subúrbio. Gladys, por sua vez, não tinha dúvidas sobre quem era o culpado por suas dificuldades financeiras perpétuas, nem qualquer escrúpulo em falar sobre essa culpa. "Nunca saberemos exatamente o que aconteceu dentro daquela casa porque Tony se recusava terminantemente a falar sobre isso, mesmo comigo", disse sua esposa, Ottavia, a um amigo. "Mas a primeira vez que falamos sobre sua mãe, ele disse que ela era uma mulher miserável e amarga que havia destruído a vida de seu pai. Ele e o irmão viam isso acontecer no dia a dia e ambos acabaram carregando as consequências de algum tipo de trauma. Eles apenas o expressavam de maneiras diferentes."

Os Bourdain nunca mudaram muito seus hábitos de consumo, mas depois que o xerife bateu à porta, Gladys voltou a trabalhar – inicialmente como vendedora em uma imobiliária local e, alguns anos depois, como redatora do *Hackensack Record*. Sob a assinatura

"G. S. Bourdain", ela escreveu notas sobre celebridades, notícias sobre artes e entretenimento e resenhas ocasionais de shows em uma prosa tagarela e profissional. Ela parecia gostar de criticar grandes estrelas como Charles Aznavour e Diana Ross quando eles passavam pelo Radio City Music Hall e outros locais de Manhattan. Sua mudança para o *New York Times* em 1984 foi uma prova de sua habilidade com as palavras, bem como um indicador precoce de quão difícil seria sua passagem por lá. De alguma forma, durante o processo de entrevista, Gladys teve a impressão, apesar do salário nada espetacular oferecido, que o trabalho em discussão não era apenas um lugar comum no copidesque, mas a redação da seção *Arts & Leisure* de domingo, um dos cargos mais poderosos e de prestígio no jornal. Ao ser contratada, ela saiu de férias por três semanas, sem dúvida gastando mais do que podia e imaginando que se estabeleceria em seu merecido papel como a nova rainha da cena cultural de Nova York após seu retorno. Reza a lenda do *Times* que foi só quando ela se apresentou para o serviço que suas expectativas mudaram como um estalo de coluna. Devastada, mas precisando desesperadamente de um salário, ela se arrastou para o copidesque derrotada. "Começar com o pé esquerdo realmente complicou as coisas no jornal", disse-me um colega. "Ela permaneceu, de uma forma ou de outra, em guerra com o *Times* durante todo o tempo em que esteve lá. Mas ela era o tipo de pessoa que poderia estar em guerra com figuras de autoridade onde quer que estivesse."

Nesse ponto, os Bourdains de Leonia já eram tão passado quanto os Mulvaneys de Joyce Carol Oates. Muito antes da separação final, a família havia se bifurcado em campos distintos: Tony e seu pai de um lado, Chris e sua mãe do outro, mesmo quando não havia nenhuma discussão em particular e eles estavam todos juntos na caminhonete ou em um restaurante. "Chris basicamente concordava com a mensagem constante de sua mãe de que seu pai era um homem fraco com a cabeça nas nuvens, um completo perdedor que estava arrastando a família para a ruína", disse-me um parente. Enquanto isso, Tony sentia a necessidade de proteger Pierre de Gladys, muitas vezes tirando-o de casa, mesmo que apenas por algumas horas. Daí as viagens conjuntas a lugares como o Hiram's, Washington, DC, para marchar em protesto contra a Guerra do Vietnã – e, quando Tony tinha quatorze anos, "o sinistro quarto dos fundos de um hotel decadente na 55th Street que alguns colegas japoneses haviam indicado [ao meu pai] para experimentarmos pela primeira vez uma nova sensação chamada sushi." Às vezes Chris aparecia, às vezes não. Pierre ainda conseguia reunir alguma aparência de autoridade parental quando precisava – por exemplo, falando severamente com Tony por não se dedicar à escola –, mas Tony, de certa forma, o via como o irmão que ele gostaria que Chris se tornasse, e eles procuraram ativamente a companhia um do outro de uma forma incomum.

Quando Tony estava no segundo ano do ensino médio, Pierre o levou como acompanhante para uma festa do trabalho em uma propriedade silvestre em New Canaan, Connecticut, onde (se o relato da viagem que ele fez para uma aula de inglês pode ser considerado confiável) Tony usou óculos escuros, bebeu Heineken gelada e conversou com "secretárias gostosas – todas liberais, com os seios saltando livremente sob blusas caras", usando sua mentira comum sobre ser um escritor da *Rolling Stone*. A viagem de volta de um passeio como esse deve ter feito o estômago de Tony apertar mais a cada quilômetro que passava, pois ele entendia muito bem a dinâmica familiar e temia os confrontos frequentes de seus pais. Ele viu que Pierre constantemente facilitava o tipo de crítica que Gladys fazia contra ele de maneiras abertas e sutis, e Tony odiava que ela machucasse o marido só porque o fazia com tanta facilidade. Por que ela (e Chris) não podia amá-lo pelo que ele era e (como Tony) perdoá-lo pelo que ele não era? Pessoas delicadas e vulneráveis não precisavam de ajuda para apagar suas últimas brasas de confiança, né?

Algumas das explicações que Tony dava para sua raiva infantil funcionam melhor do que outras. Embora ele provavelmente lamentasse ter perdido Woodstock e às vezes odiasse a existência convencional em que se encontrava preso, o que mais o enfurecia era ser forçado a assistir à destruição de seu pai na primeira fila. Essa foi quase certamente sua ferida primordial, seu paraíso perdido – o que ele quis dizer com a vida não saindo de acordo com suas expectativas românticas. Além do mais, sua vida familiar era muito dolorosa e patética para falar ou escrever, tornando a situação duplamente miserável para um menino que precisava de mais do que a maioria para tirar sua versão da verdade de seu peito.

Depois que ele foi para a faculdade, Tony mantinha e perdia contato com Gladys ao longo dos anos (ele falou com ela pela última vez algumas semanas antes de sua morte, no Dia das Mães de 2018); depois que seu programa de TV se tornou um sucesso garantido, ele comprou para ela um apartamento perto do Lincoln Center, para que ela pudesse ir a pé à ópera, ao teatro e à sinfonia. Sempre que os entrevistadores pediam por uma menção sobre comida caseira de mamãe, ele falava sobre como Gladys o ensinou, quando ele tinha mais ou menos seis anos, a fazer um prato britânico de linguiça e ovo chamado *toad-in-the-hole* e como ela inspirou o amor dele por comidas preparadas com cuidado com seu pão de tâmaras, sanduíches de geleia prensada, bolo de carne e sopa de cevada com legumes. No final, porém, ele nunca pôde perdoá-la pela maneira como ela havia envergonhado e difamado implacavelmente Pierre; e quando chegou a hora de acertar as contas, Tony a retirou de seu testamento, deixando-a nos últimos dois anos de sua vida aos cuidados do chocado e ressentido Christopher.

O rosto que Tony mostrou durante seu último ano do ensino médio era na verdade uma série de máscaras destinadas a entreter e divertir a si mesmo e aos outros, mas sempre para manter a conversa em um lugar seguro – o que ele mais tarde chamou de "experimentar personalidades". O orientador da Englewood School, em sua avaliação final de Tony, antes que ele partisse para seguir sua enigmática namorada para Vassar, colocou o seguinte: "Tony é um garoto incomum, pois adquiriu muitas filosofias durante sua adolescência. Talvez seja uma espécie de modismo, mas o vejo como um jovem que é um indivíduo pensante e interessado na vida e em suas possíveis filosofias." Embora suas notas "não sejam espetaculares para um aluno que se apressa para concluir o ensino médio [Tony pontuou 620 e 530 nas partes verbal e matemática do SAT e teve uma média B – no último semestre], ele apresenta alguns pontos realmente muito fortes em inglês. Seu principal interesse é o jornalismo e isso está associado a um forte talento para a escrita criativa. A arte e os filmes parecem preocupar muito Tony, e ele gosta de trabalhar em todas essas mídias. Seu professor de inglês afirma que Tony é um aluno brilhante, inteligente e animado. Às vezes, ele é cheio de opiniões opinativas e generalidades abrangentes, mas está atento e interessado na vida ao seu redor. Ele é ótimo de se ter em sala de aula. Tendo em vista o histórico escolar médio de Tony, ele é recomendado a você com base nisso, com a compreensão de que ele é mais capaz do que seu histórico revela."

Mais capaz do que seu histórico revela.

Um garoto incomum.

Ótimo de se ter em sala de aula.

Se Anthony Bourdain tivesse uma lápide, haveria muitas opções.

Capítulo 3

"Apenas uma última coisa antes de deixar você voltar ao seu dia – mas primeiro quero dizer que você foi extremamente útil..."

Com essas palavras, pronunciadas em cada uma das cerca de oitenta e cinco entrevistas que fiz para seu livro – seja por telefone, Zoom ou pessoalmente –, sinalizei a uma interlocutora que estávamos começando a encerrar as coisas e que, se ela ainda tivesse alguma informação ou observação sobre Anthony Bourdain em sua posse, este seria um bom momento para repassá-las. Presumindo que ainda não havíamos discutido sua morte, minhas perguntas finais geralmente se concentravam nesse tópico, que o bom senso sugeria que deveria ser abordado depois que tivéssemos nos conectado um pouco. "Deve ter sido um choque", eu diria [empatia, lisonja], "mas estou me perguntando se você tinha notado alguma, não sei [modéstia, falsa espontaneidade], alguma semente de autodestruição no Tony que um dia você conheceu e que eventualmente o levaria a tirar a própria vida..." A maioria (incluindo as pessoas que viveram com ele) respondia com alguma variação: "De jeito nenhum, ele nunca pareceu nem um pouco deprimido". Mas sempre que alguém dava a segunda resposta mais popular: "Bem, ele tinha um lado sombrio", eu pressionava gentilmente sobre o que aquilo queria dizer. Ao que quer que fosse dito em seguida, eu quase sempre respondia com silêncio (porque geralmente era algo sobre não ser capaz de dizer exatamente o que aquilo significava, era só um sentimento que ele sentia e queria deixar claro, da forma mais educada possível, que aquela explicação era inadequada e que era melhor seguir buscando na memória por algo mais específico.) Às vezes, minhas técnicas de entrevista [falsa modéstia] davam frutos; às vezes não. Para o bem ou para o mal, apenas um entrevistado saiu totalmente do roteiro – um amigo não muito próximo de Tony dos dois anos que passou no Culinary Institute of America em Hyde Park, Nova York, a quem chamarei de Vic. Para Vic, minha primeira menção à morte de Tony, talvez porque combinada com a sensação de que Vic e eu estávamos chegando ao fim de nosso tempo juntos, pareceu desencadear um surto psicótico.

"Não, não fiquei nem um pouco chocado com o suicídio de Tony", disse ele sem nenhuma pausa perceptível, mas, de repente, em um registro vocal notavelmente mais estável e sonoro do que vinha empregando nos noventa minutos anteriores. "Veja bem, eu tenho poderes telepáticos e estou em contato com Tony desde que ele morreu e conversei com ele sobre isso. Ele teve que ir para o outro lado, ele me disse, por causa do amor." E com isso, Vic partiu para as corridas, contando calmamente, mas obsessivamente, histórias de alienígenas entre nós e insinuando que ele era Jesus Cristo. Até então, Vic – que obviamente se orgulhava de sua associação com Tony e tendia a preencher as histórias de suas interações com ele – não era a pessoa mais fácil de se manter no assunto: uma hora e meia é um tempo terrivelmente longo para minhas entrevistas. Mas ele tinha permanecido ao lado da sanidade. Nem dois minutos antes de seu colapso, ele estava me contando como ele, Tony e alguns outros jovens estudiosos do Culinary Institute costumavam nadar nus em New Paltz com um bando de estudantes de enfermagem da universidade estadual, bebendo cerveja Genesee, fumando maconha e deslizando nus pelas rochas cobertas de musgo até a velha piscina natural. Isso não parecia algo que Jesus faria, mesmo

no fim de semana; e, no entanto, o mesmo Vic continuaria reve-
lando que havia se levantado dos mortos "em uma caverna, à noite,
atrás de uma grande pedra" que de alguma forma foi rolada ao
amanhecer para que o mundo pudesse testemunhar sua ressurrei-
ção. Minha primeira inclinação foi descartá-lo como um obcecado
por Bourdain, um subconjunto que inclui os tipos de adoradores
que fazem tatuagens de Tony e pensam nele como Santo Anthony,
milagreiro, curador e mártir, bem como os teóricos da conspiração,
que acreditam que, em vez de tirar a própria vida, Tony foi morto
por agentes dos Illuminati, sob as ordens de Harvey Weinstein,
como vingança por seu apoio ao movimento #MeToo. Embora
deliberadamente ritmado, o discurso de Vic era quase puro fluxo
de consciência e, no entanto, não pude deixar de notar que havia
um motivo na loucura: a ideia de que Tony "teve que ir embora por
causa do amor". Na terceira ou quarta vez que ele voltou àquele
ponto, fiz uma pergunta: "Você está falando sobre amor romântico,
como o relacionamento dele com Asia Argento?" Fiquei surpreso
que ele conseguiu escutar isso, enquanto falava sem parar. Mas ele
escutou e respondeu imediatamente:

"Não, isso era dor", disse. "Com a dor sabemos lidar. Tony
teve que ir porque encontrou o amor – você entende o que estou
dizendo?"

Fiquei um pouco perturbado porque meio que entendi.

Amigos e parentes de Tony que entrevistei me disseram que ver
de perto o que aconteceu com ele ao longo dos anos deixou claro
como é ser amado intensamente por milhões de estranhos sem
rosto. Ou pelo menos mostrou a eles como tal situação poderia se
desenrolar se você fosse alguém com o conjunto particular de prós e
contras de Tony. O principal problema da fama para Tony, disseram
várias dessas pessoas íntimas, não eram as queixas usuais: caçado-
res de autógrafos ao seu lado no mictório, pessoas interrompendo
suas refeições em restaurantes ou tirando-o de um sono duramente

conquistado em um assento de plástico no aeroporto por uma selfie e outras coisas do gênero. Essas coisas aconteciam regularmente, é claro, e às vezes podiam ser genuinamente irritantes, mas ele tinha o dom de lidar com fãs excessivamente entusiasmados. Um sorriso e uma leve provocação que seriam então postados ou comentados por anos não era algo muito difícil para um cara que tinha um alerta Google ligado para "Anthony Bourdain" e que, na maior parte do tempo, achava divertido ser famoso. Ele poderia até fazer com que os aspirantes a *groupie* se movessem rapidamente com seu orgulho intacto. Mas o mar de amor que esses indivíduos personificavam acabou sendo outra coisa, algo muito mais difícil de lidar; estava sempre lá, de uma forma inefável, e sempre pronto para puxá-lo para baixo.

O grande público, em troca de seu amor, quer sempre a mesma coisa: mais. Mais um, mais um! No caso de Tony, as renovações ocorreram em porções de 250 dias – aproximadamente a quantidade de tempo que ele passaria na estrada a cada ano, capturando uma nova temporada das séries. No começo, as demandas do público eram, em certo sentido, o oposto de um problema, porque se você está produzindo um programa de TV, você quer que o público queira mais. Mas quando chegou aos cinquenta anos, Tony começou a ficar sem gás. Os motivos eram principalmente prosaicos – as tensões da viagem, especialmente quando você tem uma esposa dedicada, um filho pequeno e problemas nas costas –, mas a necessidade constante de encontrar novas maneiras de apresentar situações superficialmente semelhantes (*Talvez a Patagônia peruana desta vez? Que tal comida de rua senegalesa?*), além dos efeitos enervantes do álcool, também foram fatores. Então o que ele fez? A princípio, nada, pois contrabalançando seu esgotamento estava seu medo sobre o que aconteceria com todo o amor que ele acumulou se ele simplesmente acabasse. Tal amor, ele sabia, era raro e uma vez perdido nunca poderia ser recapturado, especialmente na sua idade. E se tal ruptura ocorresse, ele também sabia, seria doloroso para todos os envolvidos. "Por um tempo, observei-o preso em uma espécie de ciclo", disse-me seu amigo de longa data, Robert Ruiz. "Ele estava tão pronto para desistir, tão perto de me enviar uma mensagem que dizia: 'Consegui. Estou fora. Vamos tomar uma cerveja.' E então ele recebia uma mensagem de um fã que dizia: 'Fui à minha Chinatown local pela primeira vez porque assisti ao seu programa.' Ou: 'Nunca pensei em visitar meu filho que é mochileiro na Austrália, mas agora vou por sua causa.' Ou um estranho se aproximava dele em um bar e dizia: 'Você me inspirou a conseguir meu primeiro passaporte!' E toda aquela merda sentimental tocava seu coração e ele se virava e voltava direto para a estrada. Era sobre isso, na verdade."

Bom, talvez não só isso. Tony sentia uma culpa adicional pela possibilidade de romper com sua equipe da Zero Point Zero Production. Ele e sua equipe principal de técnicos e diretores fizeram um trabalho extraordinário em lugares distantes e às vezes perigosos ao longo de muitos anos. Juntos, eles arriscaram seus corpos e suas ideias; tiveram febre e diarreia, perderam o aniversário dos filhos e também ficaram muito bons em fazer televisão. Se não é algo que une as pessoas, o que seria? Se Tony acabasse com tudo, todas aquelas boas pessoas, que se moldaram aos seus hábitos de trabalho e suportaram sua orgulhosa cretinice enquanto prejudicavam suas próprias vidas familiares, de repente ficariam à deriva, sem pagamento.

Tudo isso pesava para ele. Mas, realmente, quão dividido ele poderia estar quando sabia em seu coração que, se algum dia chegasse a isso, ele nunca poderia abandonar as pessoas que de uma forma ou de outra o ajudaram a lançá-lo em sua jornada mágica? Perceber que ele era incapaz de realmente romper com sua vida como uma personalidade da televisão o reduziu a apenas mais um soldado no vasto exército de humanos que os psicoterapeutas chamam de "o poço preocupado". A situação, em outras palavras, era difícil, mas tolerável. E então ele conheceu Asia Argento.

A entrada dela em sua vida, no meio de 2016, mudou tudo. Quase da noite para o dia, sua necessidade de uma estratégia para sair da TV tornou-se urgente. Ele disse à esposa, Ottavia (com quem desenvolveu uma amizade pós-conjugal forte, embora não muito normal), que Asia era "a única mulher que pode me amar como eu preciso ser amado", e o que quer que isso significasse (era comum que Tony fizesse essas afirmações grandiosas que faziam com que seus amigos íntimos revirassem os olhos), ele estava tomado pelo desejo de estar com sua nova obsessão o máximo possível. A certa altura, ele apresentou um plano para deixar *Parts Unknown* e se mudar para o topo de uma montanha na Toscana com Asia e seu filho e filha e Ottavia e Ariane. O fato de ele realmente pensar que poderia viver em uma família mista com uma atriz altamente temperamental e uma intelectual faixa-preta em jiu-jitsu brasileiro, ambas italianas, mostra como ele às vezes permitia que seu bom senso fosse subjugado por impulsos românticos. A ideia, de qualquer forma, não foi recebida calorosamente nem por Argento nem por Ottavia quando ele a expôs durante um almoço no que já deve ter sido a mesa mais tensa para três naquele dia na cidade de Nova York.

Você pode pensar que o advento de Asia pelo menos resolveria a questão de saber se ele ficaria ou sairia da TV, mas não. Sua ansiedade em abandonar seu público e equipe apenas se intensificou quando a possibilidade de realmente fazê-lo se tornou menos fantasia e mais imaginável. Mesmo que seus fãs, em sua maioria, amassem apenas um Tony da TV não inteiramente real e mesmo que muitos o fizessem (como a parte racional dele entendia) por uma necessidade de adorar alguém ou algo, o pensamento de afastar seu amor permaneceu insuportável para ele – tão insuportável quanto a ideia de não estar com Asia Argento. Vê o problema?

Miserável no Paraíso

Você precisa que muitas coisas deem certo em sua vida antes de se tornar tão miserável quanto Anthony Bourdain, com quase cinquenta anos, se encontrou – isto é, antes que você possa estar em uma posição em que tem muito a perder. No caso de Tony, levou décadas para atingir uma altura da qual a queda faria diferença. O garoto alto e esguio que Gladys e Pierre levaram de Leonia a Vassar em seu velho Volkswagen branco para orientação de calouros não dava nenhuma indicação de estar em qualquer caminho que não fosse a Palisades Interestadual Parkway. Embora tenha falado do intervalo nostalgicamente em seu programa de TV, em *Kitchen Confidential* Tony nos conta que os anos imediatamente após sua formatura no ensino médio quase não valeram a pena ser lembrados, uma existência de merda de saudade confusa. "Passei a maior parte das minhas horas acordado bebendo, fumando maconha, planejando e fazendo o meu melhor para divertir, ultrajar, impressionar e penetrar qualquer mulher tola o suficiente para me achar divertido", escreveu ele. "Eu basicamente tratava o mundo como meu cinzeiro." Quanto ao seu relacionamento com Nancy, a linda e drogada garota que ele se esforçou para seguir desde o colégio, eles estavam "infelizmente apaixonados" e terminavam e voltavam várias vezes, mesmo antes de chegarem a Vassar para entrar na classe de 1977; ele nem sempre tinha certeza se ela era sua namorada ou não. "Quanto menos falarmos sobre essa parte da minha vida, melhor", ele escreveu.

Para Gladys e Pierre Bourdain, agora a caminho da separação e, sem dúvida, se sentindo culpados pelo aperto financeiro perpétuo que os tornava receptivos à ideia de Tony deixar a Englewood School um ano antes, também era um momento para não sentir nenhum otimismo particular em relação ao futuro do filho mais velho, especialmente se observaram que ele havia empacotado seus nunchakus para a faculdade. Claramente, um falso atleta de artes marciais de dezessete anos e aspirante a drogado, que ficou em trigésimo primeiro lugar entre os quarenta e oito em sua turma do ensino médio e passou mais tempo na detenção do que na sala de estudos, não era exatamente o melhor candidato para faculdade. Mas se esse período não pode ser lembrado calorosamente por Tony e aqueles mais próximos a ele, também não deve ser negligenciado. Pois foi em 1973 que ele se colocou no caminho tortuoso que acabaria por levá-lo a Kaysersberg.

Se você estudar os hábitos migratórios dos alunos de escolas particulares, notará que eles ocasionalmente inserem uma viagem ao exterior entre o ensino médio e a faculdade, ou nos semestres subsequentes, especialmente se suas vidas românticas ou acadêmicas estiverem indo mal. E assim foi com Tony, que depois de se formar no início do verão de 1973 deixou a Englewood School para a Itália com uma vaga ideia de se tornar um escritor – ou pelo menos se vestir, beber e se comportar como sua concepção um tanto brega de uma pessoa literária por um tempo. Seu objetivo naquele verão antes da faculdade era – como ele observou em um diário inédito que sobreviveu parcialmente – passar "um tempo maravilhoso em Florença vivendo a vida de Hemingway". Ele também planejava vagar um pouco pela Europa, juntando-se ao que havia se tornado em meados da década de 1970 uma caravana perpétua de caras como ele – embora o futuro "vagabundo de hotel", obcecado por lençóis de muitos fios e encanamentos de alta qualidade já preferisse pousadas antigas e aconchegantes a albergues estudantis. A viagem de um mês parecia ambiciosa para um viajante solitário de seus tenros anos, mas provavelmente factível, se ele pudesse contornar o problema de estar perpetuamente falido. Tony guardou o dinheiro que conseguiu ganhar como péssimo mensageiro de bicicleta em Manhattan (ele tendia a desligar o pager e ir ao cinema); seus pais, sem dúvida, ajudaram um pouco como presente de aniversário/formatura; e, para manter as despesas baixas, ele planejava ficar um pouco com seus parentes em La Teste sur Mer, a melancólica cidade turística no sudoeste da França, onde comeu aquela primeira ostra fatídica. Poderia ter sido uma mudança de vida ou pelo menos uma excursão de construção de caráter, se não fosse pelo hábito juvenil de Tony de passar pela vida sem cuidado algum. Sempre que as coisas davam errado na estrada, como certamente acontecem, ele levava muito a sério, processando cada contratempo como uma injustiça pessoal; o diário é lido em partes como um lamento primitivo de uma versão adolescente de seu eu de nove anos. Esqueça Hemingway: depois de algumas semanas ele estava – reclamou – "vivendo em um trem, vivendo a vida com a dieta de Gandhi." Ele teve um resfriado terrível ("Jesus, por que eu tive que beijar aquela cadela?"), uma dor de estômago pior ainda ("Eu depositei mais merda e vômito no sistema de esgoto de Florença do que em casa em um ano") e ainda, de alguma forma, uma fome absurda... ("Não como há dois dias... o céu é meu teto e minha cozinha é a máquina de sorvete de dentro da estação.")

É estranho dizer, mas houve um tempo em que Anthony Bourdain simplesmente não era muito bom em ir de um lugar para outro. Depois de perder o último trem saindo de Nice, em 19 de julho de 1973, ele se viu à 1h da manhã "forçado a esperar por seis horas e meia agonizantes por treze horas ainda mais agonizantes no trem para Bordeaux. Cansado, mas sem ter onde dormir. Considerei a velha ideia de deitar em um banco de praça e me cobrir com jornais, mas não quero acordar atrasado ou, pior ainda, ser preso." Claramente ele se sentia um pouco inseguro ("Um italiano está do outro lado da rua, deitado em um banco. De vez em quando toma gole de um frasco de xarope para tosse") e invejoso ("Pessoas estão entrando em táxis indo para hotéis caros com camas grandes para foder e fumar cigarros, tocar música e dormir no calor. Eu, tenho minha mochila como travesseiro e o cimento como cama.

Quero estar no calor e na segurança da minha casa em La Teste"). Com o verão nem na metade, o romance de sua caminhada pela Europa havia desaparecido. ("Eu joguei sinuca em uma mesa quebrada no café do outro lado da rua da estação. Tomei um pouco de chá, foi a única coisa que consegui ingerir, e foi no meio de um jogo condenado comigo mesmo que me veio a verdade, o lugar onde quero estar: EU QUERO ESTAR NO BILHAR FAMILIAR EM BERGENFIELD, NEW JERSEY, DOPADO, OUVINDO O MUZAK QUADRAFÔNICO E SENDO DERROTADO POR 'LUCKY' GOULD. UM LARK MEIO FUMADO NO CINZEIRO, UM POUCO DA MACONHA DO PETE NO CARRO DELE. QUERO IR EMBORA.")

O adolescente Tony podia não ter a flexibilidade temperamental para vagar livremente, mas, como mostra o diário, ele tinha o que é provavelmente a qualidade mais importante para um bom escritor de viagens: o olhar de estrangeiro. Onde quer que ele fosse, mesmo nessa manifestação larval, ele parecia totalmente presente e, no entanto, de alguma forma, ele sempre pairava simultaneamente sobre a cena, observando com visão panorâmica, vendo a si mesmo e aos outros como atores em um palco, processando os incidentes como material – para futuras tarefas escolares, artigos enviados para revistas nacionais ou, no mínimo, para seu pequeno diário. Apesar de seu frequente mau humor, Tony já era o que Julian Barnes chama de "aquela coisa rara e paradoxal, o turista sábio" – uma criatura definida um século antes por Edith Wharton, uma extraordinária jornalista de viagens, como "alguém ansioso para prestar contas do que ele vê e *se sente inferior à coisa vista*" (o itálico e o pronome masculino são, como Barnes aponta, ambos de Wharton).

Esse talento não surgiu apenas a uma certa distância de casa, é claro; ele não era apenas um escritor de viagens. Para ele, como para todos os que olham de fora, cada local era exótico à sua maneira – como podemos ver em seus primeiros escritos inéditos sobre Vassar, a apenas 120 quilômetros de casa. Considere uma peça chamada *"It Was When She Said (Foi quando ela disse)"* que ele salvou em um arquivo de computador da juventude que estava em seu laptop quando ele morreu. É o outono de 1973 e as nativas ainda estão inquietas com a presença de homens nos dormitórios e salas de aula, tendo se passado apenas quatro anos desde o início do grande experimento coeducacional da escola. Mas – e este é o ponto central da escrita de Tony, que prediz sua atitude que seguiu o movimento #MeToo, quarenta anos depois – as damas de Vassar não são afetadas pelos homens da maneira que ele previu ou como um homem americano tradicional teria preferido que fossem.

Este foi um momento tempestuoso e edificante para estar no campus da instituição de 112 anos. Os cerca de oitenta homens que precederam Tony a Vassar se dividiram prontamente em dois tipos distintos. O primeiro foi o que Elizabeth A. Daniels, então reitora de estudos, chamou de "os verdadeiros indivíduos e pioneiros", acadêmicos de alto desempenho e motivados que, como parte de sua própria educação, queriam participar da construção da história educacional. O outro grupo era composto por aqueles tipos psicodélicos da década de 1970, que pareciam estar em toda parte naqueles dias, mas que eram atraídos de forma mais confiável por qualquer coisa que pretendesse ser nova. Escrevendo sobre esse período da história de Vassar em 1979, Lucinda Franks, do *New York Times*, relembrou "personagens que desfilavam pelo campus como artistas de arame farpado em um circo de três picadeiros", sendo o mais notável um grupo que "se agitava em camisas brilhantes, botas de salto alto e afros com as cores do arco-íris." Tony não se encaixava naturalmente em nenhum desses grupos originais, mas pertencia a uma onda ligeiramente posterior e mais comum: os caras que supunham que a proporção desigual de mulher para homem em Vassar tornaria mais fácil que eles transassem.

O ensaio bem datilografado de Tony é tanto uma confissão de estupidez quanto uma adaga de autoculpa que, no estilo típico de Tony, ele enfia avidamente em suas próprias suposições. Sentado melancolicamente no refeitório da escola uma manhã e "cutucando meu prato meio comido de ovos mexidos frios", ele se vê arrancado de seu desânimo por uma mulher alta e loira na mesa ao lado, que aponta para um aluno de pé na frente da mesa de salada, e diz com naturalidade para sua meia dúzia de companheiras de jantar: "Ele tem um pau tão grande quanto um outdoor." O que impressiona – na verdade, choca – Tony não é tanto a declaração da mulher, mas a reação de suas amigas a ela: as senhoras "sofisticadas, atraentes e para mim assustadoras" à sua esquerda parecem interessadas, mas realmente não tão interessadas no que acabou de ser dito. Uma ou duas calmamente levantam ou giram suas cabeças intimidantemente adoráveis para apreciar a vista. Em um tom de compradoras quase entediadas, elas questionam a etnia do homem ("Indiano?" "Não, metade chinês, metade Francês") e seu potencial como amante ("Ele se move como um dançarino", uma comenta). Outra observa que ele pode ser vegetariano, devido à maneira como está enchendo o prato de brotos de feijão. Finalmente, elas concordam que ele tem "uma bela bunda", encolhem os ombros e seguem em frente.

O fato de ter registrado diz algo sobre a sensibilidade de Tony para o mundo; a maioria dos caras, se eles tivessem notado, poderiam ter apenas balançado a cabeça e sorrido. Mas Tony sempre seria sensível de uma forma que servisse ao seu ofício. Em seu livro de 2010, *Medium Raw*, ele escreveu sobre como um hambúrguer abaixo do padrão de um Johnny Rockets de aeroporto o havia deixado desanimado por dias – o que lhe permitiu fazer um bom argumento sobre a porcaria ser uma escolha. Aqui em Vassar, ele é levado a uma melancolia ainda maior ao perceber que, em termos da dinâmica sexual do campus, ele "imaginou demais." Presumiu, ele nos conta, que ser um homem em Vassar seria "fácil e divertido, uma brincadeira em um cercadinho só para meninas". O que exatamente isso significava em termos de seu relacionamento instável com Nancy talvez nem ele soubesse. Mas claramente ele não tinha imaginado um ambiente universitário no qual mulheres formidáveis moldavam sua própria hierarquia de desejo. Não que ele estivesse sozinho em sua ingenuidade. Logo no primeiro dia de aula, um colega de dormitório que chamaremos de Jerry saiu do chuveiro, "apontou para o pau e disse: 'Está vendo isso? Este é um de apenas 108 em uma série muito limitada'", Tony confessa que "riu estupidamente" com o comentário, pensando que ele também seria visto como parte de uma "espécie rara e nova". Agora, à luz desses comentários ouvidos, isso não parecia muito provável – e além do mais (ele percebeu simultaneamente), era ele quem era vulnerável ao sexo oposto ou, em qualquer caso, a um membro específico dele em um grau embaraçoso.

"A realidade bastante humilhante é que eu estava aqui em Vassar não por um ousado senso de aventura ou por respeito às tradições acadêmicas de Vassar", escreveu ele. "Por esta e apenas esta razão eu vim para cá: para seguir Nancy. Uma garota que eu tinha certeza de que amava e sempre, sempre amaria; goste ou não. Uma garota que não mais me amava. As garotas da mesa ao lado me lembraram desse fato patético – apenas sendo o que eram, o jeito que falavam, a maneira como pareciam, elas me lembravam o que eu era. Quaisquer ilusões que eu tivesse sobre minhas 'vantagens' de ser um nova-iorquino, um homem, um cara esperto, um trapaceiro da cidade, todas elas desapareceram naquele momento, deixando-me assustado e boquiaberto."

Escrevi "para seguir Nancy" no parágrafo acima por uma questão de clareza, mas o manuscrito original de Tony diz "para seguir Christine". Tanto a mudança de nome quanto a cuidadosa datilografia sugerem que *It Was When She Said* foi submetido como trabalho de aula. Se assim for, parece ter sido uma das poucas tarefas que ele realmente cumpriu durante seu primeiro ano, uma época em que, segundo seu amigo de Leonia, Dae Bennett, ele rotineiramente faltou às aulas e caminhou pelo campus em um sobretudo sujo, com aqueles nunchakus pendurados em seu cinto, "tentando projetar a aura de um cara durão e parecendo estúpido". Os membros da velha gangue Dwight-Englewood estavam começando a se mover em direções diferentes neste ponto, como fazem os amigos do ensino médio; mas alguns mantiveram contato uns com os outros e com Tony. Dae Bennett, seu irmão D'Andrea e o outro amigo de Tony, Dave Mansfield, continuaram a tocar em uma banda que começaram um ou dois anos antes, chamada Quacky Duck and His Barnyard Friends. Após a formatura, eles assinaram um contrato com a Warner Bros. Records, apareceram no The Mike Douglas Show (a conexão com Tony Bennett não prejudicou) e, durante o ano letivo de 1973-74, se apresentaram em alguns shows ao ar livre em Vassar. Tony teria sido bem-vindo para pegar um pandeiro e subir no palco com eles a qualquer momento, mas nada disso aconteceu. "Ele não era uma pessoa musical, por mais que gostasse de música e, além disso, éramos muito country rock, muito Eagles para o gosto dele", Dae Bennett me disse. "Ele queria demonstrar aquele aspecto duro." Tony ocasionalmente desenhava pôsteres anunciando as aparições da banda, no entanto. Eles tendiam a ser, como muitas de suas obras de arte, cuidadosamente estranhos de uma maneira orwelliana, o trabalho de um aspirante a maluco. Um pôster que Bennett ainda tem pendurado em seu estúdio de gravação mostra uma estátua gigante de um pato com olhos sonolentos sendo puxado por cordas por uma falange de soldados de rosto sombrio, parecidos com drones. A execução está um ou dois pontos abaixo do profissional e seu tom geral parece estar em desacordo com uma banda de country rock de nome fantasioso — mas pelo menos não era uma confusão de correntes e pênis.

Bourdain desenhou este pôster para o amigo de colégio
Dae Bennett (filho de Tony), cuja banda Quacky Duck
and his Barnyard Friends foi uma sensação local.

O niilismo extravagante de Tony foi mais amplamente exibido em um "exercício de Kerouac", sem título, que ele escreveu à mão em sua letra impecável em um bloco de notas amarelo, provavelmente durante o semestre da primavera de 1974. O texto em várias partes pode ter começado como uma revisão do romance de 1963 de Sylvia Plath, *A Redoma de Vidro*, para uma aula de inglês, mas Tony teve problemas para manter o foco. "Não quero pensar muito" sobre Plath, disse ele sem maiores explicações. Mas se isso foi porque ela havia tirado a própria vida uma década antes, isso não o impediu de se concentrar em um amigo autodestrutivo chamado Bob Harris, que era semilendário em Leonia por consumir "doses heroicas" de LSD e ir caminhar no meio da avenida. Harris era o tipo de cara esgotado prematuramente, levado ao limite, que Tony naquela época colocava em um pedestal. "Bob era o cara mais esperto e engraçado que havia", diz ele no texto. "Sete quilos de maconha espalhados pelo chão do sótão de Bob. Bob era um pouco doido. Bob acreditava que era filho do diabo. Tanta culpa. Ele fugiu algumas vezes, tentou colocar fogo em si mesmo, bebeu inseticida. Eles o trancaram. Bob está, agora, no Hartford Institute. Solitário. Ele bateu em algumas pessoas. Ele não fazia isso. Ele está paranoico. Ele me liga de vez em quando." (Harris morreria alguns anos depois, aos 23 anos.)

O pedaço de papel amarelo aparentemente aleatório, impressionista, motivado por drogas e pouco coerente – mais James Joyce do que Jack Kerouac – pode não ter agradado a professora de Tony (não há nota no rascunho), mas certamente não a teria surpreendido. As drogas e os jovens que as consumiam eram assuntos quentes na Vassar e na maioria das outras faculdades americanas na época. "1974 está cheio de vítimas dos anos 60", escreveu Tony. "Estudantes universitários deformados por drogas com problemas de fala devido ao LSD, aftas e arranhões causados por *speed*, psicóticos, neuróticos, paranoicos, maníaco-depressivos. Tantos mortos-vivos por aí, tantos calouros com rugas ao redor dos olhos, nariz escorrendo e fígados destruídos." Abruptamente, ele interrompe para um poema que começa:

> *Jane se contorce*
> *Bob está arrepiado,*
> *David acha que ele é Satanás,*
> *Joanna está tomando pílulas*

O veterano professor de inglês de Vassar, William W. Gifford, disse certa vez: "havia uma loucura naqueles anos, que lembrava um carnaval em Berlim na década de 1930. Um dos meus alunos uma vez veio para a aula pela janela do terceiro andar." Lucinda Franks lembra que os alunos de Vassar "se balançavam em lustres em vários

Miserável no Paraíso

estágios de nudez, experimentavam várias drogas e sexo grupal e davam festas que pareciam saídas direto do Satyricon de Fellini".

Tony sabia tudo sobre os bacanais do dormitório, onde a tigela de ponche trazia uma placa que dizia: "Não beba com quaaludes". Mais do seu texto: "Fui a uma festa bem doida. Meninos e meninas nus e viciados em drogas dançando em um apartamento com terraço. Movimentos espasmódicos e descoordenados ao som de David Bowie. É noite e Nancy e Jane estão rolando no chão. Rápido. Rápido. Pessoas na banheira. Sukie, rainha da droga, modelo, mente rápida cortando através de olhos vermelhos e bêbados.

"Tome um banho comigo, Tony.

"A perspectiva de me debater na banheira com os outros fantoches na sala era demais para uma pessoa na minha condição. Recusei. Mas a garota é incrível. *Triste, linda, lamentável, brilhante, dramática, tão dramática... Vivo para pessoas como ela.*"

Os itálicos são meus. De fato, ele sempre viveria para mulheres tristes, belas, dignas de pena, brilhantes, dramáticas, tão dramáticas – até o momento em que parasse de viver para elas.

Capítulo 4

Embora não existam estatísticas sobre quantos jovens passaram de um estado de abatimento para a escola de culinária em meados da década de 1970, o número deve ter sido muito pequeno. Os adolescentes que ainda vivem uma vida boa demais com o dinheiro dos pais não costumam acordar e decidir um dia que o que realmente gostariam de fazer é aprender a abrir 250 tampas por noite. Não havia nem mesmo naquela época um status coerente de "chef celebridade" a que aspirar. Para Tony, a distância entre Vassar College e Culinary Institute of America (CIA) era pequena, mas profunda. No primeiro, a deriva era permitida, até mesmo tacitamente encorajada na medida em que era consistente com o tatear e a amostragem, a tentativa e o erro, que são considerados parte integrante de uma educação clássica em artes liberais americanas. No CIA, ou você aparecia para a aula e fazia o trabalho – com as mãos queimadas e calejadas e o avental engordurado – ou desperdiçava seu dinheiro.

Chef sempre foi uma profissão misteriosa ou, pelo menos, ambígua. Identificar-se como um pode levantar uma sobrancelha de interesse em uma reunião social; mas a maior parte do trabalho do chef se aproxima mais do trabalho manual do que da vida criativa supostamente glamorosa, e todo mundo sabe disso, então o status de qualquer cozinheiro em particular permanece, na melhor das hipóteses, suspeito. De calça xadrez e roupa branca de cozinha, com o cabelo preso para trás por um elástico, você pode ser qualquer coisa, inclusive um cara que não tem dinheiro para cortar o cabelo. Embora houvesse chefs superestrelas em meados da década de 1970 – Jacques Pépin, James Beard e aquela brilhante amadora Julia Child entre eles –, ninguém se matriculava em uma academia de culinária com o objetivo final de ter seu próprio programa de culinária na TV, como às vezes acontece hoje. Isso teria sido uma loucura, não que a instabilidade mental e emocional fosse necessariamente um fator de desqualificação para um candidato ao CIA naquela época. "Eles não eram os melhores entre os melhores, meus colegas culinaristas", é como Tony disse em *Kitchen Confidential*. "Era 1975, e o CIA ainda estava recebendo mais do que sua parcela de garotos de fazenda, caipiras, reprovados em faculdades comunitárias e alguns desajustados para quem o CIA era preferível à prisão ou detenção juvenil." Havia outra linhagem de estudantes lá também, naquela época, igualmente distante da experiência pessoal de Tony: homens de meia-idade endurecidos pela vida que passaram longos anos no serviço militar. Dada a sua habilidade de escritor para percepções rápidas, Tony deve ter entendido exatamente no que estava se metendo quando entrou pela primeira vez nos corredores escuros e frios do que antes era um mosteiro jesuíta. Mas por que ele jogou sua sorte com uma equipe tão heterogênea e nada irônica com a qual ele parecia não ter quase nada em comum?

Nesse ponto, Gladys e Pierre provavelmente pensaram que nada que seu filho mais velho pudesse fazer os surpreenderia, mas quando Tony mencionou a ideia de ir a uma escola de culinária, ele disse no episódio de 2014 de *Parts Unknown* em Massachusetts, que "eles ficaram tão felizes quanto se eu tivesse dito que queria me tornar um incendiário". Outros parentes e amigos também ficaram perplexos. O CIA e lugares semelhantes eram naqueles dias, e pelas razões descritas acima, tiros certeiros na vida social – e no meio culinário também, que em meados da década de 1970 ainda era pelo menos um pouco francês, ou falso francês, mas principalmente americano no sentido de "você gostaria de mais queijo nisso?" Para a maioria dos estudantes de culinária não havia vergonha nisso, já que fazer parte do bando era para eles um bom resultado.

Anthony Michael Bourdain, no entanto, não era um típico candidato a uma escola de culinária, sendo privilegiado intelectualmente, aventureiro e (exceto pelo que ele aprendeu nos romances) totalmente não familiarizado com a mentalidade da classe trabalhadora – em outras palavras, um jovem para quem o meio, embora pudesse ser onde ele terminaria quando a negociação fosse concluída, era um passo para baixo. Você imaginaria que alguém tão romântico e imaturo – de maneira interessante e tediosa – como Tony iria preferir estar triste mas vivendo (como Orwell estava triste mas vivendo em Paris e Londres e o novelista Jean Genet na prisão), do que em uma vida com um emprego confiável, mas circunscrito, em uma profissão na qual, aliás, ele havia manifestado interesse zero ("Não, não, não, não, não, não, não, não, nunca", seu irmão, Chris, uma vez disse quando perguntado se Tony quando menino já havia falado sobre ser chef). E, além disso, o que dizer daquelas múltiplas epifanias alimentares que ele experimentou na França? Por que um garoto viajado que comeu os melhores queijos fedorentos, frango à moda basca, "sopa de peixe marrom escura" e ostras frescas do mar e que veio, como ele nos diz em *KC* (sigla para *Kitchen Confidential*), para apreciar o incrível poder da comida, decidiria se preparar para dominar o tipo de "favoritos institucionais" modernos de meados do século que o CIA defendia naquela época: pratos como "frango havaiano, bife de presunto grelhado com anel de abacaxi e clássicos à moda antiga, como bife Wellington", tudo em preparação para uma carreira provavelmente passada em um "restaurante corporativo do hotel Hilton ou da Restaurant Associates"?

Por um lado, não fazia sentido e, no entanto, de uma maneira louca de Rube Goldberg, a cadeia de eventos que o empurrou, girou, arremessou e o chutou de Poughkeepsie para Hyde Park se encaixou logicamente. A causa precipitante, podemos ver em retrospectiva, foi o colapso final do mito de que ele era um estudante em Vassar em qualquer sentido significativo da palavra. Tony odiava a vida universitária desde o dia em que transferiu sua tristemente previsível coleção de equipamentos masculinos para o "cubículo branco e estéril no único dormitório moderno do campus" (como ele escreveu em outro artigo de seu arquivo inédito). Os anos do ensino médio foram, para ele, difíceis de serem superados. Ele sentia falta de andar com os *Cruisers* e de ter uma estrutura formal e bem cuidada contra a qual lutar (Englewood School havia desempenhado perfeitamente o papel de Pai Desaprovador; Vassar, que se defendia de sua rebeldia esperando que ele se cansasse, provou ser sem graça). Mas o que mais sentia falta em Leonia era de um covil; um garoto que estava sempre fingindo ser um brincalhão, para divertir a si mesmo e a seus amigos, precisava de asas em seu palco, de uma área escura fora dos limites onde ele pudesse se retirar para descanso e reagrupamento psíquico, um lugar onde ele poderia respirar fundo e voltar à sua personalidade normal. "Tony não estava acostumado a ficar muito perto de outras pessoas e odiava tudo sobre isso", Dae Bennett me disse. Em Vassar, ele tinha apenas um dormitório com iluminação fluorescente no qual era impossível desaparecer – ou mesmo deitar na cama sem ultrapassar o espaço designado.

Morar em um espaço tão pequeno pode ter deixado Tony mais constrangido sobre sua altura, que geralmente era a primeira coisa que as pessoas notavam nele. (Quando se conheceram em 2000, Lydia Tenaglia, mais tarde líder da Zero Point Zero Production, pensou: "Ele é muito alto. Vamos olhar muito o nariz dele com nossas câmeras." O roteirista de TV David Simon disse que abraçar Tony era como "abraçar uma catedral".) Quando começou o ensino médio, Tony era, no mínimo, um pouco abaixo do tamanho, mas ele ganhou, segundo alguns relatos, de 20 a 25 centímetros entre o começo e o fim do ensino médio. Ele não se orgulhava particularmente de seu tamanho e achava embaraçoso ter pessoas comentando sobre isso constantemente. Chris Boyd, um amigo de infância de Leonia que tem 2,03 – dez centímetros mais alto que Tony – me disse:

"Tony e eu éramos muito encarados e ocasionalmente fodidos pelos pequenos tipos de Napoleão. Como muitos caras altos, tivemos que aprender a desarmar as situações, a quebrar a tensão." Se Tony seria julgado – ele escreveu nessa época –, ele não queria que fosse por seu tamanho, mas sim pela "qualidade da minha coleção de discos", que, ao chegar a Vassar, ele havia cuidadosamente arrumado em uma prateleira acima de sua cama, sabendo que "nas primeiras semanas os álbuns forneceriam dicas cruciais sobre minha identidade para amigos em potencial". (Como se todos os outros calouros do sexo masculino não estivessem trabalhando sob a ilusão de que seu precioso tesouro de vinil oferecia a chave para sua tão especulada personalidade.) Diga o seguinte sobre Tony: ele sinceramente deu o seu melhor à vida no dormitório, colando seu pôster de Bruce Lee na parede acima de sua cabeceira, pregando sua foto de Alex de *Laranja Mecânica* ao pé da cama e grampeando seu pôster de Beethoven na sombra da janela. Mas mesmo com seu amado aparelho de som e a adição de última hora daquela, então moderna, comodidade de dormitório, a minigeladeira ("que eu convenci meus pais de que era uma necessidade"), o espaço não parecia acolhedor e ele ficava lá o mínimo possível.

Durante aqueles períodos frequentes em que ele estava brigado com Nancy – que morava em Cushing House, a alguns dormitórios de distância – e se sentia muito atrasado em sua leitura designada para aparecer nas aulas, ele passava a maior parte do tempo vagando pelo campus ou trabalhando em um texto, que podia ou não fazer parte de seu estudo, em uma das bibliotecas da escola. Não importa o que mais estivesse acontecendo em sua vida, Tony nunca parava de rabiscar contos, ensaios e uma peça ocasional de um ato (uma típica peça de teatro que ele retrabalhava várias vezes desde o ensino médio até a faculdade chamava-se "Invasão das Glândulas"). Ainda assim, a falta de um verdadeiro refúgio o deixou se sentindo permanentemente mal-humorado – "cretino", disse ele, recorrendo a uma de suas palavras favoritas – e o transformou, ou assim ele insistiu em *KC*, em um patético mendigo de bebidas grátis e ladrão de drogas, "um jovem caipira mimado, miserável, narcisista, autodestrutivo e imprudente, precisando urgentemente de uma boa surra."

Ele poderia realmente ter sido tão antipático? Improvável. Tony sempre foi injustamente duro consigo mesmo – uma tendência que a minha pesquisa mostrou ser um traço comum entre pessoas que tiram a própria vida. Na realidade, ele parece ter tido um número normal de amigos, tanto resquícios do colégio quanto novos amigos de Vassar, incluindo uma conexão confiável com drogas chamada Gordon Howard, que se tornaria seu primeiro agente literário (ele às vezes fazia as tarefas de Howard em troca de quaaludes ou maconha). Quando, no final do primeiro ano de Tony, um grupo que misturava amigos de Dwight-Englewood e da faculdade o convidou para passar as férias de verão à beira-mar em Provincetown, Massachusetts, ele disse sim imediatamente. Por que não? Ele estava infeliz à deriva e os dias em que os Bourdain iam para a França em família já eram, por causa de tempos difíceis e sentimentos ainda mais difíceis, uma coisa do passado. Enquanto isso, o destino poderia ter encontrado uma fuga mais apropriada para um aspirante a desajustado do que uma cidade tão intimamente associada ao criativo, ao frio e ao orgulhosamente queer? Provincetown – cinco quilômetros de comprimento, dois quarteirões de largura e situada na extremidade mais externa de Cape Cod – era um dedo de areia enrolado em um gesto de "venha cá" ao qual ele nunca poderia ter resistido.

Talvez tudo o que você precise saber sobre como as coisas aconteceram lá no verão de 1974 é que Tony trouxe Provincetown ao palco em *Kitchen Confidential*, em um capítulo chamado "*Food Is Sex*". Sua firme, ou nem tanto, namorada Nancy era uma de suas colegas de casa e banhos de sol nus – era como ele e seus amigos passavam a maioria das manhãs de ressaca na cidade –, mas para Tony, que tinha dezessete anos e era dado a "inclinações sensuais" quando o idílio começou, tudo – as ruas "cheias de garotas vadias, drogados e milhares e milhares de gays enérgicos", e até mesmo o ensopado de lula português salgado e temperado com chouriço que era servido em todas as casas de sopa da cidade – parecia erótico. Até mesmo as pessoas que prepararam o ensopado lhe pareceram sexy quando ele as observou de perto pela primeira vez como colegas de trabalho em um lugar chamado Flagship – e por que não seriam, com suas facas "grandes e fodonas" e linguagem suja/engraçada, seus adereços esfarrapados de cabelo, pulseiras de metal, anéis de marfim e brincos de argola de ouro? Se Tony tivesse entrado no negócio de restaurantes em qualquer outro lugar, ele poderia ter subestimado seus colegas e tratado o trabalho como um trabalho penoso temporário, mas em Provincetown ele se viu raspando pratos e esfregando panelas entre, se não piratas de verdade, pessoas que pareciam apenas um papagaio de distância. Como poderia um garoto que sempre foi atraído por forasteiros e bandidos, que queria fumar e beber vinho na mesa de jantar aos nove anos de idade, conseguir não ficar arrepiado ao ver genuínos patifes ameaçando uns aos outros com estupro anal enquanto dançavam pela cozinha descascando ostras e fritando linguado?

Tony teve o negócio de restaurante imposto a ele por outra colega da casa de verão, chamada Nancy Poole, que percebeu que ele era o único membro do grupo que não tinha emprego e não pagava o aluguel, e então mais ou menos ordenou a ele que se candidatasse a uma vaga de lavador de pratos na paródica casa de peixes de Cape Cod, onde ela trabalhava. Tony inicialmente recusou-se a ser um humilde "destruidor de espuma" que também deveria descascar batatas e limpar camarões. Mas assim que ele amarrou seu avental e deu uma olhada nos brutamontes tatuados que bebiam a bebida dos donos, "e transavam livremente com funcionários do bar, clientes do bar e visitantes casuais como nada que eu tivesse visto ou imaginado", e arremessavam suas frigideiras sujas na pia da cozinha como jogadores de basquete, ele se apaixonou. Desde o início, parecia a coisa real, não apenas um romance de verão, mas então uma tarde, no meio da semana, cerca de um mês depois, um grande grupo saído de um casamento chegou ao Flagship e selou o acordo. A noiva, ele nos conta, era loira, bonita e ainda usava seu vestido branco virginal quando viu pela primeira vez o chefe de Tony, o arrogante e trabalhador de meio período em construção civil, Chef Bobby. Corta para o momento de servir o prato principal – durante o qual a noiva e Bobby desapareceram de suas respectivas estações apenas para se materializar no quintal do restaurante, fazendo sexo de pé enquanto Tony e seus colegas os aplaudiam por uma janela aberta. Exceto por alguns pequenos movimentos mecânicos – as estocadas rítmicas do chef Bobby, o revirar de olhos da noiva –, era uma pintura viva de R. Crumb. Vendo a recém-casada receber "uma despedida improvisada" para a vida de casada "de um completo estranho" enquanto se debruçava sobre um tambor de cinquenta e cinco galões, Tony percebeu novamente que a América era um grande país e que ele estava perdendo seu tempo em Vassar.

"E eu soube, caro leitor, pela primeira vez: eu queria ser um chef."

O *Conto da Noiva Obscena*, como vamos chamá-lo, é quase bom demais para ser verdade (mais sobre isso em um momento), mas por si só não foi suficiente para tirar Tony da faculdade e impulsioná-lo para o negócio de restaurantes. Não imediatamente, pelo menos;

afinal, há limites para o que até mesmo uma epifania excitante pode realizar. Apesar de sua tênue conexão com Vassar – seu boletim era um verdadeiro festival de D-menos e incompletos –, descer do trem de bacharel em artes era uma grande questão naqueles dias, quando ainda se esperava que cada geração se saísse melhor do que a anterior. Abandonar a faculdade significava que você estava indo contra a maré americana, recuando para o status social do qual seus pais forjados na Depressão trabalharam tanto – no caso de Gladys e Pierre também pode ser dito de forma tão imprudente – para escapar. Mesmo uma pessoa rebelde e impulsiva como Tony tinha que hesitar antes de dar esse passo. Sendo assim, ele voltou a Poughkeepsie para uma última chance de uma vida em que são as outras pessoas que cozinham.

Tony fez um ajuste que parecia sinceramente destinado a ajudá-lo a sobreviver na faculdade regular: ele se mudou do campus para um apartamento com vários colegas de quarto, como muitos alunos de Vassar faziam no segundo ano. Em retrospectiva, podemos ver que, ao fazer isso, ele estava tentando o que no AA é conhecido como "cura geográfica" – um termo sarcástico porque nunca funciona. Em suma, é a crença de que uma mudança no local levará a uma mudança fundamental de mentalidade. Para Tony, sair dos dormitórios não funcionou nem temporariamente. Ele pode ter tido um pouco mais de privacidade em seu pequeno apartamento no centro de Poughkeepsie, mas ainda era o mesmo vadio quimicamente alterado do ano anterior. Dae Bennett lembra de visitá-lo no novo local em duas ocasiões, uma vez durante uma festa em que o convidado de honra era um tanque de solda cheio de óxido nitroso ("Entrei e todo mundo estava chupando essa mangueira") e depois novamente em uma tarde aleatória, em que Tony estava "sentado na sala ouvindo música, assistindo TV e lendo um livro ao mesmo tempo – o que estava muito de acordo com sua personalidade naquela época".

A única outra mudança que ele fez durante seu segundo e último ano em Vassar foi de moda: uma espada de samurai agora pendurada decorativamente em seu cinto, ao lado dos nunchakus, enviando uma mensagem clara a todos que olhassem para ele de que não importava quão alto era o usuário, ele ainda não estava totalmente crescido. Tanto quanto se pode lembrar, ele desembainhou a arma apenas uma vez, para "cortar cerca de um acre de lilases de Vassar para que eu pudesse encher o quarto da minha namorada com as flores". Embora ele não mencione isso em *KC*, Tony, ao fazer isso, estava recriando de maneira grosseira uma façanha que Joe DiMaggio já havia feito (com rosas) para Marilyn Monroe. Teria sido uma homenagem consciente? Quando você se declara com flores, é claro, há algumas maneiras de dizer isso, mas Tony – um fã dos Yankees de longa data e um ávido estudante da cultura popular (e um homem propenso a homenagens, como ele demonstraria mais tarde em seu programa de TV) – poderia muito bem ter conhecido a história do que Joe fez por Marilyn, que naquela época estava no hospital em LA, e foi inspirado por ela. O que sabemos é que tanto o aluno quanto o jogador, além de compartilharem uma predileção pelo grande gesto, sabiam como era ter o amor se transformando em obsessão. Depois que ele e Monroe se divorciaram, o grande DiMaggio às vezes fumava um cigarro atrás do outro nas sombras do outro lado da rua do apartamento dela em Nova York, esperando para ver quem poderia visitá-la. Tony tinha muito sentimento por Nancy naquela época, mas chegaria ao fundo do poço por causa de outra mulher que, na época em discussão, ainda não havia nascido.

O desempenho de Tony durante o ano letivo de 1974-75 foi ruim o suficiente para reunir brevemente Gladys e Pierre como um casal parental funcional. Um dia, com Chris, de quinze anos, a reboque, eles dirigiram para o norte para estabelecer a ordem. "Nossos pais não tinham muito dinheiro, e eu definitivamente me lembro, fomos a algum restaurante em Putnam County, Nova York, na Rota 22, onde nossos pais tiveram uma puta discussão com Tony", disse Chris à revista *GQ*, no final de 2018. "'Por que estamos pagando por Vassar? Você está se fodendo lá!' E ele estava. O resultado foi que ele não voltou para Vassar. Depois disso, ele acabou trabalhando em Provincetown, Massachusetts, no restaurante de lá."

Acabando com o semestre de primavera mais cedo, Tony voltou a Provincetown em abril de 1975, vestindo um terno Pierre Cardin azul-claro que ele pensou que seria a coisa certa a usar quando desfilasse orgulhosamente pela Commercial Street naquele verão. Ele tinha conseguido passar de lavador de louças para trabalhar na grelha em meio período durante seus primeiros tempos no Flagship, e ele queria continuar subindo até trabalhar na grelha o tempo todo, em uma posição sem nenhum prestígio. Ele também esperava, como quando chegou a Vassar, que iria deslumbrar os locais com sua aura cosmopolita sedutora/intimidadora. Mas nada em P-town era como ele imaginara que seria. O Flagship havia sido vendido fora da temporada para o proprietário de uma casa de espaguete próxima, que não estava contratando automaticamente a antiga equipe. Todos tinham que fazer um teste para serem contratados. Aqueles que já haviam passado no teste quando Tony chegou formavam um grupo demográfico único: homens negros fisicamente intimidadores que falavam apenas italiano, pelo menos na cozinha – um bando de piratas desagradáveis que trabalhavam em um aparente caos de chamas saltitantes e fusillis voadores enquanto batiam quatrocentas tampas em uma noite movimentada. *Vai ficar aí parado o dia todo, Sr. Terno Azul, ou vai colocar aquele avental?*

O teste de Tony estava indo mal mesmo antes de ele estupidamente pegar uma frigideira quente cheia de ossobuco milanês sem proteger as mãos e imediatamente jogá-la no chão coberto de macarrão. Ele então agravou seu erro perguntando a seu chefe, Tyrone, se havia algum creme para queimaduras e um Band-Aid nas proximidades. Na memória de Tony, sua pergunta fez com que a cozinha caótica ficasse repentinamente silenciosa enquanto a equipe observava Tyrone carrancudo, saboreando o momento. Quando fecharam naquela noite, a equipe o havia batizado de "Mel", abreviação de *mal carne*, que em italiano significa "carne ruim". O proprietário, Sal (ele é chamado de Mario em *KC*), disse que, com base em seu desempenho instável, o melhor que poderia fazer por ele era um trabalho como preparador, que era um passo à frente de *caçador de pérolas*, que é a gíria do restaurante para lavador de louças.

Aqui o *Kitchen Confidential* fica... digamos, esquemático. Tendo sido enviado para Provincetown pelo colapso de seu experimento Vassar, Tony agora tinha que voltar para Dutchess County, Nova York, para que pudesse se inscrever no Culinary Institute of America (CIA), porque, bem, foi isso que aconteceu na vida real. Mas por que isso aconteceu? Por que ele não seguiu diretamente para os trabalhos em restaurantes, como a maioria dos aspirantes a chefs? Em *KC*, Tony diz que foi tudo para se vingar dos colegas de trabalho que o fizeram se sentir um tolo. Esgueirando-se para seu quartinho acima da Spiritus Pizzaria, ele disse que "começou a formular um plano, uma maneira de se vingar de meus algozes", cuja essência era que ele frequentaria o CIA ("eles eram o melhor do país", ele sabia de alguma forma) e, depois de se formar, trabalharia como aprendiz na França, onde ele "deixaria subchefs franceses sádicos e cabeças de balde me tratarem como quisessem" até que ele pudesse cozinhar aqueles piratas de P-town em fogo baixo. "Vou mostrar para eles!", ele jurou, melodramaticamente. É fácil imaginá-lo – ou esse personagem que ele criou – balançando o punho para o céu. Mas quanto mais você pensa nele em seu sótão solitário, bolando um esquema que levará pelo menos três anos para mostrar algum resultado, mais sua descrição dos eventos força a credulidade. Uma explicação muito mais provável de como as coisas funcionaram foi que, sentindo a atração em direção à cozinha, mas ainda querendo desesperadamente ficar perto de Nancy, ele tomou uma atitude que o posicionaria, pelo menos pelos próximos dois anos, em uma academia culinária que ficava apenas a 8 km do dormitório dela. Mas como esse motivo faz o protagonista parecer menos do que heroico – e seus instintos de contador histórias o levaram ao papo de vingança (que pode, se quisermos muito, até ser considerado baseado na realidade) –, ele foi um pouco artístico com a verdade.

É justo perguntar se essa manipulação dos fatos é estritamente *kosher* em um livro de não ficção. Certamente não é incomum. Nas memórias, assim como nos romances, os personagens às vezes precisam ser movidos para dentro ou fora de salas ou além das fronteiras do estado – ou, no caso de Tony, de uma faculdade para uma escola técnica – para manter o desenrolar da trama sem problemas. No processo, as motivações podem ser supersimplificadas ou intencionalmente trazidas à existência. (Seu herói Orwell disse que "a autobiografia só é confiável quando revela algo vergonhoso".) Ainda assim, quando o autor é Anthony Bourdain, um homem amplamente conhecido – e amado – por sua honestidade certeira, você se pergunta se o público deveria esperar um padrão mais alto, ou seja, nada além da verdade meticulosamente verificável. A mudança em discussão aqui refere-se a uma questão relativamente pequena. No entanto, se Tony mexeu com a realidade neste caso, ele poderia ter feito isso em outras partes do livro também?

Ele fez isso em outras partes do livro e em graus variados. Christopher Bourdain tem mais ou menos diminuído o grandioso incidente de comer ostras, dizendo (embora ele tivesse apenas cerca de sete anos na época) que ele não se lembra de nada disso ter acontecido ou disso ser comentado entre a família em outras ocasiões. E então há a história da noiva obscena. Isso afetou uma espécie de trio narrativo – habilmente ressaltando a opinião de Tony sobre o magnetismo sexual de seus colegas de trabalho no Flagship, enquanto estabelece sua metamorfose de jovem sem direção a aspirante a chef e dando ao leitor uma boa risada sobre a instituição do sagrado matrimônio ao longo do caminho. Mas quão verdadeira é essa história? Em uma entrevista que Tony deu ao jornalista David Blum em 2013, ele sugere, por meio de suas hesitações e resmungos, que a melhor resposta é provavelmente "quase tudo" ou "um pouco". Tony raramente ou nunca foi questionado sobre a noiva obscena, um episódio que eu imagino que as pessoas consideravam bom demais para questionar, então ele pode ter sido pego de surpresa pelas perguntas de Blum. Mas quando seu interlocutor tocou duas vezes no assunto (não para questionar a veracidade da história, mas para dizer algo sobre "o poder sedutor da comida"), Tony o repeliu e depois o repeliu novamente, como se não quisesse falar sobre isso. (Tony era tipicamente tão honesto nas entrevistas que há muito a ser extraído, eu acho, de suas evasivas ocasionais.) Por fim, ele pareceu admitir que não era realmente o romance do mundo dos restaurantes que a mulher estava agarrando ao partir para a vida de esposa; ela estava apenas cedendo a um fetiche pessoal. "Acho que ela só gostava de algo bruto", disse Tony a Blum. "Ela só queria fazer sexo com alguém desagradável e sujo, em uma situação desagradável." Mais poder para ela, mas se não importava que o amante da noiva fosse um chef, o incidente perde pelo menos um pouco de sua força como um momento crucial na vida do autor. Aqui, novamente, podemos ver como Tony cutucava e falsificava fatos para criar uma versão "melhor" dos eventos – e, como a maioria dos memorialistas, ele dava forma estética à realidade.

E já que estamos falando de honestidade, e o Tony da TV? Quão fiel à vida era aquele peregrino atraentemente arrumado e sobrenaturalmente curioso que seguimos obedientemente para Hong Kong, Brooklyn e Antártica? David Remnick, o editor do *New Yorker*, falou de forma bastante acusadora sobre esse assunto – e direto na cara de Tony – em um podcast de 2017. "Você inventou esse personagem de você", Remnick começou, apresentando sem rodeios uma visão de Tony que deve ter feito suas sobrancelhas se erguerem. "Era em parte realidade, em parte você estava se baseando em seu passado um tanto ilegítimo, as drogas e a bebida e todo o resto, e você criou uma presença maior que a vida na televisão, o que é muito, imagino, parte você e parte algo..." Como Remnick parecia prestes a pronunciar a palavra "ficcional", Tony interveio "talvez aspirar a, eu acho" – e então mudou abruptamente de assunto.

Boa, AB. Mesmo um grande editor precisa de um editor. Remnick pode ter sido o homem que "descobriu" Tony (e também pode ter ficado um pouco irritado com ele naquele momento por algo que estava acontecendo nos bastidores – mais sobre essas duas coisas adiante), mas "ficção" é uma palavra muito forte para o que Tony fazia, tanto na tela quanto na página.

Quem de nós não prefere um pouco de verniz em sua verdade? Arranjo, ênfase, aprimoramento – essas são as diferenças entre um trabalho elaborado de memórias e um despejo de dados ilegíveis. Somente aqueles que nunca chegaram perto de um livro exigem "apenas os fatos" – que, de qualquer forma, precisam ser entregues em uma ordem que reflita vieses e afete interpretação. Depois de passar dois anos conversando com pessoas que apareceram em *Kitchen Confidential* com seus nomes reais ou pseudônimos e que conheciam Tony dentro e fora das câmeras, não tenho a sensação de que fomos enganados. Nem todos esses amigos e associados estão felizes com Tony. Alguns deles reclamam que foram cortados sem cerimônia de sua vida quando ele não precisava mais deles, e alguns dizem que seu suicídio foi horrivelmente inútil e egoísta, especialmente em relação à filha. Mas ninguém, por mais irritado que estivesse ou permaneça, me disse que Tony havia deturpado o tempo que passaram juntos. O consenso era que ele sempre foi fiel ao seu leitor à sua maneira – ou como Tim Ryan, um contemporâneo seu no CIA e desde 2001 o presidente dessa instituição, me disse: "O objetivo de Tony sempre foi a precisão, mesmo que ele a alcançasse, algumas vezes, pelo exagero". Acredito que Tony assumiria a culpa por isso. ("Acho que quando você usa hipérbole tanto quanto eu", disse ele à jornalista Jessica Bennett em 2003, "é necessário um constante mea-culpa"). Ele nunca fingiu ser um jornalista ("Não me sinto qualificado. Não quero ficar preso a esse título", disse em 2016); ele sempre se definia de uma maneira mais flexível – como um "contador de histórias-ensaísta" – e, no entanto, tirava pouca vantagem do espaço de manobra que essa distinção oferecia. Em seus vários programas de TV, ele evitava a tradicional falsidade da TV, recusando-se (como Sinatra) a fazer refilmagens ou participar de cenas de si mesmo dizendo olá ou adeus a quem ele não estivesse realmente cumprimentando. Tal artifício "realmente tira o ar de todo o empreendimento", disse ele naquela entrevista posterior. E ele sempre falava, na imprensa e na TV, com ar de autocrítica. Compare-o com outro menino do subúrbio que chegou à fama no mesmo foguete de dois estágios: livro de memórias best-seller e então um popular programa de TV. A automitificação de Donald Trump envolveu apenas exagero e ampliação. A persona que Tony perpetuou não foi um suflê, mas uma redução, uma tentativa de intensificar em vez de inflar, fervendo sua história pessoal até um ponto mais vívido e pegajoso. A mensagem fundamental de Tony – sua superpiada – era que o maior emprego do mundo havia caído no colo de um ex-cozinheiro de bife com fritas profundamente falho, que já havia desistido da felicidade e estava no topo da lista dos 10 Mais Procurados da American Express, quando a sorte o atingiu.

Capítulo 5

Em Vassar, Tony se divertia sem parar, consumia todas as drogas que conseguia enfiar no nariz e na boca (ele ainda não estava injetando) e provavelmente estava mais infeliz do que nunca. No Culinary Institute, ele tentou algo diferente – a abordagem "muito trabalho e pouca diversão" – e teve uma experiência muito melhor com isso.

Difícil saber por que ele escolheu uma abordagem diferente para o CIA. Um pouco mais velho agora, ele pode ter finalmente percebido como era difícil para Gladys e Pierre pagar suas mensalidades e queria ser mais respeitoso com seus esforços. Ou, mais provavelmente (uma vez que os adolescentes não pensam muito nas outras pessoas, e Tony ainda era praticamente um adolescente nessa fase de sua vida), ele pode ter sentido que havia finalmente encontrado o "ambiente controlado" que os conselheiros escolares sempre diziam a seus pais de que ele precisava, e imediatamente mergulhou de cabeça, como ele estava inclinado a fazer com qualquer coisa que realmente atraísse sua imaginação. "Eu gosto da arregimentação. Ou você estraga tudo ou não", ele diria anos depois a um entrevistador que perguntou o que o atraiu pela primeira vez na cozinha profissional. "Para um cara indisciplinado e disfuncional como eu, é um mundo de absolutos." Provavelmente também ajudou que, com exceção de uma aula ministrada por um certo septuagenário sádico e obcecado por suflê que ele chamou de Chef Bernard ("Você é um chef de merda!... Você ousa chamar isso de culinária?"), ele achou o primeiro ano do curso extremamente fácil. ("Essa é a faca do chef. Esse é o cabo. Essa é a lâmina.") Quanto mais ele mergulhava no currículo do CIA, mais ele gostava. Depois de suas experiências em Englewood e Vassar, ele mal podia acreditar que as horas passadas em uma sala de aula – neste caso vestindo uma jaqueta de chef abotoada, calças de poliéster xadrez e um lenço nerd – pudessem ser tão divertidas, e não apenas quando seu instrutor de carne fazia marionetes de peito de vitela ou fazia uma "demonstração de cordeiro/show de marionetes sexuais". Ou quando o professor chinês de culinária oriental (como ainda era chamada) fez um discurso politicamente incorreto, exaltando as virtudes da culinária sichuana e cantonesa enquanto ridicularizava o sushi e o sashimi como crimes contra frutos do mar perpetrados por uma cultura japonesa degenerada. Ou quando, como me disse o colega de classe de Tony, Nick Valhouli, o professor de confeitaria se gabou (mais uma vez) de ter feito o bolo de casamento da filha de Vito Corleone para o filme *O Poderoso Chefão*. Ou quando Tony enganou seus professores adicionando um pouco de caldo pronto Minor de galinha ou lagosta em uma de suas bases, criando um aumento instantâneo de sabor que poderia significar a diferença entre um B+ e um A naquele estranho ramo de estudo. Não que não lhe custasse um pouco enganar aqueles pobres velhos excêntricos.

Em *Kitchen Confidential* ele confessa ter ficado um tanto obcecado com os "*Eurogeezers*"* que dominavam o corpo docente que, mesmo ensinando técnicas antiquadas (como engrossar molhos com a combinação de farinha e gordura chamada roux) e com foco em pratos como couve-flor em molho Mornay e lagosta Thermidor, representavam "o fim de um estilo moribundo". Trabalhar com chefs que aprenderam seu ofício em Lyon ou Paris entre as guerras

---

* N.E.: Expressão para velhos europeus.

apenas aguçou o apetite de Tony pelo período de pós-graduação *ad hoc* que ele ainda teoricamente planejava passar na França, aprendendo com algum mestre mercurial (ou dois) antes de retornar para traçar sua própria ascensão.

Tony também não escondia sua recém-descoberta leveza escondendo-se entre arbustos. Quando as aulas acabavam, todos os dias, o menino que outrora oscilava entre a melancolia da moda e a indignação cômica (ele sempre se assemelharia ao personagem do romance *Homeland Elegies*, sobre quem o narrador onisciente diz: "Pessimismo alegre. Ou otimismo cansado. Você escolhe.") voltava novamente a um estado de celebração exagerada. Uma montagem digna de Hollywood destinada a ilustrar esse período o mostraria pulando de penhascos para piscinas de montanhas azuis profundas em uma pedreira de granito próxima; arremessando Frisbees como o arquétipo do calouro dos anos 1970, virando cervejas e fumando maconha nos terrenos ribeirinhos da Vanderbilt Mansion, em Hyde Park, e, como comentado anteriormente, deslizando por pedras escorregadias em piscinas naturais agitadas com enfermeiras nuas enquanto Carly Simon canta *"These are the good old days"* na trilha sonora.

Mesmo quando Tony e seus amigos trabalhavam, aos finais de semana, nos empregos que eram colocados no quadro de avisos da faculdade, eles se divertiam, como na vez em que testemunharam um rico garoto de Long Island entrar em seu bar mitzvah, junto com seus amigos, montado em bebês elefantes. Ele não seria tão feliz novamente até trinta e poucos anos depois, quando se casou com a adorável Ottavia e teve uma filhinha saudável (e ele se emocionou ao encerrar um episódio de 2009 de *No Reservations*, ambientado na Sardenha, dizendo: "O que fazer quando todos os seus sonhos se realizam?"). Para um cara que fumava, bebia e mais do que apenas se interessava por drogas, Tony era um espécime vigoroso e de aparência saudável aos vinte anos, rosto bonito, apesar de um sorriso

Miserável no Paraíso

meio torto (embora não tão atraente quanto ele seria quando seus olhos castanhos claros alcançaram uma certa tristeza e as rugas se instalaram), com cabelos castanhos na altura dos ombros, repartidos ao meio e às vezes puxados para trás em um coque. Este era um Tony muito mais confiante do que aquele que vimos na Englewood School, o perpétuo *Cruiser* em treinamento, o acólito bajulador de Flip Goldman, o garoto alto que se esforçava para não parecer tão grande. Aqui ele se destacou e se tornou (por ter trabalhado em um restaurante e feito sexo com uma mulher) o líder dos aspirantes a chef, o organizador de todas aquelas viagens de campo loucas e divertidas, a figura central de um grupo cuja presença arrogante definiu Dutchess County, Nova York, como um lugar legal. "Tony tinha uma espécie de aura que você notava imediatamente", disse Vic, seu colega de classe do CIA, antes de enlouquecer no papo comigo. "As pessoas eram atraídas a ele. Não tenho vergonha de dizer que eu também." Mas onde estava Nancy Putkoski em tudo isso? A resposta mais curta: a namorada gostosa polonesa-católica de Tony ainda estava quente e fria terminando seus últimos dois anos na vizinha Vassar. O significado de suas frequentes ausências só podia ser imaginado. O relacionamento deles sempre seria difícil de analisar, já que eles eram tão diferentes em vários aspectos básicos e raramente ficavam juntos em público, mesmo quando o relacionamento deles estava *on*. Amigos do nível de Vic ou Tim Ryan – isto é, amigos casuais da escola de culinária – nunca a viram ou ouviram Tony dizer o nome dela durante seus dois anos no CIA; se ela chegou a ir com Tony para as famosas festas de sexta à noite realizadas no antigo hospital psiquiátrico na Rota 9, que era agora um dormitório da CIA, ninguém consegue se lembrar. "Ele não fingia que era solteiro", disse-me Dae Bennet. "Ele apenas não a trazia. Eu sempre tive a sensação de que ele era fiel a ela, mesmo nos altos e baixos. Eu nunca o vi com mais ninguém. Eu só nunca o vi com *ela* e eu me perguntava por quê."

Em retrospectiva, podemos ver que Nancy, após uma hesitação inicial, desabrochava lenta mas seguramente para um estado de total comprometimento. Pelo próximo quarto de século, ela e Tony seriam, como ele escreveu no *Medium Raw*, "um grande casal" e, às vezes, literalmente, "parceiros no crime". Eles entravam e saíam do uso de heroína juntos, uma experiência que Tony às vezes pintava como romântica, comparando com o filme *Drugstore Cowboy*, de Gus Van Sant, de 1988, em que viciados, interpretados por Matt Dillon e Kelly Lynch, roubam uma farmácia para alimentar seu vício. ("Aquele tipo de amor, codependência e senso de aventura – éramos criminosos juntos", disse ele ao escritor nova-iorquino Patrick Radden Keefe, em 2017. "Boa parte da nossa vida foi construída em torno disso e felizmente.") Em 2000 – quinze anos após seu casamento surpreendentemente tradicional –, ele dedicaria *Kitchen Confidential* a ela e a descreveria como a mulher "que eu adoro e com quem tenho roubado cavalos desde o colégio". (Foi o terceiro livro consecutivo que ele dedicou a ela, depois de seus dois romances de mistério; um quarto "Para Nancy" ainda estava por vir.) As fissuras em seu relacionamento não se tornaram óbvias até que *KC* entrou nas listas dos mais vendidos em 2000, e ela deixou claro que não tinha interesse nas funções sociais e publicitárias que vinham de ser celebridade. Ficar em casa e assistir a reprises dos Simpsons duas vezes todas as noites, como os dois faziam há anos naquela época, era simplesmente ótimo para ela, ela disse a ele de maneira direta e indireta. Nesse momento da vida, podemos dizer que Nancy já sabia quem era e quem não era, mas sua forte aversão aos holofotes pode ter surgido pela primeira vez por volta de 1975, quando Tony estava aparecendo e se tornando o centro das atenções no CIA.

Nem todo mundo na escola, porém, era fã do Bourdain. No curso de uma boa educação, você inevitavelmente aprende tanto sobre si mesmo quanto sobre o material do curso, e uma coisa que Tony descobriu no CIA foi que ele era um fanático por não lidar

Miserável no Paraíso

com estupidez – uma qualidade que, como você deve ter notado em suas viagens, os estúpidos tendem a não gostar. Isso foi realmente uma característica que ele herdou de sua mãe, Gladys, uma infame aplicadora de padrões, pode-se dizer, especialmente em sua área de especialização profissional? Essa não é uma pergunta que eu teria feito ao chef Tony quando ele estava segurando um cutelo, mas, na verdade, ele sempre pareceria feliz em lhe ensinar uma ou duas lições difíceis sobre ficar alerta, dedicar-se totalmente a coisas que valiam a pena fazer e ser em todos os momentos um profissional.

A palavra-chave aqui é "feliz"; ele realmente parecia *gostar* de ser duro com as pessoas. *O planejamento e a preparação adequados evitam um desempenho ruim.* "Eu não preciso ser adorado", ele disse, uma vez. "Eu prefiro ser famoso como Meyer Lansky."* Outro ditado favorito dele que surgiu durante seus anos na TV foi: "Apenas acaricie o bebê quando ele estiver dormindo", o que significa que você deve manter seus subordinados lutando por elogios, sem nunca realmente distribuir algum. O Imperador da Empatia, quem estava próximo sabia, podia parecer extremamente frio, mas sua atitude não era realmente um segredo. Em um capítulo de *KC* chamado "Departamento de Recursos Humanos", Tony conta a história de um amigo chef, não identificado, que demitiu um cozinheiro infrator, apenas para ver o homem (que estava "se comportando de maneira insolente e fomentando discórdia entre seus colegas de trabalho") ir para casa e enforcar-se. Como Tony consolou o chef perturbado, que disse suspeitar que o encrenqueiro poderia recorrer ao suicídio se o deixasse ir? Assegurando-lhe que ele havia feito a coisa certa e que, no final, não era uma grande perda. O chef de cozinha não podia deixar ninguém passar por cima dele ou extorqui-lo com ameaças de autoagressão enquanto mantinha a cozinha em um estado de disfunção. Essa era uma forma de

---

* N.E.: Meyer Lansky foi um gangster russo-americano que viveu em Nova York.

chantagem emocional que Tony não toleraria. "Foda-se", escreveu Tony. "Estamos em um barco salva-vidas, baby. Os fracos? Os perigosos? Os enfermos? Eles *vão para fora.*" Ele diz, logo em seguida, que está exagerando um pouco, mas na verdade isso era mais do que retórica. Seus julgamentos eram duros e finais. "Se ele achava que você era digno de amizade, ele gostava de você; se não, não gostava", disse-me um sócio comercial de Tony, "e ele nunca mudava de ideia sobre suas preferências".

A filosofia rígida de relações humanas de Tony se evidenciou no CIA de várias maneiras. Os caipiras e novatos de lá o irritavam com sua ingenuidade sobre a vida em geral, e como ele não podia colocá-los no ônibus de volta para Podunk, ele os punia com brincadeiras. Por exemplo, a escola tinha uma política de admissão contínua naquela época, o que significava que uma nova safra de inocentes chegava a cada três meses. No dia da orientação, Tony e seus amigos cumprimentavam os recém-chegados com uma oferta de passes com desconto para o lounge estudantil. Era um ótimo negócio, na verdade... US$ 50 por 50 passes... Ou seria um ótimo negócio, se o lounge cobrasse para entrar. No final, o golpe não era tanto para enriquecer, mas sim para quebrar a cara e rir, embora Tony tenha ganhado alguns dólares ao longo do caminho. "Os otários geralmente ficavam com vergonha de pedir o dinheiro de volta", disse-me Nick Valhouli, com uma risada.

Tony não menciona essa pegadinha em particular em *KC*, mas se vangloria de ter se sustentado basicamente roubando seus colegas de escola em jogos de cartas como pôquer e acey-deucey (uma variação do jogo de gamão, bastante jogado nos Estados Unidos) e vendendo a eles drogas a preços exorbitantes. E ele fazia isso com a consciência tranquila, ele insistia, porque todas as suas vítimas estavam prestes a entrar no negócio de restaurantes e, portanto, "precisavam aprender mais cedo ou mais tarde". Mas exatamente o que eles podem aprender ao serem enganados – ou como essa justificativa combina com o que ele escreve em outras partes do livro, sobre os funcionários de restaurantes serem basicamente pessoas decentes que vivem de acordo com seu próprio código de honra entre párias – ele não explica. O ponto mais importante aqui, eu acho, é que, além de ser um defensor da astúcia, Tony era, no fundo, um menino de Jersey, com valores e modos de um menino de Jersey – o que, por um lado, significava que ser um cretino era o que você se sentia honrado em fazer quando a oportunidade se apresentava. Isso já foi e talvez ainda seja uma lei não escrita, e não apenas em Jersey, para um certo tipo de homem grosseiro, diferente de ser um idiota. Tony odiava idiotas e, mais tarde, teria o que chamava de política Sem Idiotas na hora de fazer negócios. Um idiota é um cretino que não se importa se seu comportamento tem algum valor educacional ou de entretenimento, desde que esteja conseguindo algo que deseja. Idiotas são fundamentalmente pessoas ruins que não têm nenhuma vontade de viver, como Donald Trump. Os verdadeiros cretinos estão nisso, pelo menos em parte, pelas risadas; e a chance de ser um deve, como qualquer oportunidade que valha a pena, ser agarrada sem hesitação. De certa forma, é como o que Gore Vidal disse sobre fazer sexo e aparecer na televisão: seria perverso perder a chance. Em um dos últimos episódios de *Parts Unknown*, uma animada compilação de cenas e trechos de shows anteriores, transmitido após sua morte em 2018 sob o título "O Impacto de Bourdain", Tony se proclama orgulhosamente o "mesmo cretino que eu era treze anos atrás" – mas realmente esse número poderia ser facilmente trinta ou quarenta. No final, era uma escolha inconsciente para ele, uma forma automática de ser. Se você fosse carismático o suficiente, ele descobriu bem cedo, você poderia, se estivesse disposto, conduzir o que era essencialmente um ritual de trote constante que mantinha as pessoas desconcertadas ao mesmo tempo em que as fazia sentir como se estivessem prestes a serem admitidas em um clube muito exclusivo. E as pessoas, sendo pessoas, amariam você por isso.

No meio da década de 1970, Tony tinha encontrado um bom ritmo. Aquele segundo verão em Provincetown o preparou para um começo forte no CIA, o que, por sua vez, tornou seu próximo verão em Cape uma experiência totalmente diferente e muito mais satisfatória. Agora ele tinha algo que os outros cozinheiros de P-town não tinham: uma educação formal em culinária, mesmo que por apenas um ano e ainda com muito a aprender. Desta vez, em vez de um terno listrado, ele levou *The Professional Chef* e *Larousse Gastronomique*. Em vez de se mostrar pelo fato de ser um tipo cosmopolita, ele agora tinha uma autoconfiança criada pela genuína experiência em restaurantes em Manhattan. Como ele comenta em *KC*, ele aprendeu mais do que algumas técnicas culinárias úteis em seus trabalhos de fim de semana na cidade, onde aprendeu a trabalhar em uma estação, como ele modestamente colocou, "sem me envergonhar". Ele sabia o que fazer. Sal, o dono do Flagship, notou rapidamente a diferença nele e, mais importante ainda para o ego de Tony, o homem que ele chamava de Dimitri também notou. Alexej Getmanov, o especialista em massas alemão do outro restaurante de Sal, Siro and Sal's, já era um veterano no ramo de restaurantes, oito anos mais velho que Tony; fluente em vários idiomas; mergulhado em literatura; e um conhecedor de arte, jogos de azar, jargão militar, *fly-fishing*, vodca e jardinagem – o tipo de cara renascentista que poderia fazer as palavras cruzadas do *Sunday Times* em meia hora se sua ressaca permitisse. Ele também era o único chef nas redondezas que frequentara uma escola de culinária, embora a academia de hotelaria suíça que frequentou o tivesse expulsado por dançar na sala de jantar. No verão anterior, ele tinha sido figura fascinante para Tony, mas alguém muito alto na cadeia de comando para reconhecer um mero lavador de pratos. Agora ele se deu permissão para se envolver com esse garoto interessante, e os dois começaram uma amizade que duraria até o início dos anos 90, antes de terminar abruptamente. Quando *Kitchen Confidential* foi lançado, ele havia parado de falar com Tony para sempre.

É claro que isso era exatamente o oposto do que geralmente acontecia quando Tony começou a aparecer no Letterman e em outros programas para promover seu best-seller *Adventures in the Culinary Underbelly* várias décadas depois. A fama trouxe para Tony, como para a maioria das pessoas, mais velhos amigos do que ele se lembrava de jamais ter tido, e muitos deles traziam convites, histórias tristes, oportunidades de investimento e outros aborrecimentos. A reação singular de Getmanov não passou despercebida por Tony, e dez anos depois que o livro fez sucesso, e com o silêncio ainda em curso, ele expressou perplexidade em *Medium Raw* sobre o desaparecimento completo de "Vladimir". Talvez Tony tivesse esquecido o que havia dito sobre ele em *KC* (assim como havia esquecido que o havia chamado de Dimitri no livro anterior, não de Vladimir). Algumas de suas descrições de Getmanov impressionariam o leitor médio como surpreendentemente indelicadas. Embora tenha escrito com entusiasmo sobre o intelecto e a atenção aos detalhes de seu amigo em assuntos culinários – e citado sua admirável falta de moderação quando se tratava de álcool, cocaína e anfetaminas –, ele também disse que era um gordo, um filhinho da mamãe, um solitário que vivia o ano todo na ponta de Cape Cod porque temia o mundo exterior. Por outro lado, talvez essa descrição honesta não pretendesse ser ofensiva. Tony sempre foi fascinado pelas pessoas imperfeitas que eram atraídas para o ramo de restaurantes – os malucos, criminosos, viciados em drogas e outras almas feridas que pagamos para nos alimentar – e honestamente achava que essas imperfeições os tornavam mais interessantes. É claro que ele era admiravelmente implacável com suas próprias fraquezas e falhas. Mas essa era a visão de Tony do mundo. Getmanov, que provavelmente tinha uma definição mais convencional de calúnia, parecia incomodado com os elogios adjacentes que incluíam o fato de Tony chamá-lo de "a segunda grande influência em minha carreira". Ele não apenas parou de falar com Tony, como também parou de falar sobre ele, pelo menos publicamente. "Alex é definitivamente um não", disse-me um amigo em comum quando solicitei uma entrevista, vinte anos depois do lançamento de *KC*.

Mas espera: a *segunda* grande influência em sua carreira? Tony, sem dúvida, fez com que muitos leitores voltassem na leitura com essa linha. Perdemos alguma coisa? Quem foi a primeira? Pelo que posso dizer, ele está se referindo a Howard Mitcham, um personagem quintessencial de P-town, amplamente conhecido nos anos 2000 por seus livros de receitas ainda populares, *The Provincetown Seafood Cookbook* e *Creole Gumbo and All That Jazz*. Tony dá a Mitcham uma entusiástica página e meia de descrição dois capítulos antes de nos apresentar a Getmanov, embora não diga explicitamente que foi uma influência. Mitcham, falecido na época do lançamento de *KC*, era um chef de cozinha de muitos restaurantes de P-town que bebia demais e andava pela cidade gritando de forma incoerente (em parte porque era surdo) e provavelmente assustando crianças com sua montanha de "cabelos brancos rebeldes" e características de um bebedor de gin. Tony o teria admirado apenas por isso, mas o nativo de Winona, Mississippi, de alguma forma desenvolveu técnicas com frutos do mar que, se o próprio Mitcham não fosse um escritor tão flexível, poderiam ser consideradas difíceis de descrever. Tony pensava nele como "um homem juju (um amuleto, um feiticeiro), um oráculo que falava em línguas" e que tinha uma conexão misteriosa, quase mística, com o molusco nativo, chamado quahog, um produto normalmente difícil que ele usava generosamente em sopas, bolinhos, espaguete, molho e tortas. Apesar da impressão que Tony dá em *KC*, ele não chegou a conhecer Mitcham, então com cinquenta e poucos anos, mas o reverenciava de longe como a lenda ainda viva que cuidava com amor das novas latas reluzentes que borbulhavam com lagostas, caranguejos, quahogs e milho durante o clambake* anual John J. Gaspie em Provincetown – e que encorajava os trabalhadores da cozinha local a esquecer todos os clichês culinários da Nova Inglaterra, irem além do peixe frito e deixar as batatas fritas caírem onde quisessem. Tony, de certa forma, nunca iria além de Howard Mitcham.

O prato preferido de Tony, sempre que lhe pediam para cozinhar algo em um programa de entrevistas na TV, seria uma variação da sopa de lula à portuguesa do mestre. Ele fazia isso com tanta frequência que Eric Ripert o provocava; ele fez para Ottavia e Ariane em casa. Em um artigo do *New York Times* de 2006, que pedia às celebridades gastronômicas que escrevessem um breve ensaio sobre seus livros de receitas favoritos já esgotados, Tony disse que o livro *Provincetown Seafood Cookbook* o levava de volta "aos dias antes da glamorização dos chefs, comida organizada, apresentações artísticas e pomposidade. Mitcham era meio que uma inspiração para desorganizados como eu." Mas para Tony, o homem selvagem de Provincetown permaneceria um semideus distante – pelo menos em comparação com Getmanov, que se tornou primeiro seu companheiro de bebida diária após o trabalho e depois um parceiro de negócios em uma pequena empresa de catering que eles começaram.

A Moonlight Menus, como chamaram nos cartões de visita que imprimiram e distribuíram pessoalmente por toda a cidade, surgiu de um trabalho que fizeram para seu chefe, Sal, que os escolheu para preparar a comida para a festa no jardim simples, mas socialmente importante, que ele dava em sua casa todos os verões. Eles não eram seus cozinheiros de mais alto escalão ou mais antigos, mas ele viu algo neles, bem como algo acontecendo entre eles, e deu-lhes a liberdade para expressar seus Paul Bocuses interiores usando coisas como "patê em croute ou galantinas com aspic ou apresentações

---

* NT: Clambake é um evento social da Nova Inglaterra, tradicionalmente feito na praia, em que são assados diferentes tipos de frutos do mar.

elaboradas" que ninguém mais naquele ambiente conhecia. A imaginação deles quase levou a melhor sobre eles; Tony disse em *KC* que teve que impedir fisicamente Getmanov de usar vegetais finamente cortados, claras de ovos e azeitonas para criar um quadro de Moisés dividindo o Mar Vermelho ao lado de um robalo como ele, Tony, havia sugerido em tom de brincadeira. Se não fosse pela cocaína, eles teriam desmaiado de exaustão e talvez morrido no freezer de Sal. Mas a festa no jardim foi um sucesso tão grande que, no final da temporada, eles já estavam por conta própria, criando Torres de Babel, Space Needles e Parthenons comestíveis para o tipo de morador da cidade que não se importava em ser exageradamente pretensioso. Como Tony escreveria mais tarde em uma peça de ficção nunca publicada baseada nesse período, "Toda bicha velha, traficante de coca, ex-esposa de Cape estava jogando dinheiro" nos meninos da Moonlight Menus, ele e Getmanov. Mas não seria uma história de Tony se ele também não mencionasse algumas falhas. Nem todos os seus *ensaios* comestíveis acabaram bem. Eles cozinharam e temperaram demais alguns pratos e exageraram obscenamente no corante azul em um bolo de casamento – mas juntos eles tiveram mais acertos do que erros e decidiram que, um ano depois, assim que Tony se formasse no CIA e Getmanov reunisse coragem para finalmente sair da casa de sua mãe e enfrentar o mundo além de Provincetown, eles levariam sua culinária para a cidade de Nova York.

Parecia uma boa ideia na época.

PARTE DOIS

A morte era o único valor absoluto em meu mundo. Perca a vida e nunca mais perderá nada. Eu invejava aqueles que acreditavam em Deus e não confiava neles. Sentia que eles mantinham sua coragem com base em uma fábula sobre mudanças e permanência. A morte era muito mais certa que Deus, e com a morte não haveria mais a possibilidade diária da morte do amor.
— GRAHAM GREENE EM *O AMERICANO TRANQUILO*

Agora, um padre episcopal aposentado, Michael Schnatterly (à esquerda, com Bourdain e um lavador de pratos não identificado no restaurante de Chuck Howard no início dos anos 1980) disse que Tony "acreditava, quando tinha vinte e poucos anos, que o mundo algum dia saberia seu nome — e que isso aconteceria com a cozinha e a escrita."

Capítulo 6

Quando Anthony Bourdain acordou na manhã de 12 de abril de 1999, em seu apartamento no sexto andar na Riverside Drive com a West 116th Street, ele era o fracasso americano absoluto que sua mãe e seu pai (nesse ponto falecido há doze anos) sempre temeram que ele se tornasse – mas ele era um tipo particular de fracasso que seus pais teriam achado desconfortavelmente familiar. Enquanto Pierre e Gladys Bourdain possuíam uma linda casa de dois andares nos subúrbios, que eles não podiam pagar, Tony morava em um apartamento cavernoso – "um clássico antiquado", disse uma colega de trabalho que cuidava da casa dele quando ele e Nancy faziam suas viagens ocasionais ao Caribe, para sentar na praia e beber margaritas, "até hoje o maior apartamento em Nova York que já vi" – e estava três meses atrasado no aluguel. E essa nem era a única situação problemática. A American Express estava tentando cobrar os milhares de dívidas que ele acumulou antes de cancelarem seu cartão de crédito; e o governo, ele pressentiu, logo viria atrás dele sem pena por conta de dez anos de declarações de imposto de renda não preenchidas e milhares mais em impostos não pagos. O silêncio prolongado do governo parecia, para ele, como o silêncio dos indígenas invisíveis dos antigos filmes de cowboy.

Alguns caloteiros não trabalham, não pagam suas contas e não dão a mínima para o que os outros pensam deles – mas aquele não era Tony. Ele era um fracasso funcional, uma variação do tipo de criatura de aparência normal que Joan Didion (em *O Álbum Branco*, um de seus livros favoritos) descrevia por volta de 1967 como: "um membro bastante competente de uma ou outra comunidade, que tinha contratos e cartões de viagem, um cidadão" para quem a vida não estava funcionando como planejado. Não era fácil ver de fora como ele estava mal. Quando você ia ao apartamento dele e de Nancy, antes de um filme ou de um show, você poderia, digamos, tomar doses de vodca em requintados copos de cristal alinhados em uma bandeja de prata (presentes de casamento, mas ainda assim). Você ficaria maravilhado com a coleção de livros deles. No dia em consideração, Tony havia retornado recentemente de uma viagem de negócios ao Japão e naquela manhã faria uma parada para ser jurado a caminho do restaurante onde trabalhava como chef de cozinha – todos outros sinais de estabilidade social. Seu emprego seguro na Les Halles, a famosa cervejaria que não era ótima, mas também não era ruim (todo mundo dizia a mesma coisa sobre ela) na Park Avenue South, pagava algo em torno de US$ 85.000 por ano, um dinheiro decente. É verdade que Nancy, embora às vezes falasse vagamente sobre se tornar uma designer de calçados, não procurava trabalho e passava a maior parte de seus dias no sofá assistindo à *Court TV* e *Judge Judy*; mas ela recebia uma renda modesta de seus pais e, alguns anos antes, ela e Tony reduziram monumentalmente sua despesa mensal ao abandonar a heroína. Eles não estavam exatamente falidos (Tony geralmente tinha cerca de US$ 800 no banco) e não eram particularmente extravagantes, materialistas ou obcecados em impressionar os vizinhos, como os pais de Tony. Tony sempre disse que sabia que "nenhum carro esportivo jamais curaria meus problemas". Então por que eles ficavam tão longe da solvência; o que fazia deles incapazes de manterem o ritmo? Seu problema básico, ao que parece, era comum, especialmente para tipos criativos, mas levado ao extremo. Tony e Nancy eram pessoas impulsivas e bagunceiras (ou pelo menos Tony era bagunceiro fora da cozinha), espetacularmente ruins na parte da vida adulta que envolve fazer sua renda durar até o final do mês. Era só isso, estranhamente, mas era suficiente.

Vindo da casa que eles vieram, provavelmente faz algum tipo de sentido psicológico que um dos meninos Bourdain, Christopher, tenha se tornado um consultor financeiro e o outro um desastre financeiro. Tony estava tristemente resignado com suas falhas nessa área, mas ao mesmo tempo elas o deixavam ansioso. Apesar de seus flertes com a boemia, ele ficava particularmente assustado por não ter seguro saúde. Exceto por uma visita de emergência a um dentista em "um escritório de aparência imunda no andar térreo de um conjunto habitacional" que aceitava pagamento em prestações, Tony não procurara (ou, felizmente, precisara) de atendimento médico em pelo menos uma dúzia de anos. O pai de Nancy sem dúvida estava pagando as contas médicas dela, mas e se a sorte de Tony acabasse e ele sofresse de algo sério? Os homens Bourdain, ele sabia, não exalavam exatamente longevidade. E se o governo o levasse ao tribunal pelos impostos? Como ele pagaria por um advogado? Ele não tinha carro para vender. Felizmente ele era um alcoólico funcional e podia se medicar de forma barata. "Nas raras ocasiões em que fui para a cama sóbrio", escreveu ele na sequência de *Kitchen Confidential*, *Medium Raw*, em 2010, "eu ficava deitado aterrorizado, com o coração batendo forte nos ouvidos, tentando desesperadamente não pensar no impensável: que a qualquer momento, o proprietário ou o governo ou o pessoal há muito ignorado, mas sempre presente da AmEx, poderia levar tudo, tudo embora."

Vinte e cinco anos chegando cedo e trabalhando duro – vinte e seis desde que ele tinha jurado tentar a sorte em Nova York com Alexej Getmanov assim que se formasse no Culinary Institute of America – e essa existência meia boca de classe média era tudo o que ele tinha para mostrar. Nem mesmo aquelas férias no Caribe (sempre com desconto) eram tão despreocupadas quanto pareciam. Nancy adorava a conveniência de entrar em um avião e descer em algum lugar mais quente algumas horas depois; em qual nação soberana ela estava afundando os pés realmente não importava. Mas Tony ansiava por ver o mundo a mais que ele havia experimentado, até então, principalmente em livros e filmes. "Tenho uma curiosidade desenfreada sobre as coisas, e ela estava contente, eu acho, por estar comigo. Ir ao Caribe uma vez por ano", disse. "Havia coisas que eu queria e estava disposto a realmente machucar alguém para tê-las." Bem, talvez. Aqueles amigos que permaneceram leais a Nancy dirão a você que Tony realmente partiu seu coração, mas durante o último ano que passaram juntos, era difícil dizer quem estava se afastando de quem; ela se recusava a permitir que ele a tocasse e, como ele disse a uma namorada, ele ansiava muito por ser tocado. O que parece certo é que em 12 de abril de 1999, quando eles ainda eram um casal dormindo na mesma cama, ele ficou triste por saber que provavelmente precisaria abandonar seus "sonhos de menino de viagens e aventuras".

Mais dinheiro é, obviamente, o remédio mais conhecido para a má administração de dinheiro, mas no caminho de um aumento de renda na casa dos Bourdain estavam as barreiras duplas de Nancy e Tony. A recusa de Nancy em trabalhar provavelmente tinha mais a ver com uma extrema timidez ou leve agorafobia do que com indolência, mas sua posição não era negociável – e Tony, em parte por acreditar que ela tinha uma obrigação moral de exercer sua inteligência aguçada e que geralmente se sentiria melhor sobre a vida (e fumaria menos maconha) se ela se lançasse um pouco mais no mundo, achava sua inação diante de sua necessidade extrema algo absolutamente terrível. Em uma passagem surpreendentemente honesta (e decididamente fora do comum) em *Medium Raw* (escrita vários anos depois, já em seu próximo casamento), ele revisita a raiva que "me consumiu além de todas as proporções" no que ele descreve como as mais de duas décadas de Nancy desperdiçando seus dias assistindo televisão ("Eu estava zangado com minha esposa – muito zangado, um ressentimento antigo e profundo..."). Não era do feitio dele ser publicamente tão duro com as outras pessoas quanto era consigo mesmo, mas nesse caso, talvez porque estivesse um pouco irritado por pagar a pensão alimentícia dela, ele não se conteve. Porém, toda a TV que Nancy assistia não foi em vão. Seu interesse pela lei a levou a explorar os detalhes dos códigos habitacionais da cidade de Nova York, onde descobriu brechas suficientes para ajudá-los a evitar o despejo. Ele a agradeceu por isso.

Além de estar encurralado, Anthony Bourdain, nesse momento, também estava com a cabeça nas nuvens. Estranhamente, alguns anos antes, quando ele fazia visitas regulares à clínica de metadona e cozinhava ou se candidatava a cargos no que eram noções essencialmente equivocadas de cozinhas (o filme *Casablanca* pode ter sido um tema plausível, embora cafona, para um restaurante, mas Marla Maples?... *The Ed Sullivan Show*?), ele não estava tão mal quanto naquela manhã de abril. Isso porque seus problemas naquela época, por mais terríveis que fossem, pareciam corrigíveis, e qualquer um que tenha lido a revista *People* já ouviu histórias sobre almas perdidas que foram do caminho errado para o caminho certo e se tornaram superestrelas. Além do mais, naqueles dias mais distantes, Tony havia apenas recentemente iniciado uma carreira paralela como escritor de romances de mistério noir e mafiosos – e embora muito poucos tenham ficado ricos no ramo de ficção (seus avanços eram minúsculos e não havia orçamento para uma turnê do livro) –, essa também era uma situação teoricamente positiva, além de ser ótima para o ego. Com sua reputação literária tecnicamente ainda em jogo, ele saía da cama às 5h e, com três ou quatro horas de sono, elaborava outro capítulo ou dois sobre assassinato e caos no mundo dos restaurantes e bares controlados pela Máfia. É verdade que o jornal da indústria editorial *Kirkus Reviews* não foi gentil nem com *Bone in the throat* (chamando-o de "um catálogo de erros de primeiro romance" com diálogos ruins) nem com sua sequência *Gone Bamboo* ("uma espécie de péssimo ensopado encharcado"); e o *Plain Dealer* de Cleveland publicou uma crítica mista de *Bone* com o título "Ingredientes para um caldo fervem em trama de chef autêntico". Mas outros críticos foram mais receptivos ao autor com a impressionante foto da capa do livro e a interessante história de vida, então, por alguns anos, Tony pôde dizer a si mesmo que ainda era um gosto capaz de ser adquirido, apenas esperando que a Oprah o notasse.

Agora, alguns anos depois, porém, as coisas pareciam mais resolvidas, de um jeito ruim. Suas conexões editoriais pararam de dizer que seus livros "não estavam vendendo" e começaram a dizer que eles "não vendiam", e ele havia criado um lugar muito confortável para si mesmo, um lugar de onde ele nunca poderia sair sem tornar-se, imediatamente, despreparado. Les Halles era sua prisão de luxo; lá ele era o chef supremo e tinha as bênçãos da gerência para fazer praticamente o que quisesse em termos de cardápio. Para o bem e para o mal, Tony *era* o Les Halles, a ponto de os proprietários o enviarem para sua filial em Tóquio para ajudar a tornar o lugar um pouco menos japonês e mais parecido com a movimentada Nova York. Mas um pouco além da porta da frente do restaurante original, na mesma calçada da Park Avenue South, onde as pessoas um dia fariam fila para lamentar sua morte, a história dele era, em 1999, uma história diferente e mais triste – ou, pior, ainda nem era uma história.

Se a parte pré-fama da vida de Tony é uma lição de alguma coisa, é uma lição sobre as armadilhas da persistência. "Quando tinha vinte e poucos anos, ele acreditava que o mundo um dia conheceria o nome dele – e que isso aconteceria com a cozinha e a escrita", me disse Michael Schnatterly, que trabalhou com Tony no começo dos anos 1980, no restaurante W.P.A. Tony manteve os olhos fixos nesses dois prêmios, do jeito que as pessoas dizem que você precisa fazer quando "encontra sua paixão". Em um sentido precisamente literal, as coisas funcionaram do jeito que ele sempre imaginou que aconteceriam: ele se tornou um chef celebridade com um livro best-seller. Mas a verdade maior é que durante anos ele havia avaliado mal tanto seus talentos culinários quanto os de escritor de ficção e, como resultado, acabou investindo muito tempo e esperança em atividades nas quais acabou não sendo muito bom.

As opiniões sobre as habilidades culinárias de Tony variam e, não surpreendentemente, tendem a aumentar e diminuir dependendo do estado de seu relacionamento com a pessoa opinando. Steven Tempel, o subchef de longa data de Tony e um dos personagens mais bem elaborados em *Kitchen Confidential* ("Meu gêmeo malvado, meu *doppelganger*, meu diretor de serviços clandestinos... meu amigo mais próximo e associado mais confiável") me disse: "Olha, Tony era um escritor incrível e um orador incrível. Quando ele começava a falar no bar, você só queria sentar e ouvir – mas o cara não sabia cozinhar nem para salvar sua vida." Sua declaração deve ser tomada com cautela, porém, uma vez que Tempel, segundo todos os relatos, um excelente cozinheiro, apesar de alguns hábitos bizarros e/ou repugnantes que ele ficava feliz em deixar Tony imortalizar em *KC*, o seguiu por anos de restaurante em restaurante, aparentemente feliz em desempenhar o papel de ajudante divertido. O mais provável é que Tempel, que morreu em um acidente de carro em fevereiro de 2022, tenha deixado a raiva ou a mágoa por ter sido abandonado como amigo nos anos após *KC* mexer com sua avaliação. A fama, ele me disse, transformou Tony em um "idiota pomposo e arrogante." Ele disse que qualquer pessoa que o conhecesse naquela época sabia disso apenas pela maneira arrogante de Tony se comportar na TV, mas ele também ofereceu evidências de experiência pessoal. "Uma vez liguei para ele todo empolgado e disse: 'Cara, acabei de ter um bebê', e Tony disse: 'Legal, estou no Saara andando em um quadriciclo com Ozzy Osbourne.' Eu pensei: sério, Tony? Vai se foder." Por mais escandaloso que Tempel pudesse ser – e ele era conhecido por simultaneamente polvilhar seus testículos com amido de milho e cantar canções de Elton John enquanto trabalhava – obviamente ele ficou sentido quando Tony seguiu em frente.

Dennis Mullally, um *barman* veterano, fez uma crítica mais equilibrada ao chef com quem trabalhou em um lugar no West Village chamado Formerly Joe's, no final dos anos 1980 e início dos anos 1990, embora ele também tenha problemas com Tony. Ou um problema, na verdade: ele acha represensível que "Flaco" (termo em espanhol para "magro" – e forma que todos no Formerly Joe's chamavam Tony) não tenha considerado o efeito de seu suicídio em sua filha de onze anos, Ariane. "Se ele estivesse parado na minha frente agora", Mullally me disse, "eu daria um soco na cara dele". Em seus três ou mais anos como colegas, porém, ele e Tony nunca progrediram além de uma amizade educada, e não acho que sua opinião sobre a culinária de Tony, formada há muito tempo, tenha sido contaminada por eventos subsequentes. "Na cozinha, Flaco tinha um desempenho sólido", disse ele. "Sua comida saía quando deveria, parecia boa, tinha um bom perfil de sabor. Se eu acho que ele era um gênio culinário? Não."

Robert Ruiz, *barback* do Formerly Joe's, um apoiador entusiasmado do homem Bourdain, foi muito mais efusivo sobre as habilidades culinárias de Tony. "Ele fazia o melhor bolinho de caranguejo que já comi, a melhor paleta de cordeiro que já comi e o melhor prato de enguia que já comi", disse Ruiz, citando exemplos como se defendesse seu velho amigo para ganhar a vida. E depois há Eric Ripert, que conheceu Tony depois que *KC* o tornou famoso, mas que o amava o suficiente para falar honestamente. "Eu cozinhei ao lado dele", disse Ripert. "Ele tem velocidade. Ele tem precisão.

Ele tem habilidade. Ele tem sabor. A comida é gostosa. Em termos de *criatividade*... Não sei."

Tony chegou a pensar que, mesmo que não fosse o maior chef, ainda poderia ser muito bem-sucedido por conta de suas habilidades organizacionais, sua familiaridade com certos pratos fundamentais que podem ser chamados de comida caseira francesa e sua visão culinária geral, seu senso do que viria a seguir. Várias décadas em cozinhas profissionais, no entanto, o tornaram mais realista sobre suas limitações, a ponto de perder o respeito por alguém que elogiava sua culinária com exagero. Essas pessoas ou não sabiam nada sobre comida ou estavam tentando cair nas boas graças de alguém famoso. "Ele ficava muito mais feliz quando as pessoas o elogiavam pela maneira como montava um programa ou escrevia um roteiro", disse Ottavia a amigos. "Ele sabia que era nisso que ele era especialmente bom." No final dos anos 1990, Tony entendeu que ele tinha se tornado o que, nos esportes, se considera apenas um jogador de equipe, e ele estava em paz com isso. "Não é um superchef falando com você aqui", escreveu em *KC*. Ele era – disse – a pessoa para quem os donos de restaurante ligavam quando a primeira escolha deles se mostrava um alcóolatra homicida – e considerando a natureza do negócio, isso acontecia mais vezes do que você imagina. Seu bom amigo e coautor de histórias em quadrinhos, Joel Rose, que afirma ter comido em todos os lugares que Tony já cozinhou (e que aborda o assunto como filho de um garçom da Carnegie Deli), disse-me: "Ele nunca foi um dos melhores chefs; ele era o que é conhecido como um *consertador*. Ele era levado para restaurantes que estivessem com problemas. Ele tinha uma ótima equipe. Ele não iria torná-lo um restaurante com duas estrelas Michelin, mas faria um ótimo trabalho em torná-lo um lugar decente para comer. No final das contas, faltava a Tony algo mágico, inato, que os melhores chefs possuem? Bom, ele teve a chance de ser ótimo ou, pelo menos, muito especial. Ninguém nasce com uma estrela

Michelin. O chamado talento natural para cozinhar, na verdade, precisa ser nutrido e imaginado ao longo de muitos anos (com o aluno fazendo todo o trabalho de autocuidado e imaginação enquanto, tradicionalmente, o mestre ensina principalmente pelo exemplo e pelo ataque físico ocasional). Tony, em seu primeiro passo fora da escola de culinária, desviou-se do caminho que tão teatralmente jurou seguir em Provincetown, quando, depois de ir se deitar naquele apartamento acima da pizzaria para planejar sua vingança por humilhação profissional (ou sabe-se lá por quê), prometeu a si mesmo que faria sua pós-graduação na França, trabalhando como escravo por alguns francos por semana nas cozinhas de gênios sádicos, sofrendo por sua arte – disse ele –, assim como Ripert e Gordon Ramsey tinham feito com o incansável perfeccionista Joel Robuchon; assim como Scott Bryan, o brilhante "chef do chefs" nascido em Boston que se tornou seu amigo (e conseguiu seu próprio capítulo na *KC*), durante anos viajou pela Europa e por muitos dos melhores restaurantes americanos da época, "levando uma surra" e melhorando seu trabalho. David McMillan, um dos chefs-proprietários dos restaurantes Joe Beef em Montreal e um bom amigo de Tony, disse-me: "Quando eu era um jovem cozinheiro, trabalhava em um restaurante trinta horas por semana; então fui para a França, onde me fizeram trabalhar cem horas por semana durante cinco anos. Quando voltei para a América, trabalhar oitenta horas por semana parecia relativamente fácil." Essa nunca seria a maneira Bourdain. Em vez de batalhar da forma brutal e honrada da época, Tony tomou uma decisão que, em retrospecto, parece muito incomum e estranha, mas inteiramente consciente. Como ele costumava dizer, ao explicar por que apenas poucos membros da indústria tinham ouvido falar dele quando ele apareceu com um livro de memórias sobre seus trinta e poucos anos no ramo de restaurantes: "Fui pelo dinheiro".

Para Tony, aceitar empregos que pagavam algo parecido com um salário mínimo, em lugares que não eram, digamos, o Arizona 206 de Brendan Walsh ou algum outro restaurante vanguardista daquela época fez toda a diferença em quão longe ele chegaria. "Às vezes, converso com meus cozinheiros sobre as escolhas que Tony fez", disse-me David Kinch, o chef três estrelas Michelin por trás do Manresa (em Los Gatos, Califórnia). "Eu os alerto para pensar pelo menos duas vezes sobre o tipo de movimento lateral que provavelmente significará chegar ao fim da curva de aprendizado, em vez de continuar a construir a base de sua culinária." O próprio Tony chamava o abandono de seu plano de "meu erro favorito", embora tenha colocado "erro" entre aspas quando escreveu isso em 2010, porque naquela época ele achava que tudo havia acontecido como deveria e, de qualquer maneira, estava em paz com seus motivos por seguir o caminho mais fácil e mais percorrido. Por um lado, ele estava seguindo o fluxo da história. A. J. Liebling escreveu em 1959 que "é cada ano mais difícil recrutar meninos de inteligência superior, ou mesmo abaixo do normal, para o aprendizado longo, difícil e sujo, com pagamento nominal – ou nenhum pagamento, nos primeiros anos – que faz um cozinheiro." Não ser mais um menino era um fator também. Tendo atingido a idade de vinte e um anos, Tony sentiu que teria sido irreal, se não mesmo um pouco impróprio, assumir tardiamente o papel do aprendiz intimidado.

Afinal, Ripert era um estudante de culinária quase que adolescente quando dividiu "uma caixa quente, úmida e sem janelas" (ele deveria chamá-lo de buraco do inferno ou buraco de merda? – ele se perguntou enquanto escrevia seu livro de memórias, *32 Yolks*) com dois outros estagiários do restaurante, um dos quais se embebedava e vomitava em sua cama todas as noites, a poucos centímetros de sua cabeça. Mais tarde, ele suportou um subchef de meia-idade que batia em seus ombros quase todas as manhãs "com toda a força", enquanto perguntava a seu jovem aluno trabalhador e, claro, estupendamente promissor: "Que atrocidades você cometerá hoje, Ripert?" A pressão de Robuchon, ao longo de um dos dias de dezoito horas trabalhadas para ele em seu restaurante, Jamin, não foi menos intensa, mas rigorosamente mental para Ripert. Gordon Ramsey certa vez foi atingido na cabeça por um prato de ravióli quente arremessado pelo mestre enfurecido. "Eu tinha 25 anos", escreveu Ramsey, "mas aguentava merda como se fosse um garoto de 15 anos". Um garoto de 15 anos de um romance de Dickens, talvez. Com molho de creme escaldante na orelha e queimaduras no rosto, Ramsey se desculpou humildemente com Robuchon, como sabia que era esperado.

Tony, que mais tarde brincou que já estava vivendo – assim como um divorciado – num estilo que estava acostumado, não apenas rejeitou essa existência horrível, como simplesmente esqueceu que essa possibilidade existia. Em vez disso, ele conseguiu o primeiro emprego que apareceu por meio do quadro de avisos no escritório de colocação do CIA – neste caso, sessenta e quatro andares no 30 Rock. Ele começaria no topo e veria onde chegaria a partir daí. A jornada complicada estava começando.

Capítulo 7

O Rainbow Room, inaugurado em 1934, já era no final da década de 1970 um restaurante antiquado que não tinha praticamente nada a oferecer a um chef iniciante em termos de educação, a menos que fosse o velho ditado culinário sobre algumas gramas de molho cobrindo uma infinidade de pecados. Nenhum restaurante em Nova York era maior em suas proporções físicas – o Room, na verdade, era uma grande área principal aberta; uma grelha substancial; e vários salões de banquetes adjacentes, que juntos acomodavam cerca de quinhentos comensais, decorados em um autêntico estilo art déco e com vistas inebriantes de Manhattan, que poderiam fazer você cantarolar *Rhapsody in Blue* – mas você também não encontrava um exemplo mais vívido da experiência hipócrita de um restaurante sofisticado em uma cidade grande, com apenas alguns conjuntos de portas simples separando uma colmeia latejante de trabalhadores suados, cínicos, mal pagos, em sua maioria estrangeiros, da mistura simbiótica de magnatas e turistas que gostavam de se fantasiar e, como disse Tony, "de comer lixo no topo do mundo".

Para um jovem encrenqueiro destinado a um dia desvendar o funcionamento interno do negócio de restaurantes, porém, o Rainbow Room, operado por seus proprietários naquela época, era uma dádiva de Deus, uma cornucópia de crimes contra a gastronomia, começando na cozinha cavernosa, tão mal ventilada que os membros da equipe muitas vezes desmaiavam no trabalho. O primeiro trabalho de Tony lá, em 1978, foi preparar o bufê do almoço diário – ou, como poderia ser mais honestamente conhecido, as sobras do prato principal da noite anterior –, agora comicamente rebatizadas com nomes franceses como *Salade de Boeuf en Vinaigrette* e *Tongue en Madère* e servidos pelo próprio futuro astro da TV usando um daqueles chapéus de chef que parecem um filtro de café e um sorriso ameaçadoramente largo. (O que não fosse comido seria guardado para o bufê exclusivo do Luncheon Club do dia seguinte.) Mais tarde, como ele escreveu no *Medium Raw*, ele passou seis meses lá fazendo quase nada além de produzir suflês feitos com "béchamel semelhante a cimento, sabores baratos e merengue". Trabalho destruidor de almas? Indubitavelmente, mas também revelador de ouro. (Como disse Philip Roth, "Nada de ruim pode acontecer com um escritor. Tudo é material.")

E quanto à disposição de Tony de trocar aprendizado por ganhos? O que acontecia com isso? Mais boas notícias para o futuro autor de um livro baseado em outro chamado *Down and Out* (Tony teria a ideia do que se tornou *Kitchen Confidential* cerca de um ano depois). Embora tenha sucumbido ansiosamente à pressão da gerência para trabalhar em turno duplo – o que significava que ele começava às 7h30 e não tirava sua roupa branca de poliéster encharcada de suor até meia-noite – e o Room era teoricamente sindicalizado, ele ainda estava levando para casa menos de US$ 200 por semana, o que era, mesmo no final dos anos 1970, quase um salário de escravo. E durante essas horas ele poderia, além de preparar o bufê, grelhar cem bifes Wellington para um banquete e descascar trinta quilos de camarão. Ele também estava sofrendo abuso regularmente – embora não, infelizmente, de alguém que, se estivesse em um estado de espírito melhor, poderia ter mostrado a ele precisamente quando adicionar um pouco de vinagre de xerez a um caldo de frutos do mar para que o ácido não interrompesse o amaciamento das cenouras já fervendo. Seu inimigo, em vez disso, era "um porto-riquenho grande e feio com um rosto arruinado chamado Luis", que depois de consumir meia garrafa de conhaque culinário, vinha por trás de Tony e tateava agressivamente suas nádegas por baixo de suas calças xadrez. Tony mais ou menos tolerou esses ataques por um tempo porque Luis estava acima dele na cozinha e porque era o tipo de coisa que acontecia o tempo todo nos bastidores do glamoroso Rainbow Room. Mas então, um dia, enquanto fazia recheio de crepe com um grande garfo de carne, ele viu Luis avançando e, cronometrando seu impulso com precisão, enfiou os longos dentes gêmeos nas juntas do homem "com uma trituração satisfatória". Luis uivou como "um animal em chamas". Ninguém ousou incomodar o jovem cozinheiro novamente.

Já faz muito tempo desde que Tony Bourdain fez sua história no Rainbow Room, muito tempo até mesmo de quando ele se sentou para relembrar suas aventuras de adolescente lá para suas memórias. Quando assumiu aquele emprego, já estava mais do que envolvido com drogas e bebidas e fumando algo como quatro maços de cigarros por dia – e ainda assim havia uma avenida que ele ainda não tinha cruzado em termos de frescor e inocência. Ele ainda andava com o que alguns de seus amigos mais velhos reconhecem como seu sorriso original (um sorriso nitidamente pateta, ligeiramente torto que continuaria evoluindo até que, no final, ele tivesse encontrado seu caminho de volta para o mesmo feixe esverdeado de não alegria que ele usava na linha de buffet). Alguém que acabou de ler seu livro mais famoso e sabe o que acabou acontecendo com Tony pode sentir um aperto no estômago quando ele descreve em *KC* como – durante seus intervalos de trabalho de quinze minutos – frequentemente se sentava em uma borda do prédio da RCA com suas longas pernas balançando sessenta e quatro andares acima da West 49th Street, "fumando maconha com os lavadores de louça." E, no entanto, tudo o que aquele jovem – o Tony pré-heroína – estava fazendo na época era analisar um mundo de possibilidades. *Olha só! Um dia todas essas pessoas serão meus clientes e leitores.* Pelo menos era o que ele sonhava e esperava. Seu braço ainda sem tatuagem agarrava-se firmemente ao caixilho da janela. Esse garoto não iria a lugar algum que não fosse além.

Outra razão pela qual a passagem de Tony no Rainbow Room parece tão distante no passado é a maneira como ele fala sobre seus colegas de trabalho – que é, na maioria das vezes, em termos de etnia. Luis, como vimos, era um porto-riquenho feio. O que mais você precisa saber? Também conhecemos um "subchef alemão corpulento"; um punhado de garçonetes irlandesas; um "suíço taciturno"; um austríaco; um dominicano; dois bascos; um "ex-cabo da Wehrmacht" com sotaque; um "italiano recém-chegado com sotaque carregado"; dois italianos adicionais com sotaque pesado, bem como outro "italiano de olhos azuis"; e um "gentil chef napolitano". Nenhum nome real, apenas nacionalidades são fornecidas e, juntos, ele nos diz, eles formam uma "variedade heterogênea" de companheiros. (Companheiros de trabalho negros não são mencionados, talvez porque eles mal existissem. No caso das mulheres, ele generaliza em termos de aparência, escrevendo que a maioria "parecia ser mais feia do que Cagney e Lacey [nos episódios posteriores quando ganharam peso]"). Hoje é embaraçoso de ler, mas é claro que muita gente ainda falava assim por volta de 2000, quando, tendo garantido um adiantamento de US$ 50.000 da Bloomsbury, ele estava escrevendo *KC* o mais rápido que podia em seu apartamento em Riverside Drive. Vinte e poucos anos atrás, ainda se acreditava amplamente que os estereótipos étnicos e raciais, como os clichês de palavras, existiam por uma razão e que citar a origem nacional de alguém era uma maneira eficiente de transmitir um conjunto de características aproximadamente precisas, mantendo a chamada negação plausível. *Ei, tudo o que falei era que ele era italiano!* Era um hábito um pouco maldoso, talvez, mas também, nessa visão, esperto e um pouco engraçado. Era outra coisa também. Era algo "muito Andy", como diziam aqueles que trabalharam no Formerly Joe's quando uma frase ou um acontecimento os lembrava do dono do restaurante, Andy Menschel. Menschel era o tipo de cara de Nova York que falava daquele jeito o tempo todo.

Andy Menschel morreu, sem filhos e quase sem amigos, de câncer, alguns meses depois de Tony, em 2018. Ele foi durante a maior parte de seus setenta e poucos anos, como Gladys Bourdain, uma pessoa fisicamente grande, socialmente desajeitada e muito teimosa, sobre quem as pessoas contavam histórias. Tony não trabalharia para Menschel em tempo integral até que ele tivesse mais de dez anos em sua carreira culinária – ou seja, no final dos anos noventa –, mas quando ele assumiu o emprego no Rainbow Room, eles já se conheciam e Tony já tinha sido profundamente afetado pelo homem manipulador, microgerenciador, extraordinariamente generoso e muitas vezes muito mau, que ele chamava de Pé Grande em *KC*. Tony era, também, na época, alguém que já acreditava no que ele chamava de sistema Pé Grande. De fato, além de seus pais, Menschel – um nativo de Long Island, cerca de quinze anos mais velho, que aparentemente tinha jogado basquete brevemente na Syracuse University, trabalhado em construção, administrado vários restaurantes em Lower Manhattan nas décadas de 1970, 1980 e 1990, sem nunca aprender muito sobre culinária, e que se descrevia apenas como "um grande, gordo, calvo judeu" – foi provavelmente a influência mais importante na vida de Anthony Bourdain.

Por que Tony escolheu o apelido de Pé Grande é difícil dizer. Não é especialmente espirituoso ou irônico do jeito usual de Bourdain (ou mesmo do jeito dos Três Patetas: careca = Curly). Menschel era um homem corpulento que tinha cerca de 1,84 m com mãos tão grandes que deixavam as pessoas nervosas. Pé Grande tinha pés grandes. Além disso, Tony nos conta, todos ao sul da 14th Street saberiam a quem ele estava se referindo. Mas era esse o caso? Os restaurantes de Menschel eram estritamente do tipo bistrô ou pequenos bares, e seu raio de influência não era maior do que mais de quatro blocos em qualquer direção. Seria ele a lenda de restaurantes que Tony dizia que ele era? Quando fiz essa pergunta a Edie Falco, outra veterana do Formerly Joe's, que foi garçonete lá antes de sua carreira de atriz começar, ela riu alto. "Andy Menschel era muitas coisas, mas vou te dizer como *eu* o chamaria", disse ela. "Eu o chamaria de valentão escroto." Não acredito que Tony teria discordado dela – e ainda assim ele entendia que estava irremediavelmente encantado por um modelo altamente imperfeito, uma massa temperamental de humanidade que, no entanto, tinha algo a oferecer a um jovem cozinheiro ambicioso, mas sem rumo. As coisas que Menschel lhe ensinou – ou provavelmente seria melhor dizer, as qualidades que Menschel trouxe para Tony – permaneceram profundamente importantes para ele durante toda a sua vida e, acredito, figuraram fortemente em sua decisão final naquele quarto de hotel. Tony tropeçou no sistema Pé Grande em 1975, quando ainda estava em seu primeiro ano no Culinary Institute of America e seu antigo colega de colégio Flip (que então havia se renomeado como Sam) Goldman fez a ligação que mudou sua vida. Sam entrou no ramo da culinária depois de se formar em cinema na Universidade de Boston e – por mais que fosse especialista em aparentemente tudo o que tentava, e carismático, como não podia deixar de ser – ele foi rápido, conseguindo o emprego de chef executivo em um movimentado restaurante estilo estalagem de propriedade de Menschel, chamado Montana Eve, quando tinha ridículos vinte e dois anos. Desde que tinha deslumbrado o proprietário em sua entrevista de emprego, Goldman, que não estava realmente qualificado para o cargo, caiu regularmente em desgraça, sendo pego no típico ciclo Menschel de rejeição e aprovação esporádica. Ele era constantemente criticado, demitido e recontratado com frequência, ao mesmo tempo em que recebia do chefe ingressos para os melhores lugares em lutas e partidas no Madison Square Garden – que ficou confuso não apenas sobre seu status de emprego, mas também sobre seu valor como chef e, talvez, até mesmo como ser humano. Era assim que costumava funcionar com Menschel, que era famoso entre seus funcionários por ir visitar, sem avisar, a mãe de um funcionário no hospital ou ir ao velório do pai, para então demiti-lo não muito tempo depois por dar uma xícara de café grátis a um cliente regular. "Noite lenta?", ele diria a uma garçonete, e se ela dissesse sim, ele tiraria uma nota de vinte do maço em seu bolso e daria a ela. Mas quando ela finalmente deixava o emprego, em condições boas ou ruins, ele puxava um de seus assustadores livros contábeis cinza e mostrava a ela um registro de cada nota de vinte que tinha dado a ela – não porque ele queria o dinheiro de volta, mas apenas para lembrá-la de seu poder. Manter seus funcionários desequilibrados e em dívida com ele eram alguns de seus principais objetivos, algo aparentemente tão importante quanto agradar seus clientes. O próprio Tony não era imune a esses jogos psicológicos e, de fato, se envolveu no drama de Montana Eve assim que começou o trabalho que Goldman ligou para lhe oferecer no final de 1977 – um emprego permanente para preparar omelete no brunch de fim de semana.

Logo no primeiro dia, depois que Tony preparou trezentas refeições na pequena cozinha do Montana Eve e estava se arrastando em direção à porta totalmente exausto e provavelmente se perguntando se seu trabalho estava de acordo com os sofisticados padrões de Manhattan, alguém deu um tapinha em seu ombro e disse: "Andy quer ver você em seu escritório." Como já haviam lhe contado que o dono tinha um temperamento vulcânico e que uma vez matara um homem em uma briga de bar (a história sobre Menschel que todos escutavam primeiro), Tony não esperava uma conversa feliz. Mas Menschel naquela noite o cumprimentou com um sorriso; elogiou seu trabalho sob pressão; e, depois de brindarem com conhaque, batizou-o de Flaco (já havia um Tony na equipe) e o declarou parte do grupo. Pé Grande "comprou minha alma por duas taças de conhaque espanhol", escreveu Tony em *KC*, exagerando apenas um pouco.

O sistema Pé Grande era composto, principalmente, de três coisas. Era idiota, era estranho e era inspirador. Menschel era um cientista louco da refeição casual. Ele refletiu longa e profundamente sobre gerenciamento e desenvolveu teorias sobre quase tudo que você possa imaginar relacionado a pessoal, cardápio, suprimentos, equipamentos e psicologia do local de trabalho naquele nível específico do negócio de restaurantes. Vamos falar mais das teorias dele em um instante. Primeiro, deve-se dizer que Menschel era, em muitos aspectos, um típico menino branco do início dos anos 1940, que exibia todos os preconceitos previsíveis (ele também não era um assassino, apesar da história famosa). Em seus lugares, os homens hispânicos eram ajudantes de garçom e *barbacks* e nada mais; garçonetes e *hosts* eram mulheres brancas; *barmen* eram homens brancos. Pelo que as pessoas se lembram, apenas um negro trabalhou para ele, brevemente. Menschel também era, apesar de ser judeu, antissemita raivoso, não apenas em suas práticas de contratação, mas em seu discurso rotineiro, e provavelmente também em seu coração. Nada disso é muito incomum, é claro; os que odeiam a si mesmos são maioria e suas práticas de contratação espelhavam o negócio de restaurantes da cidade de Nova York como um todo. Seus sentimentos sobre chefs, porém, eram pelo menos mais incomuns, se não mais esclarecidos. Se você espiasse qualquer uma das cozinhas de Menschel você provavelmente veria quatro ou cinco chineses preparando seu tipo de comida levemente francesa (e bebendo Heinekens). Embora, às vezes, também contratasse homens brancos como cozinheiros quando tinha um pressentimento sobre um determinado indivíduo, ele acreditava firmemente que os chineses possuíam as melhores habilidades com facas do planeta e, portanto, podiam extrair o maior rendimento de qualquer pedaço de peixe. De onde ele tirou essa noção peculiar (um romance de Fu Manchu?) ninguém sabe, mas o sucesso de Menschel sempre foi medido em segundos e quantidades economizados, tudo isso registrado em seus livros. Havia um jeito certo e um jeito menos certo de fazer tudo, ele acreditava, então por que se contentar com o segundo melhor? Até a cerveja que servia a seus cozinheiros chineses fazia parte da filosofia. Já vamos explicar isso. Não é que Tony aprovasse as teorias de Menschel sobre aptidão racial e étnica (ou falta delas), mesmo que às vezes repetisse o discurso politicamente incorreto de Menschel. Essa parte do sistema – a parte burra – não era o que encantava Tony, e o fato de Menschel ter ido muito além de simplesmente chamar um sueco de sueco pode ter sido uma das razões pelas quais os dois, apesar da forte conexão que tinham, às vezes entravam em conflito durante o trabalho e nunca evoluíram para nenhum tipo de amizade. O que Tony – que era um homem altamente desorganizado longe da cozinha, não vamos esquecer – mais gostou do sistema foi o senso de ordem que ele impunha e como isso influenciou a noção (pregada e personificada por sua mãe, copidesque do *New York Times*) de que se algo vale a pena ser feito, vale a pena ser bem feito. Menschel (que não era um exemplo de ordem pessoal, sempre com jeans caídos e camiseta para fora da calça) descobrira as "melhores maneiras" de lidar com praticamente todas as coisas de bistrô – como as garrafas de bebida deveriam ser arrumadas, a que distância as tigelas de lanche deveriam ser colocadas no bar (75cm); que tipo de caneta a equipe deve usar (Parker, ponta fina); que cor de tinta deveria haver nessas canetas (somente azul; contas escritas em preto renderiam a você o temido "venha me ver em meu escritório", que no Formerly Joe's era uma sala forrada de tijolos com uma porta de titânio de trinta centímetros de espessura). Edie Falco se lembra de ter sido puxada de lado para uma bronca de Menschel depois que ela cometeu o pecado de andar de uma parte do Formerly Joe's para outra de mãos vazias. "Em um restaurante", Menschel disse a ela, "sempre há algo que precisa ser carregado. Não desperdice tempo!" Essa era a parte estranha do sistema – não porque suas regras fossem ilógicas ou totalmente arbitrárias ("Tenho que admitir", disse Falco, "Andy, com todas as suas dicas e conselhos, me fez uma garçonete melhor"), mas porque elas eram muitas e, mesmo que o pior que ele pudesse fazer fosse demiti-lo, parecia uma questão de vida ou morte para todos os que estavam envolvidos na tarefa interminável de impedir que o Monte Menschel entrasse em erupção.

Tony gostava da forma como o sistema se concentrava mais na gestão do que na cozinha, uma área em que ele achava que não precisava da ajuda do chefe. Menschel havia pensado em todas as coisas essenciais – o encanamento atrás do bar, que em seus restaurantes sempre apresentava uma mangueira de água quente perfeitamente posicionada para que o *barman* pudesse facilmente derreter o gelo no final da noite; as folhas de inventário, dispostas cuidadosamente no sentido horário, em ordem geográfica para poupar tempo; a maneira como ele lidava com os fornecedores, certificando-se de pagá-los pontualmente no primeiro dia do mês para ter vantagem em qualquer disputa; a maneira como ele conquistou a lealdade entre seus funcionários, dando a todos duas bebidas gratuitas por turno, incluindo marcas *premium*, e (ao contrário dos proprietários que serviam uma "refeição em família" para a equipe) a escolha de qualquer coisa no menu, exceto o *steak* ou a lagosta. Mas havia mais coisas. Em algum ponto do espectro do sistema, ser um melhor funcionário de restaurante começou a se transformar em ser um ser humano melhor – e foi aqui (no que você pode chamar de parte inspiradora) que Menschel pegou Tony, e pelo menos alguns outros, pelo coração ou até mesmo pela alma. Para Menschel, caráter era tudo. O mundo, ele diria alegremente, continha apenas dois tipos de pessoas: aquelas que faziam o que diziam que fariam e aquelas que não faziam. As primeiras mereciam ser tratadas decentemente, as últimas mereciam ser punidas seriamente.

"Andy não se importava se você era milionário ou tinha vinte e cinco centavos no bolso", disse-me Robert Ruiz, *barback* do Formerly Joe's, outro fiel ao sistema. "A única coisa que importava para ele, era sua integridade." O caráter não pode ser ensinado (outra coisa que ele costumava dizer), e assim como o filósofo Michel de Montaigne, de quem ele provavelmente nunca ouviu falar, Menschel estava constantemente procurando pessoas em quem se pudesse confiar. Uma entrevista no Formerly Joe's, pelo menos por um tempo, consistia em quatro perguntas, feitas de forma rude: seus pais ainda estão juntos? Você se formou em uma faculdade? Você está trabalhando atualmente? Se sim, quando pode começar? A primeira era para saber se você já havia sido exposto a um compromisso de longo prazo; a segunda dizia respeito à sua probabilidade de terminar o que havia começado; e a terceira e a quarta eram uma armadilha. Se você dissesse que tinha um emprego, mas estava disposto a sair com menos de duas semanas de aviso prévio, ele não contrataria você, porque imaginava que você faria o mesmo com ele.

As prioridades de Menschel se manifestavam de maneira especialmente rígida em suas regras sobre atrasos. Basicamente funcionava assim: se você chegasse na hora certa com frequência, Menschel demitiria você. Isso porque, como Claudine Ohayon, uma ex-garçonete e agora dubladora, me explicou: "No mundo de Andy, chegar na hora era chegar atrasado. Se o seu turno começasse às 4h e você chegasse a qualquer hora depois das 3h45, ele o mandaria para casa e chamaria outra pessoa. Se você estava atrasado para o trabalho, a única maneira de se salvar era ligar com antecedência e avisar Andy. E isso era antes dos celulares, claro, então se eu estivesse presa no metrô e não fosse conseguir chegar 15 minutos mais cedo, eu descia na próxima parada, corria até a rua, encontrava um telefone público e então voltava correndo para pegar o próximo trem. E o tempo todo, tremendo." O que, para Andy, estava certo. Mesmo que você não pudesse ensinar caráter, você poderia, acreditava Menschel, criá-lo com uma explosão oportuna de medo.

Algumas pessoas – como Ohayon, Edie Falco e Sam Goldman – pegaram o que gostaram do Sistema Pé Grande e deixaram o resto. Olhando para trás, Ohayon disse que embora "Andy tivesse um olhar que poderia transformar seu sangue em gelo", ela era "eternamente grata a ele por me fazer perceber o quão importante era chegar na hora". E já vimos como Falco, embora ela tenha comentado negativamente sobre o homem, viu pelo menos algo de valor em seus discursos. No entanto, para outros – geralmente jovens rapazes em busca de algo em que acreditar – Menschel podia ser muito mais do que apenas um personagem colorido e difícil que conheciam ao longo do caminho; ele poderia ser, como disse Ohayon, "não apenas uma figura paterna, mas quase uma figura divina".

Ruiz e Tony eram dois funcionários que optaram por ignorar a estranheza, o bullying e a intolerância e, em vez disso, focar zelosamente em Menschel, o homem. Em *KC*, Tony o chamou de "o cara mais sério para quem já trabalhei" e passou um capítulo de bom tamanho defendendo seu brilhantismo primitivo. O que outros podem ter visto como máximas um tanto banais – o negócio sobre o mundo ser dividido em mentirosos e atiradores certeiros, e o velho ditado sobre qualquer coisa que valha a pena fazer, valer a pena ser bem feito –, Ruiz e Tony ouviram como um grito de guerra na luta contínua para abordar a questão perene de Montaigne: como viver? O que fez com que eles se sentissem dessa forma?

A devoção de Ruiz a Menschel não é difícil de entender. Quando se conheceram em meados da década de 1980, Ruiz era, devido à recente morte de ambos os pais, um órfão de dezesseis anos recém-formado que precisava de trabalho. Menschel fez dele um ajudante de garçom; conseguiu um apartamento para ele;

e, ao longo dos anos, ensinou-o a falar com clientes e fornecedores; treinou-o na caligrafia e até comprou para ele um livro de prática de caligrafia, o tipo de favor de US$ 1,50 que é lembrado para sempre. Muitos anos depois, quando Menschel ficou terminalmente doente, Ruiz foi morar com ele e se tornou seu cuidador; por anos ele viveu no Vietnã com sua esposa e um estoque cada vez menor de cinzas de Menschel, que ele ocasionalmente espalhava em uma ou outra praia remota. Tony, enquanto isso, tinha seus próprios motivos para se apaixonar pelo Sistema, e pelo homem por trás dele, começando com sua inclinação ao longo da vida para ser o que o chef Scott Bryan chamava de "o cara tudo ou nada", que sempre passava rapidamente de "intrigado por" para "obcecado por", não importa se o assunto eram histórias em quadrinhos ou o assassinato de JFK. Além disso, porém, tanto ele quanto Ruiz ilustram as consequências do que os psicólogos sociais chamam de "propensão à confirmação" e "propensão à autoridade", combinando forças para criar algo como uma seita. Ambos os homens sem dúvida acreditavam na integridade pessoal antes de conhecerem Menschel, mas sem pensar muito sobre isso, sem fazer disso uma religião. Não é exatamente uma teoria controversa. O que Menschel fez – proclamando publicamente a importância da integridade e promovendo a ideia de que os princípios que ele defendia precisavam ser defendidos de um exército de criadores de desculpas patéticos, quebradores de promessas e desrespeitosos diversos que ameaçavam tornar o mundo um lugar pior – foi transformar as suposições passivas em uma causa pela qual valia a pena lutar. Ele adotou um ponto de vista e fez dele um modo de vida; ele deu a seus acólitos uma colina para morrer, e eles ficaram eternamente gratos por esse legado de coisas irreais.

Tony carregou Menschel com ele de uma maneira não menos significativa do que Ruiz. A forma como ele falava sobre nunca se tornar um impostor na TV? Sua disposição para rejeitar acordos lucrativos de endosso de produtos e serviços que ele considerava de segunda categoria? Isso era o "menschelismo" em ação. "O planejamento e a preparação adequados evitam um desempenho ruim." – e todas as outras frases de chefe cretino que ele falou em seus 17 anos de TV? A equipe de produção Zero Point Zero de Tony, sem nunca ter conhecido Andy Menschel, encontrou Andy Menschel muitas vezes. As aparições de Menschel em *KC* também não se limitam ao capítulo do Pé Grande; quando Tony escreve: "Alguém que acorda com a garganta arranhada e uma leve febre e acha que não há problema em dizer que está doente não é o que estou procurando" em um cozinheiro de linha, ele está mais uma vez canalizando seu antigo chefe. Menschel até moldou a formidável personalidade on-line de Tony. "Tony era o Big Brother das redes sociais", disse-me o chef de Montreal David McMillan. "Ele insistia que em qualquer restaurante, qualquer chef, qualquer maître, qualquer garçom, não deveriam se dedicar apenas à boa comida, mas deveriam ser boas pessoas acima de tudo. Se ele pegasse você fazendo algo suspeito para os clientes ou colegas de trabalho, você seria completamente destruído por ele no Facebook, Twitter ou Instagram de uma forma que só ele poderia fazer. E ninguém reclamava porque ele quase sempre tinha razão."

Muito depois de se tornar famoso, os olhos de Tony se abriam às 6h, não importava onde ele estivesse ou por quanto tempo tinha dormido – um flashback dos dias em que trabalhava em turnos diurnos para Menschel, disse ele. Parceiros de negócios costumavam dizer que, se chegassem a uma reunião com Tony vinte minutos antes, talvez porque estivessem nervosos por conhecer o grande Anthony Bourdain, o encontrariam sentado sozinho na sala de espera, lendo um livro. Chame-o de esquisito ou diga que exagerava nas excentricidades, mas pelo menos ele havia descoberto quem era: um homem que pensava que chegar na hora era tarde e para quem o atraso era um sinal de capitulação à grande força niveladora do universo, algo que fazia de você apenas mais um idiota desbocado. Mais tarde, ele costumava dizer que não se preocupava com a pontualidade das outras pessoas – que não se importava quando *você* chegava a algum lugar, apenas quando ele chegava, mas isso não era verdade.

Tony podia ser muito crítico. Pergunte a Rachael Ray, Emeril, Alice Waters, Guy Fieri ou a outros chefs famosos que ele criticou publicamente por, de uma forma ou de outra, serem preguiçosos, falsos ou simplesmente ridículos. Ele queria especialmente demonstrar ao mundo que você poderia ser rico e famoso sem ser um idiota covarde que se preocupa apenas em ser rico e famoso. Ele se recusava até mesmo a socializar com pessoas que ele achava que haviam caído nessa armadilha e dava meia-volta e saía de uma festa se visse alguém na multidão a quem ele passou a desrespeitar pela maneira como lidou com o sucesso. Ele discursaria sobre integridade com um fervor semelhante ao de Menschel para uma audiência de uma pessoa em um bar de aeroporto ou para milhões na TV. Então um dia ele parou e viu em que havia se transformado.

Tony trouxe o Sistema Pé Grande com ele de Montana Eve (onde trabalhava nos fins de semana enquanto ainda estava no CIA) para o Rainbow Room, mas como não tinha autonomia lá, não podia fazer nada. E assim permaneceu, durante o ano e meio que ali passou reaquecendo sobras e fazendo suflês de Naugahyde, uma espécie de flecha em sua aljava, assim como, de certa forma, seu amigo Alexej Getmanov, a quem finalmente persuadiu a sair de Provincetown e colocou em um trabalho igualmente ruim ao lado dele na linha. Em retrospecto, podemos ver o jovem e ambicioso Tony organizando seus ativos, economizando seus recursos, preparando-se para o próximo passo.

Antes de deixar o Rainbow Room, porém, ele tentou deixar sua marca no local concorrendo a delegado sindical. Já que ele não podia melhorar a experiência gastronômica, talvez pudesse ajudar a tornar as condições de trabalho um pouco mais humanas, ou pelo menos sacudir a estrutura de poder, no tempo que lhe restava ali. Fazendo campanha com a promessa de diminuir o calor da cozinha e diminuir a pressão para trabalhar em turnos duplos, ele venceu facilmente a eleição, derrotando seu inimigo, o agarrador de *culo* Luis. Mas então algo estranho aconteceu: o perdedor recebeu a notícia com um sorriso malicioso. O que significava aquilo? Quando um representante da administração apareceu na estação de Tony para elogiar o trabalho anterior de Luis para o sindicato e dizer que esperava sinceramente que o novo delegado sindical permanecesse saudável e vivesse muito, Tony entendeu a mensagem. Em pouco tempo, ele e Getmanov desceram os sessenta e quatro andares e saíram pela porta. Era hora de partir e, além disso, o irresistível Sam Goldman acenava mais uma vez.

Capítulo 8

Quando conversei com ele no início de 2021, Sam Goldman, o ex-rei dos *Cruisers*, era um homem pálido e parecido com um duende em seus sessenta e poucos anos, fumando mesmo com seu câncer de pulmão de estágio quatro e grato por ter sido enviado para a prisão federal por vários anos no início dos anos 2000 por conta de drogas. "Salvou minha vida", disse ele, tossindo. Mas quatro décadas antes, ele ainda era um bom menino, bom demais para seu próprio bem, e as pessoas continuavam lhe dando oportunidades com as quais era, como ele mesmo admitiu, incapaz de lidar. Já vimos o que aconteceu na estalagem chamada Montana Eve, mas o restaurante mais completo conhecido como W.P.A. – que Tony chamou de *Work Progress* em *Kitchen Confidential* – é um caso ainda mais notável. Quando um trio de produtores teatrais de peças B comprou Montana Eve de Menschel e seus parceiros em 1980, os compradores poderiam ter visto a transição como uma oportunidade para retirar o não preparado Goldman de seu posto como chef executivo com a desculpa de que eles estavam começando do zero, como novos donos costumam fazer, mas, infelizmente, aqueles pobres empresários estavam tão perdidos quanto ele. Impressionados com a visão de Sammy ostentando um elegante lenço de chef e brandindo uma panela brilhante, eles o convidaram para ocupar o mesmo lugar nobre num lugar muito mais ambicioso que eles agora estavam adicionando ao seu pequeno e malfadado império de restaurantes. "Eu não estava de forma alguma preparado para aquele emprego no W.P.A.", Goldman confessou durante uma conversa via Zoom de duas horas, de sua casa em Pasadena. "E não perdi tempo, chamei meus amigos Tony e Alex [Getmanov] para que eles pudessem fazer todo o trabalho e eu pudesse receber todo o crédito."

Todo o crédito nunca seria muito, mas existem maneiras diferentes de medir o sucesso e Tony acabou chamando seu capítulo sobre sua experiência no W.P.A. de "Tempos Felizes". Michael Schnatterly, um jovem cozinheiro do restaurante que se tornou padre episcopal, disse-me: "Não trocaria aqueles dias por nada – não poderia ter tido uma vida melhor naquele momento". E isso só faz sentido visto que Goldman, Tony e Getmanov tinham camaradagem; liberdade criativa; cocaína; e, depois de certo ponto, heroína para desfrutar em porções consideráveis. A punição deles estava no horizonte, com certeza, como infelizmente sempre acontece em casos de excesso. Enquanto isso, todos eles estavam trabalhando duro e vivendo no ponto ideal ao qual às vezes você ouve os oradores se referirem com tristeza nas reuniões de Narcóticos Anônimos (NA).

"Todos os problemas que acompanham as drogas vieram depois", disse Goldman, que se tornaria um apoiador convicto dos Doze Passos do NA. "Talvez não estivéssemos tão focados em nosso trabalho quanto deveríamos, ou tão gentis e amorosos com outras pessoas em nossas vidas, mas nossos relacionamentos principais ainda estavam mais ou menos intactos e ainda tínhamos dinheiro. Não havia nada de ruim na heroína ainda." Como William S. Burroughs nos conta repetidamente (em livros que Tony – que sempre se esforçou para ver o lado literário do vício em drogas – constantemente empurrava para Goldman), se você quer ser um viciado, você tem que se esforçar. Até você começar a se sentir um pouco enjoado, e depois continuar, e continuar um pouco mais – até que, para o bem e para o mal, amigos + liberdade + pó de fada = diversão, diversão, diversão.

O que Goldman estava assumindo em 1980 era a segunda renovação do W.P.A. Quando o local abriu pela primeira vez na Spring Street, cerca de quatro anos antes, parecia um restaurante ultracaro que, de alguma forma, prestaria homenagem a uma agência do *New Deal* – dedicada a criar empregos em infraestrutura para americanos destituídos pela Grande Depressão. Ou talvez estivesse *zombando* da Works Progress Administration em vez de homenageá-la; provavelmente nem mesmo seus fundadores entenderam o quão irônicos e decadentes eles estavam tentando ser. O designer prodígio Ron Doud – que mais tarde ajudaria a criar o Studio 54 – pendurou as paredes internas com versões inferiores dos murais épicos que o governo FDR encomendou para homenagear os trabalhadores manuais e que ainda adornam os saguões e terminais de bancos e ferrovias. Diante dessas cenas sombrias e góticas de produção e plantação, sentava-se o tipo de comensal que um crítico de jornal descreveu como um "pesadelo esnobe e pretensioso artístico de smoking" cutucando desordenadamente, à luz de velas, seus pequenos pratos de comida extremamente alta. O W.P.A. abriu com uma explosão de publicidade paga e, quatro anos depois, fechou tão abruptamente que é incrível que Liza Minnelli e Halston não estivessem presos lá dentro. Os portões estavam fechados há vários meses quando Goldman foi convidado a entrar e criar uma Segunda Vinda digna do bairro moderno e sofisticado que o SoHo estava se tornando naquela época.

Todo o negócio de restaurantes estava à beira de uma mudança radical, como Tony foi o primeiro de seus amigos a descobrir. No dia em que ele apareceu no W.P.A. para a sessão inicial de estratégia dos três amigos, ele tinha uma mala em uma das mãos, uma lata de caviar na outra e notícias que ele mal podia esperar para compartilhar. Ele viera direto do aeroporto depois de passar uma semana na França com os pais, fazendo as visitas familiares aos parentes e algumas excursões paralelas, como nos velhos tempos, embora esta viagem, um presente tardio de formatura do Culinary Institute of America, teve a sensação agridoce de uma última valsa. Gladys e Pierre logo se separariam, levando os dois filhos ao que para algumas pessoas parecia um estado de desespero, o que era estranho considerando a idade avançada e os muitos anos de tensão conjugal que precederam a separação mais formal. Por enquanto, porém, Tony estava entusiasmado com as coisas surpreendentes que vira acontecer na França e, pela TV e jornais impressos, em toda a Europa. "Vocês não vão acreditar nisso", Goldman se lembra dele dizendo, enquanto ainda entrava, com sua mala, pelas portas do W.P.A. "Eles tratam chefs *como a porra de estrelas de rock* lá! Eles são como deuses na França e em toda a Europa. Chefs — *chefs, caralho!* — estão em todas as estações de TV, em todos os jornais; eles endossam produtos, dão entrevistas, as pessoas pedem autógrafos!"

Essa coisa de chefs como estrelas do rock é uma notícia velha agora, mas a descoberta de Tony vinha em um momento em que a revolução gastronômica ainda não havia acontecido na América e sensações futuras como Jan Birnbaum, de San Francisco, ainda evitavam viajar para o trabalho em seu uniforme "ou qualquer coisa que me fizesse parecer um cozinheiro", porque sentiam vergonha de sua profissão. Se uma mulher atraente perguntasse o que ele fazia da vida naquela época, Alain Sailhac, que mais tarde se tornaria o chef de cozinha do Le Cirque em Nova York, diria a ela que era garçom, porque sabia que isso soava mais impressionante do que a realidade. "Os chefs não eram renomados ou celebrados", disse o escritor de culinária Andrew Friedman em sua divertida história da época, *Chefs, Drugs and Rock & Roll*. "Na melhor das hipóteses, eles eram considerados artesãos." Em um episódio do podcast *Eater Upsell*, de 2016, com Amanda Kludt e Daniel Geneen, Tony disse que "não havia chefs com quem alguém quisesse transar antes de Jeremiah [Tower] e Marco [Pierre White]" aparecerem e mudarem toda a percepção de como um chef deveria ser e se comportar. Antes deles, ele disse, "a nossa imagem de um chef era desse homem servil, atarracado, provavelmente italiano, torcendo o bigode que aparecia de repente à mesa. 'O que o senhor gostaria? Senhor, eu farei qualquer coisa pelo senhor. Suas almôndegas *picantes*.' E a última pessoa de quem você queria uma opinião, era do chef. Eles eram as pessoas dos bastidores."

Para Goldman (que admitiu ainda não entender o fenômeno), a empolgação de Tony simplesmente não fazia sentido. "Lembro-me de virar para Alex Getmanov e dizer: 'Isso é conversa maluca. Acho que ele bateu a cabeça.' Quero dizer, era como se fôssemos um escritório cheio de contadores e ele estivesse nos dizendo que em outro país, do outro lado do oceano, contadores são superestrelas e estão fazendo concursos e reality shows sobre eles. Teria sido como acreditar nisso."

Mas mesmo que Tony não estivesse exagerando ou, mais uma vez, sendo o cara totalmente entusiasmado, o que esse desenvolvimento significava para ele e seus compadres? Sua excitação parecia sugerir que ele achava que suas vidas estavam prestes a mudar para melhor por causa do que ele tinha visto na França – mas quem iria tratá-los como estrelas do rock? Poderiam os chefs cozinharem-se em um estado de celebridade do tipo Jim Morrison ou Mick Jagger? Como esse fenômeno funcionava? O próprio Tony não tinha respostas imediatas, apenas uma ideia vaga – e um tanto vã, que carregava há algum tempo – de que queria, por motivos pessoais e profissionais, ser mais do que apenas o homem das almôndegas picantes; ele queria ser uma espécie de chef *plus*; mais precisamente, o chef que daria novos significados para a palavra "*potboiler*"". Escrever há

---

* NT: não há um termo similar em português. Potboiler seria um trabalho artístico que é feito não pela qualidade, mas sim pelo dinheiro. Dentro do contexto, Tony queria criar alguma forma de arte para se colocar como celebridade – o que ele eventualmente conseguiu.

muito era, pelo menos, sua vocação, e produzir romances e contos parecia uma maneira lógica de satisfazer seus impulsos criativos e se distinguir da multidão de cozinheiros que constantemente chegava ao mercado de trabalho, mesmo que apenas por causa de sua própria autoimagem. Se seus esforços literários rendessem alguns royalties e sua reputação como chef-escritor atraísse alguns clientes curiosos para seu restaurante do momento, melhor ainda.

Mas o que ele tinha visto acontecer na França o fez repensar tudo isso. Se as pessoas iam colocar os cozinheiros na mesma categoria dos deuses da guitarra, faria mais sentido, e seria mais divertido, ele raciocinou, deixar de escrever por um tempo e, em vez disso, atrelar sua carroça a outra de suas paixões de longa data: rock and roll. Mas como isso funcionaria, já que ele não tocava nenhum instrumento musical e não sabia cantar? Sem pensar direito, ou até mesmo quase sem pensar, ele criou um plano, ou mais provavelmente uma intenção, de criar um tipo de alquimia que, de alguma forma, fundisse a culinária com a música punk raivosa de que ele tanto gostava. Em sua mente, ele podia apenas ver os fãs fazendo fila do lado de fora de seu local de trabalho, como fizeram no CBGB e no Mudd Club, mesmo que ele não pudesse completar essa visão imaginando o que poderia estar acontecendo dentro desses locais para justificar a empolgação das pessoas. Culinária e música podem acontecer simultaneamente, claro – na primeira versão do W.P.A. eles tocavam *"Brother, Can You Spare a Dime?"* e outras músicas da época da Depressão no sistema de som enquanto as pessoas comiam fatias de torta de maçã à la mode por US$ 10 –, mas o bom senso nos diz que culinária e música combinam tão perfeitamente quanto culinária e hóquei, ou hóquei e existencialismo, ou literatura espanhola e sua mãe. Como você poderia se tornar o equivalente culinário dos Ramones?

O fato de você não conseguir não impediu Tony de tentar e incitar seus parceiros a fazerem o mesmo. Enquanto percorriam a cidade, recrutando ajuda para o W.P.A., eles disseram a Schnatterly e aos outros que estavam montando um grupo estelar de trabalhadores da cozinha, "mais ou menos como Blind Faith", que revolucionaria a cena gastronômica da cidade de Nova York. "A visão deles do lugar", disse Schnatterly, com um eufemismo protestante, "era um tanto grandiosa". Para o bem ou para o mal, eles acreditavam em suas próprias besteiras, não apenas sobre a culinária rock and roll, mas sobre sua força inovadora. Os três se enxergavam, disse Goldman, "como a próxima geração de cozinheiros, que criariam pratos com os quais ninguém havia sonhado, comida que nos levaria ao futuro". Ou, como Tony disse em *KC*: "Nós nos imaginávamos os jovens turcos mais experientes e conhecedores da cidade."

O fato de eles concordarem até nisso parece surpreendente, já que eles brigavam sobre quase todo o resto, especialmente sobre a questão central de o que serviriam. Goldman lembrou como: "Estávamos todos fodidos com álcool e drogas e tínhamos essas discussões acaloradas sobre que tipo de comida teríamos e como fazer cada prato da maneira correta. Cada um de nós estava segurando um livro diferente de Escoffier, que brandíamos como uma arma enquanto insistíamos que a *verdadeira* receita para o que estávamos lutando estava *aqui*!" Suas batalhas nunca se tornaram muito pessoais, ou, Deus me livre, físicas; os meninos sempre se uniam novamente, mesmo com a sugestão ou indagação mais hesitante de um dos proprietários do restaurante, em um revirar de olhos em grupo que aliviava a tensão. No final, porém, os autodenominados figurões não criaram nada que pudesse ser chamado de inovador no bom sentido.

Em um episódio de 2007 de *No Reservations*, ambientado em Los Angeles, Goldman, recém-saído da prisão e trabalhando como vendedor de carne, conversou com Tony sobre os bons e maus velhos tempos e relembrou a miscelânea pretensiosa e tudo menos vanguardista que era o grande menu noturno de reabertura do W.P.A.:

bife Rossini (uma mistura de carne, foie gras e trufas atribuída ao chef Marie-Antoine Carême, que morreu em 1833); macarrão com frutas secas e anchovas; e vieiras de vitela com calvados ("que a revista *Nova York* destruiu"). Eventualmente, o cardápio se tornaria o que Tony chamou em *Kitchen Confidential* de "os maiores sucessos de nossas carreiras quadriculadas até agora", que no caso dele era o ensopado de lula à portuguesa que ele aprendeu a fazer em Provincetown, a salada de tomate de sua tia e "o pudim de leite da minha mãe." Qualquer coisa inovadora e realmente saborosa servida no W.P.A. era provavelmente roubada de outro restaurante ou de um livro de culinária.

Goldman e Tony eram cozinheiros técnicos de primeira linha (com o primeiro geralmente reconhecido como o superior), mas nenhum dos dois tinha muita imaginação culinária. "Francamente, fiquei surpreso que, considerando o quão bom ele se tornou em escrita de não-ficção e televisão, Tony carecia de criatividade como chef", disse Goldman. Seria difícil dizer o que foi mais prejudicial para o sucesso do restaurante: os frequentes períodos de inatividade de Tony ou seus ocasionais *brainstorms*. Entre seus pontos baixos estava uma invenção do grupo que eles chamaram de lagosta napolitana, que era na verdade uma adaptação de um prato popularizado por Patrick Clark, o brilhante chef do Odeon na West Broadway: lagosta com molho de baunilha. "A versão de Patrick era deliciosa", disse Goldman, "apenas uma pitada de baunilha no molho de manteiga, uma ideia clássica vinda da *nouvelle cuisine* na França. Mas isso nos levou a pensar, sabe, se baunilha é tão bom, por que não chocolate e morango também – e tudo de uma vez? Tínhamos certeza de que todos falariam sobre isso e que isso nos colocaria em todos os jornais. No final, recebemos apenas uma crítica em que o cara disse: 'Pior ideia de todas', e ele estava certo."

Bem, talvez ele estivesse e talvez não; no W.P.A, a competição por esse título era acirrada. Considere um empreendimento derivado que Tony tentou lançar quase na época em que o restaurante estava abrindo – uma espécie de empresa de catering rock and roll que ele chamou de *Kitchen Confidential* (foi a primeira vez que usou o nome). No arquivo de coisas de sua juventude mencionado anteriormente, que ele mantinha em seu laptop, encontrei esta missão datilografada:

Kitchen Confidential não é uma sociedade secreta para olhos privados famintos, embora nas palavras de seu líder, Anthony Bourdain, seja uma conspiração.

Imagine, se puder, essa estranha situação: Anthony Bourdain, um chef de considerável mérito, surge da cozinha. Ele tem 25 anos e usa um walkman que está tocando música atonal em seus ouvidos. Como a força motriz por trás da *Kitchen Confidential*, ele dá o tom, que descreveria como "uma aliança obscura de talentos freelancers caros que planejam mudar para sempre a opinião amplamente difundida de que os chefs são velhos, feios, bêbados e não deste continente."

O plano: além de criar boa comida nos restaurantes onde os membros da *Kitchen Confidential* reinam com seus "punhos de ferro", *KC* tem planos de ir a um clube ou a uma recepção à imprensa e, por uma quantia predefinida, oferecer um banquete "completamente escandaloso"; um almoço "elegante"; uma festa tradicional do século XIX, ou um evento apocalíptico de puro excesso gastronômico.

Por que clubes de rock and roll? Porque esses jovens acreditam que esse tipo de ambiente é o que eles mais gostam e entendem. Como o horário de trabalho de um chef deixa esses heróis na rua em busca de diversão bem na hora em que os clubes de rock and roll começam a bombar, parece bastante lógico que eles passem o tempo escorados nos bares do Mudd, Danceteria ou Ritz, relaxando e absorvendo a atmosfera. Afinal, quando não estão em suas roupas de chef, eles não apenas entendem essa multidão desnutrida, mas também se misturam a ela. Não demorou muito para que suas mentes empreendedoras percebessem que tinham uma habilidade que poderia aprimorar o que esses clubes já excelentes estão fazendo para manter os jovens da América longe das ruas e da prisão.

Talentos especiais identificados:

Anthony Bourdain: organizador conceitual pesado. Culinária rápida, em qualquer estação. Especialidade: francês clássico, regional americano, banquete profissional.

Alexej Getmanov: mãos de um milhão de dólares. Conhecimento sério em culinária francesa, alemã, italiana e russa. *Garde-manger* fenomenal. Dez anos em Cape Cod. Educado no Bavarian Hotel School.

Sam Goldman: dá os melhores telefonemas. Encontra os produtos necessários. Bom em *nouvelle*, francês, americano/Nova Inglaterra. Trabalhador vigarista.

Michael Schnatterly: *garde-manger*, sauté. Coringa de todas as estações. Melhor fatiador de comida fria de Nova York.

John Verga: especialista em molhos. Nenhuma informação disponível.

Variações dessa mensagem apareciam em folhetos que os diretores distribuíam nos clubes do centro da cidade e colavam sobre avisos "Não postar folhetos". Tony também decidiu que ele, Goldman e Getmanov deveriam contribuir cada um com US$ 200 para que pudessem contratar um fotógrafo da *Rolling Stone* para tirar retratos glamorosos em grupo, no estilo capa de álbum, deles em suas roupas de chef, para serem incluídos em um kit de imprensa. Eles pelo menos conseguiram algumas fotos decentes pelo seu dinheiro, uma das quais Tony usou vinte anos depois na capa da primeira edição internacional do livro *Kitchen Confidential*. Mas na época, mesmo seus companheiros mais próximos no W.P.A. tiveram dificuldade em entender a visão dele detalhada no folheto. "Acho que fizemos a sessão de fotos apenas para calar a porra da boca dele", disse Goldman. Quanto aos bares, clubes e outros locais de música que eram seus clientes em potencial, eles também não entendiam o que ele queria dizer com esse negócio de catering rock and roll ou ficavam desanimados com o tom arrogante do material promocional.

De qualquer forma, o serviço de catering *Kitchen Confidential* nunca conseguiu seu primeiro cliente.

Os negócios no restaurante não eram tão ruins, pelo menos no começo, apesar da escassez de opções de menu atraentes e da imprensa pouco entusiasmada (Goldman lembrou-se de Mimi Sheraton, do *New York Times*, escrevendo "algo sobre jovens chefs de Nova York usando arrogância para encobrir a falta de habilidade – o que tomei como uma referência para nós"). Talvez alguns membros do público de jantar tenham se sentido atraídos pela estranha energia que a cozinha do W.P.A. emanava. Em *KC*, Tony lembrou como eles começavam cada turno da noite tocando a trilha sonora de *Apocalypse Now*, um dos filmes favoritos de todos os tempos de Tony, no sistema de alto-falantes. E quando Jim Morrison começava a cantar: "*This is the end, my brand-new friend... the end*", alguém jogaria um fósforo no fogão encharcado de conhaque, "fazendo com que uma enorme bola de fogo semelhante a napalm subisse para os exaustores." Embora ainda não conseguissem fundir música e, digamos, ostras Mitcham, um prato de sua invenção que batizaram com o nome do amplamente lamentado sultão dos frutos do mar de Provincetown, eles estavam se divertindo.

"Todos nós trabalhávamos usando walkman de fita cassete muito alto", disse Schnatterly. "Os Ramones e os Ventures eram muito importantes para Tony, e se uma música surgisse no meio da correria que o deixasse realmente empolgado, ele desconectava meus fones de ouvido e os colocava em seu walkman, então eu poderia curtir a mesma música. Havia muito pouca comunicação verbal porque, se você quisesse falar com alguém, tinha que tirar os fones de ouvido, então gesticulávamos e apontávamos muito." De vez em quando, Tony chegava o mais perto possível de dançar em público. "A ideia", explicou Schnatterly, "sempre foi tirar o máximo de alegria possível deste dia e então, bem, amanhã é outro dia".

Não era *apenas* uma grande festa, graças principalmente às lições que Tony aprendeu com o Sistema Pé Grande. "Lembro-me de Tony sentar comigo no início e dizer como o negócio de restaurantes é apenas isso, um negócio com N maiúsculo, e tínhamos que lembrar que não poderíamos ser descuidados", disse Goldman. "Foi isso que ele aprendeu com Andy Menschel." Todos os que trabalhavam lá receberam a mensagem de que o novo W.P.A., por mais estudiosamente doido que pudesse parecer, tinha regras e padrões que você poderia ser demitido por violar. Os funcionários tinham que chegar ao trabalho pelo menos 45 minutos antes da abertura das portas e todos os cozinheiros tinham que manter um *mise en place* organizado. "Tratava-se de estar arrumado, limpo e bem abastecido durante a correria noturna", disse Schnatterly. Se um fornecedor tentasse enchê-los com produtos murchos ou peixe estragado, Tony usava a mesma tática de retaliação que Menschel usava em tais situações: ele deixava o motorista descarregar todo o pedido e carregá-lo até o interior antes de dizer a ele para pegar e levar tudo de volta para onde viera. Nunca um mesmo fornecedor tentou ferrar com eles duas vezes.

Ainda assim, de modo geral, "disciplina" não tinha o mesmo significado no W.P.A. como em outros lugares. Com o pleno conhecimento e consentimento da administração (ou seja, basicamente Tony e Sam), a maioria dos funcionários da cozinha passava suas horas de trabalho ocupada ingerindo pílulas e poções ilegais com copos de vodca pura. O desafio, como Tony explicou uma vez, era

Miserável no Paraíso

"superar" a sensação de embriaguez para mostrar que eles poderiam fazer o que tinha que ser feito em condições abaixo do ideal. Se você não é jovem, homem e estúpido, pode não entender isso, mas fazia todo o sentido para eles. "Em meio à névoa das drogas", Schnatterly me disse, alguns dias depois de se aposentar como pároco, "acho que fizemos um trabalho incrível". E *depois* do trabalho? Era quando os patrões estouravam a champanhe Cristal e pegavam a cocaína e, com alguma ajuda feminina, encontravam uma maneira de descontrair ainda mais. Schnatterly acredita que a cocaína, pelo menos inicialmente, era vista como tendo supostos propósitos medicinais. "Estávamos muito cansados o tempo todo e essa era a droga que acreditávamos estar aumentando nossa capacidade de manter as coisas em ordem e continuar produzindo a comida." Em pouco tempo, porém, eles perceberam que precisavam de algo para aliviar o efeito da cocaína, para que pudessem dormir pelo menos algumas horas depois de voltarem para casa ao amanhecer. E assim começou a jornada de heroína; ou, pelo menos, a de Schnatterly.

Embora tenham começado quase exatamente ao mesmo tempo, cada membro do W.P.A. que se envolveu com a droga abordou isso de uma perspectiva diferente. Schnatterly era o doce e infeliz hippie que veio de Ohio para ter uma carreira de ator e que conseguia ser assaltado a cada poucas semanas nas ruas de Manhattan; ele nunca foi além de cheirar heroína ocasionalmente e, portanto, teve uma experiência mais benigna do que Sam e Tony, que logo começaram a injetá-la. Goldman disse que, para ele, "injetar fazia parte de uma progressão lógica" – apenas uma questão de tempo e oportunidade, um desenvolvimento tão inevitável quanto o pôr do sol. Quanto a Tony, ele também vinha subindo na escala de substâncias cada vez mais fortes e exóticas; mas para ele, um aspirante a viciado que sempre quis ir mais longe e mais rápido, ficar viciado em heroína foi a realização de um sonho de quase toda a vida. Isso significava que ele finalmente reuniu coragem para se juntar à fraternidade dos ídolos aparentemente viciados – como Burroughs, Lou Reed, Iggy Pop, Chet Baker e Hunter Thompson, para citar alguns – que ele imitava, de uma forma ou de outra, desde a escola primária. Ele confessou em pelo menos uma ocasião que sua emoção predominante quando chegava ao estado de drogado não era medo ou excitação, mas orgulho. "Vou contar uma coisa vergonhosa", disse ele em 2014, quando se juntou a um grupo de apoio para um episódio de *Parts Unknown* em Massachusetts. "A primeira vez que senti [o enjoo de estar chapado], olhei no espelho e sorri."

Corta para Ramones. Não seria muito errado pensar na vida de Tony como uma performance. Ele costumava dizer que odiava a palavra "autêntico" – suas quase duas décadas de viagens pelo mundo o ensinaram a futilidade de lutar pela versão pura de qualquer coisa –, mas em um nível pessoal, autenticidade, no sentido de ser a coisa real e não um fingidor, foi sua preocupação ao longo da vida. Ele queria mostrar ao mundo não quem ele era no fundo, mas quem ele preferia ser: o cara levemente (como Lady Caroline Lamb disse sobre Lord Byron) "louco, mau e perigoso" do centro da cidade; o cara que no episódio de Hong Kong de *The Layover* diz ao alfaiate: "Faça para mim um terno que minha mãe odiaria"; um verdadeiro fodão com cicatrizes de batalha. Daí, aos vinte anos, as drogas pesadas e, no final da meia-idade, a infinidade de tatuagens. Daí a incapacidade de se desvincular do rolo compressor da televisão que o transformou em Anthony Bourdain. Claro que ele dizia, em tantas palavras, "Eu não sou tão legal assim" e zombava de si mesmo de uma forma que podia parecer minar sua resistência, mas não é exatamente isso que um renegado controlado faria?

Goldman lembra, ainda que um tanto imperfeitamente, como eles cruzaram a fronteira para a terra da heroína – que foi, como se viu, praticamente da mesma maneira que jovens idiotas com placas de Nova Jersey fazem há décadas. "Foi uma noite depois de fecharmos, estávamos todos saindo para um bar e alguém disse: 'Vamos comprar heroína.' Demos uma volta pelo Lower East Side em meu pequeno VW Rabbit vermelho, mas não sabíamos para onde ir, não sabíamos onde procurar, então desistimos e fomos para casa e acabamos não conseguindo até alguns dias mais tarde." Longa pausa enquanto o Chef Sam olhava para o teto. Uma condição que ele chamou de "cérebro de quimioterapia" estava dificultando o foco. "Acho que estava chovendo."

Capítulo 9

Uma noite fria e escura, você disse? Um para-brisas marcado de chuva? Figuras sombrias nas portas? *Perfeito!* Era assim que Tony, em 1981, queria perder sua virgindade de heroína – como se estivesse em um dos primeiros filmes de *blaxploitation** com Curtis Mayfield ou Bobby Womack fazendo sermões na trilha sonora. Se você pudesse comprar drogas na Macy's, ele nunca teria ficado viciado. Ele estava lá principalmente pela atmosfera, esperando que alguém o notasse lá fora no asfalto molhado, através da névoa. Era o jeito dele. "Tony tinha essa coisa de fingir que estava vivendo cenas de filmes", disse-me o chef de Montreal Fred Morin, que apareceu em um episódio de *No Reservations* e dois de *Parts Unknown*. "Ele era obcecado por filmes e inseria um milhão de referências de filmes em seus programas de TV, mais do que qualquer um jamais poderia entender, mas o que muita gente não sabe é que ele também fazia isso em sua vida real. Ele imaginava que era o ator principal, mas ao mesmo tempo era, em sua mente, uma espécie de diretor que queria selecionar todos os detalhes de uma cena – o que todos comiam, os móveis, as roupas, a música que eles escutavam..."

---

* N.E.: Movimento cinematográfico norte-americano que surgiu no início da década de 1970 com filmes protagonizados e realizados por atores e diretores negros.

Morin estava falando sobre Tony por volta de 2007, uma época em que ele convidava um grupo de amigos cuidadosamente pensado para ir a Miami; colocava-os todos no exagerado art déco Raleigh Hotel; e depois organizava uma festa à beira da piscina da mesma forma que um designer de produção de Hollywood faria. Quando ele decidia que tudo estava do jeito que ele queria, ele entrava em cena – que era sua maneira de dizer "Ação!" e que sinalizava que todos os "extras" poderiam então começar a relaxar em seus trajes de banho vintage enquanto fumavam cigarros, bebiam cerveja e conversavam. Era um pouco estranho, mas divertido. Tony adorava tudo no Raleigh Hotel – que era um amontoado decadente de glória tropical desbotada, que o concierge se chamava Crispy. A essa altura, esse era o fetiche de um homem rico e famoso que ele podia se permitir. Mas o interesse obsessivo de Tony por filmes e seu desejo de viver dentro deles (não tão incomum se você pensar no que toda criança em um cinema escuro está pensando) não eram menos fervorosos quando ele tinha vinte e tantos anos e era forçado a aceitar os cenários que a vida lhe dava. O Lower East Side – com sua paisagem ultraurbana (Richard Price, em seu livro *Vida Vadia:* "lanchonete de falafel, clube de jazz, clube de gyro, esquina. Escola, creperia, imobiliária, esquina. Cortiço, cortiço, museu de cortiço, esquina") – empolgava o caçador de locações interno de Tony.

Depois que ele e Goldman não conseguiram fazer uma conexão em sua primeira incursão, Tony ficou encantado em voltar várias vezes na mesma semana para procurar mais pessoas que lhe vendessem Body Bag ou Toilet ou uma das muitas outras "marcas" de heroína embalada especificamente para garotos brancos tontos como ele. No fim das contas, Tony usaria a droga pela primeira vez sozinho, em um cortiço destruído em Rivington (a rua que, como cinéfilo, ele provavelmente sabia que figurava com destaque em Cárceres sem Grades, um filme de 1957 sobre um viciado em morfina), mas em algumas semanas ele e Goldman estavam ambos usando e, em algumas semanas, haviam progredido para injetar, irmãos de braços marcados.

"Acho que não dei a Tony sua primeira heroína, mas digamos que fizemos muito disso juntos no início", Goldman me disse. A dependência da droga era exatamente como William S. Burroughs havia prometido que seria: o lixo não era um "momento" tanto quanto era "um modo de vida" que eles logo assimilaram, uma tarefa que faziam duas ou três vezes por dia, outro trabalho em seu dia. "Nossa vida no restaurante entre as 17h e o início do serviço de jantar envolvia juntar dinheiro e descobrir qual ajudante de garçom ou lavador de pratos poderíamos enviar para o outro lado da cidade, para que pudéssemos passar pelo turno do jantar", Goldman explicou. Ele quis dizer passar pelo turno do jantar sem vomitar. Burroughs também comentou, em seu livro *Junky*, que a heroína afetava seus usuários de maneiras às vezes surpreendentes – e tanto Nancy Putkoski, que começou a usar a droga ao mesmo tempo que Tony, quanto Goldman disseram que, para eles, o vício era, pelo menos nos estágios logo além do ponto ideal mencionado anteriormente, um pé no saco, mas não o fim do mundo.

"Parece muito sombrio olhando para trás", disse Putkoski, "mas, quando você está vivendo, é apenas a sua vida. Você passa por ela." Goldman me disse que "as pessoas sempre ficam surpresas quando digo que fiz o meu melhor trabalho, que ganhei minhas estrelas do *New York Times*, enquanto usava heroína. Mas eu reajo às drogas de maneira diferente da maioria das outras pessoas – diferente, por exemplo, de Tony."

Tony definitivamente não fez o seu melhor trabalho usando heroína. Enquanto ele romantizou até o fim – no último episódio regular de *Parts Unknown* –, a cantora e poetisa Lydia Lunch se sentiu obrigada a interromper seu devaneio nostálgico sobre o Lower East Side, no início dos anos 1980, para apontar: "Tony, aqueles eram os velhos tempos *ruins*" – ele teve que admitir nos últimos anos que as drogas pesadas afetaram seu julgamento profissional, e talvez o de seus colegas também, apenas um pouquinho mais do que eles gostariam de admitir. "Nós nos comportamos como um culto de maníacos", disse Tony em 2015, quando questionado sobre o W.P.A. "Pensamos que éramos gênios criativos e criamos um menu muito centrado no chef, que não era o que o público queria. Estávamos cozinhando além do que sabíamos fazer. Não era uma operação profissional. Eu gostava da vida que vinha com ser um chef. Eu estava transando, estava me drogando, estava me divertindo. Eu não tinha autocontrole. Eu não me negava nada. Eu não tinha bússola moral. Ajudamos a levar o lugar à falência em pouco tempo." Na verdade, o W.P.A. não faliu em pouco tempo. Como os proprietários tinham toneladas de dinheiro para desperdiçar, a segunda renovação durou quase quatro anos – embora cerca de dezoito meses após a inauguração, os meninos estrearam um brunch de fim de semana no estilo de Nova Orleans completo com uma banda Dixieland (de jazz tradicional), algo que é universalmente reconhecido no ramo de restaurantes como a bandeira branca da rendição. Tony faria sua saída logo depois disso, deixando Goldman e Getmanov seguirem em frente sem ele, ou pelo menos sem sua presença diária – ele manteve contato.

Tony reconsideraria o que a experiência no W.P.A. significou para ele várias vezes ao olhar para o passado. Ele começou muito positivo sobre o lugar; como comentei, seu capítulo sobre o "Works Progress" em *Kitchen Confidential* era chamado "Tempos Felizes". Mas em 2013, quando a *Ecco Press* publicou a *Insider's Edition* do livro que lhe permitiu inserir notas nas margens, ele escreveu na página de abertura do mesmo episódio supostamente otimista: "Foi aqui que tudo começou a dar errado de várias maneiras." Após uma reflexão mais aprofundada, não é difícil ver por que ele se sentiu assim: o W.P.A. foi para ele uma porta de entrada para um longo período de dependência de drogas e, como o abuso de substâncias tende a achatar a trajetória de uma carreira, de o que pode ser generosamente chamado de deriva profissional. Mas sua ponderação não parou por aí, e alguns anos depois ele mudou de ideia novamente, dizendo que sua aventura no W.P.A., afinal, tinha sido uma coisa boa – precisamente por causa do triste caminho em que o colocara. "Se eu não soubesse o que era foder com tudo – realmente foder com tudo – e passar anos cozinhando brunches em restaurantes baratos e sem fama pela cidade", escreveu ele no *Medium Raw*, "aquele livro de memórias detestável, mas extremamente bem-sucedido, que escrevi não teria sido nem um pouco interessante." Muito possivelmente – mas ao sugerir que no final tudo deu certo, Tony cometeu o mesmo erro que Willie Shoemaker cometeu a bordo do Gallant Man no Kentucky Derby de 1957: ele soltou as rédeas cedo demais. Tony ainda não estava no final quando escreveu isso em 2010. Aos cinquenta e cinco anos, ele ainda tinha muito tempo para foder com tudo, e quando meia dúzia de anos depois ele fez exatamente isso, ele ainda teve tempo para foder ainda mais pensando que tinha já fodido irrevogavelmente – uma percepção errônea que fez com que ele buscasse uma solução permanente para o que poderia muito bem ter sido considerado um problema temporário. Pelo menos o Shoemaker errou a linha de chegada aquela única vez.

Uma coisa genuinamente positiva que aconteceu no W.P.A., apesar de tudo, foi que Tony finalmente amadureceu um pouco. Ele certamente começou a ficar confortável em suas características grandes e esguias, de membros desengonçados, e tornou-se, também considerando a sua habilidade de fazer cabeças girarem em um bar (enquanto ele falava sobre coisas que aconteceram e pensamentos que lhe ocorreram nas últimas vinte e quatro horas), cada pedacinho da presença dominante que Goldman sempre foi. Quando o lugar abriu, "Sam ainda era o cara que você queria ser", Schnatterly me disse. "Ele era o melhor chef e tinha as namoradas.

Eu certamente não queria ser Tony Bourdain." Mas quando Tony mudou-se para o Chuck Howard's, a boate do distrito de teatros, onde conseguiu seu primeiro emprego como chef executivo, em 1982 (que ele chama de Tom H's em *KC*), a mudança aconteceu e Schnatterly (e eventualmente Getmanov) foi com ele.

Tony, ainda no W.P.A., também finalmente desembaraçou seus pensamentos sobre música e como ela pode ou não ser empregada em justaposição com comida. No momento em que o brunch de Nova Orleans começou, misturas como Louis Armstrong e Crab Louie, Po'boys e Pet Shop Boys permaneceram conceitos discretos em sua mente. Com o tempo, ele ficou envergonhado de como uma vez misturou tanto música e comida. Ele não fez nenhuma referência à *Kitchen Confidential*, a empresa de catering de rock and roll, no livro de mesmo nome ou em entrevistas posteriores – e em 2016, durante aquela conversa no podcast *Eater Upsell*, chegou a denunciar alguns de seus colegas chefs por pensar com muito mais clareza sobre as possibilidades de ser uma celebridade do que ele jamais pensara antes. "[Cozinheiros] nunca foram estrelas do rock", disse ele. "Acho que qualquer um que levou isso a sério está realmente em perigo. Se algum de nós pensou que poderíamos ter sido estrelas do rock, ou se qualquer um de nós pudesse tocar guitarra, com certeza não estaríamos cozinhando. Cozinhamos porque não havia mais nada para nós, na maioria das vezes." Desprezando um recente ressurgimento da noção, ele falou de um "comportamento delirante" que ignorava "a própria natureza do negócio, que é a repetição opressiva. E se você não consegue se submeter a uma vida onde o primeiro requisito é a consistência na repetição, então você vai ser um chef de merda." Tony, apesar de seu cérebro hiperativo e baixo limiar de tolerância ao tédio, nunca teve problemas para lidar com a natureza repetitiva da culinária e estava feliz por ser conhecido como o mercenário de mão fria que poderia trazer consistência à cozinha mais desordenada. Mas, por questões de autoestima, ele nunca poderia ser apenas isso. É por isso que, quando ele viu sua conexão com a música pelo que era, ele voltou sem hesitar à ideia de seguir uma carreira paralela como escritor – e não apenas um velho traficante de fatos, veja bem, mas um escritor de ficção, que naqueles dias ainda era claramente o principal objetivo de qualquer um que mexesse com as palavras. A beleza desse objetivo, quando comparado ao musical, era que era teoricamente atingível – embora na realidade houvesse um pequeno problema.

De uma história não publicada de meados da década de 1980 de Tony, intitulada *Ace Woke Up*:

Ace acordou em uma sala com paredes brancas, um bebedouro, uma tela de cinema e duas gaiolas. Em uma gaiola, estava um homem. Em uma gaiola, estava um gato. Uma voz veio por trás da tela.

"Ace, aqui quem fala é Mestre Glândula. Por favor, preste atenção aos dois compartimentos a sua frente."

A gaiola encheu-se de gás. O homem lá dentro começou a cagar e mijar e depois vomitou e vomitou e rolou incontrolavelmente na bagunça, fazendo barulhos engraçados. Então ele teve uma ereção e morreu. A gaiola do gato encheu-se de gás. Ele começou a guinchar, depois pareceu dormir e morreu.

"E agora veja isso!", disse a voz. Na tela, reprises em câmera lenta do que Ace acabara de ver, repetidas vezes.

DING, DING, DING

De um conto sem título e não publicado, escrito por Tony na mesma época:

Ela o encontrou na porta em um conjunto de fantasia de lingerie rosa pastel, ligas, espartilho, tudo. Esta mulher de aparência fabulosa, longos cabelos negros, corpo de revista masculina, maçãs do rosto clássicas, estava lá, resplandecente em roupas íntimas que ele sabia que tinham a intenção de inflamar e cativar. Certamente parecia que qualquer homem normal teria se beliscado para ver se estava sonhando. Inegavelmente, Kathy chamava a atenção sempre que entrava em uma sala. No entanto, de alguma forma (e não era a droga), o gesto teve o efeito oposto. Ele se sentiu... ofendido... ofendido por ela pensar que ele se encantava por tais estímulos onipresentes. Constrangido, sentindo-se culpado por sua visível falta de entusiasmo, ele mentiu. Deslizando uma mão ao redor da base de sua espinha.

"Você está deliciosa."

"Você também." Ela sempre dizia coisas assim.

A escrita de ficção inicial de Tony nem sempre foi tão horrível e, às vezes, era até boa, mas raramente quebrava o plano do medíocre. O escritor Joel Rose ainda se lembra de ter ficado inicialmente desapontado com o que deslizou para fora de um envelope pardo que trazia o endereço do remetente com carimbo de um certo Anthony Bourdain: um manuscrito do que hoje seria chamado de *graphic novel*, mas que na época ainda era uma história em quadrinhos. Rose e sua então esposa, Catherine Texier, dividiam um quarto andar sem elevador na East Seventh Street naquela época; e, além dos romances e poesias que escreveram, eles foram parceiros na edição de uma publicação literária trimestral que começaram em 1983, chamada *Between C & D*, nome das avenidas que margeavam seu quarteirão no Lower East Side. A revista, que competia com títulos como *Bomb*, *Redtape* e *Benzene*, publicou jovens em ascensão como Kathy Acker, Gary Indiana, Emily Carter e Tama Janowitz e tornou-se – Rose me disse quando visitei seu apartamento atual no início de 2020 – "uma sensação imediata". Ele quis dizer uma sensação pelos padrões trimestrais literários caseiros. Em vez das setenta e cinco cópias que inicialmente pretendiam produzir na pequena impressora matricial de Rose, ele e Texier logo estavam vendendo seiscentas e lidando com o recebimento crescente de originais.

Em sua declaração de propósito, publicada na primeira edição, o casal havia prometido oferecer conteúdo "corajoso, urbano, às vezes irônico, às vezes corajoso, erótico, violento ou inexpressivo e não sentimental em vez do normal de 'sensível' ou 'psicológico'" Resumindo, *Between C & D* parecia feito sob medida para o escritor que Tony Bourdain queria ser.

A história em quadrinhos de Tony era muito sobre o que foi sua ficção juvenil: um jovem chef procurando drogas desesperadamente nas ruas do centro de Manhattan. Seus contos naquela época tendiam a ser extremamente autobiográficos ou ambientados em Plutão, em um futuro distante, o que quer que fosse necessário para ser publicado – não que qualquer um desses primeiros trabalhos tenha sido. "Para simplificar", disse Tony em sua nota para Rose, "meu desejo por ser impresso não tem limites. Embora eu não resida no Lower East Side", observou ele, "no passado recente desfrutei de uma familiaridade íntima, embora debilitante, com seus pontos de interesse". (Estaria ele lendo A. J. Liebling, um de seus autores preferidos de todos os tempos? Parecia.) Rose não tinha ideia de quem era Anthony Bourdain e achou que os desenhos eram "uma droga", mas que a escrita era relativamente promissora – "Tony foi, desde o início, um contador de histórias talentoso", ele me garantiu – e Rose escreveu de volta para Bourdain para transmitir suas reações mais positivas. Uma semana depois, a campainha de seu apartamento tocou, ele desceu as escadas e encontrou na porta da frente um jovem muito alto em roupas brancas de chef que obviamente estava chapado. "Eu sou Tony", disse o interlocutor, oferecendo uma mão trêmula e um sorriso de desculpas, "o cara dos quadrinhos". Rose, que havia usado muitas drogas na década de 1970, não era crítico e, sendo um escritor e também um editor, provavelmente estava ansioso para procrastinar. Ele convidou Tony para subir, e eles conversaram por quase três horas em sua cozinha sobre literatura e vida, duas coisas com as quais Tony estava tendo problemas naquele momento.

Rose disse que imediatamente detectou em Tony um sentimento distinto de indignidade: "Ele era *muito* inseguro; ele queria muito ser escritor, mas ele não tinha a confiança necessária. Eu não conhecia outros escritores e acreditava que não pertencia àquele mundo." A hesitação de Tony se resumia ao que muitas vezes acontecia com ele: o pecado original de ter nascido no subúrbio. Apesar de ampla evidência em contrário, a literatura, ele acreditava, não era por direito o reduto de garotos comuns suburbanos como ele. O que Tony não percebia era que ele não estava sozinho em sua insegurança e que os jovens escritores mais sérios – não importa quantos gramados eles tivessem cortado em seus dias (ou, inversamente, quantos cachorros-quentes de água suja eles tivessem comido) – sofriam, de uma forma ou de outra, do que o crítico Harold Bloom chamou de "ansiedade da influência", significando que se sentiam intimidados pelos mestres que abriram o caminho e desafiaram as gerações futuras a encontrar novas e melhores maneiras de fazer algo com a linguagem. O próprio Tony era um caso clássico de ansiedade de influência. Entre seus escritos universitários não publicados, encontrei um poema chamado *The Impossibility of Doing Anything* (ou *A impossibilidade de fazer qualquer coisa*).

> *A aparente impossibilidade*
> *De dizer*
> *De escrever*
> *Alguma coisa nova*
>
> *Fui precedido*
> *Por tal talento*
> *Nutrido em tais*
> *Extremos*

Que nenhum extremo
Parece não ter sido
Visitado anteriormente

A turma de 77
Tão bombardeada pela Informação
Atualizada
Atrasada
Ou outras

O que fazer
Com o que é novo?
As exigências para gênios
Esses dias
Não são razoáveis

Você não pode seguir
Apenas sendo esperto
Ou mesmo desesperado

Não, isso não é muito bom, também. Enviei para uma poeta avaliar e ela respondeu que era "um poema tentando demais ser um poema." Mas Rose gostou imediatamente de Tony, o homem, e sentiu-se movido a ajudá-lo a melhorar. Juntos, eles retrabalharam o esboço semificcional de Tony – sobre um chef de vinte e poucos anos que é rejeitado por traficantes de drogas porque eles não conseguem encontrar as marcas em seu braço e, portanto, acham que ele pode ser um policial disfarçado – em algo publicável. "FAO", como a história passou a ser chamada por razões artísticas obscuras, mas sem dúvida válidas, quando apareceu em *Between C & D*, foi o primeiro trabalho impresso de Tony. Ele não estava se enganando, porém. Ele sabia que tinha muito a aprender sobre o ofício da ficção e porque sempre lia muito sobre a vida dos escritores – como, quando e onde trabalhavam; suas relações com seus editores; seus coquetéis favoritos; e assim por diante – ele achava que conhecia exatamente o guru literário com quem poderia aprender, o cara que todos diziam ser o melhor. Em uma carta para Rose, ele disse que ansiava pela "vida depois de Lish", quando portas reais e metafóricas se abririam diante dele.

Pobre Tony. Gordon Lish era, como Andy Menschel, uma força a ser enfrentada em Hewlett, Long Island. Na revista *Esquire* e mais tarde na editora Alfred A. Knopf, ele forjou uma reputação como um editor às vezes brilhante, mas muitas vezes excessivamente agressivo, que injetou muito de si mesmo no trabalho de Raymond Carver, Richard Ford, Cynthia Ozick, Barry Hannah, Amy Hempel e Don DeLillo. Ou tentou. Alguns autores resistiram ao seu impetuoso lápis azul, enquanto outros, por serem mais facilmente intimidados ou acreditarem sinceramente que ele havia melhorado sua escrita, deixaram suas mudanças permanecerem. Mais tarde, seria descoberto que Lish havia tomado a liberdade de transformar Carver no minimalista pioneiro que muitos passaram a admirar, fazendo cortes maciços e mudando seus finais e títulos (o livro *What we talk about when we talk about love* – traduzido no Brasil para *De que falamos quando falamos de amor* – originalmente se chamava *Beginners*). Até mesmo Carver teve que admitir que suas histórias geralmente ficaram melhores, mais enxutas e de alguma forma mais misteriosas – e certamente eram melhor lidas do que antes. Mas Lish acabou alienando muitos autores e agentes influentes e, depois de ser dispensado da Knopf, ele retomou a carreira de professor em Yale e, mais tarde, em Columbia, conduzindo seminários sobre escrita de ficção nas casas de estudantes trêmulos.

O mais doloroso era que nem todos os seus acólitos tremiam de medo – pelo menos não no início de cada seminário. Alguns tremiam de entusiasmo e expectativa ao se acomodarem com rostos ansiosos e lápis apontados entre os colegas que, logo ficaria claro, estavam ali principalmente para ter sua resiliência emocional levada ao limite. O capitão Ficção (como Lish chamava a si mesmo) gostava de demonstrar logo e com frequência que as críticas que rabiscara nos manuscritos da *Esquire* e da Knopf eram insignificantes em comparação com o que ele ficava feliz em dizer a uma escritora novata na cara dela, na frente de todos os colegas dela. Um jornalista da revista *Chicago*, que participou de seu seminário, descreveu o método de Lish como "uma mistura de técnicas aprimoradas de campo de treinamento do exército, a cena de lavagem cerebral em *Sob o Domínio do Mal* e tratamento de choque" e disse que ele era "arrogante, egocêntrico e megalomaníaco". Quando outro jornalista de Chicago passou esses adjetivos por Lish e pediu uma reação, pela primeira vez, ele não tinha edições para oferecer. "Sou tudo isso", disse ele.

Rose não se opunha a que um jovem escritor seguisse o caminho acadêmico; ele próprio obteve um MFA (mestrado em Belas Artes) na Columbia. Ainda assim, ele fez o possível para desencorajar Tony de participar do seminário. "Lish era muito egoísta para lidar com as pessoas e os problemas que estavam à sua frente", ele me disse. "Tony o procurou porque estava desesperado por validação. Eu continuamente o encorajava, dizendo a ele para confiar em sua voz natural, mas ele estava procurando por mais. Ele se matriculou, foi aceito e ficou absolutamente emocionado ao saber que a aula desta vez seria realizada no próprio apartamento de Lish. Mas Lish foi maldoso com ele, quase um caso de *gaslighting*. Ele o encorajou como um escritor e depois o destruiu." Não sabemos o que Lish disse a Tony porque Tony nunca falou sobre o seminário, e Lish, agora com quase oitenta anos, não se lembra de nada sobre ele, além de que era um rapaz alto e charmoso em roupas de chef. Outros sobreviventes testemunharam que, quando o Capitão Ficção estava em modo de ataque, suas palavras favoritas eram "chato", "inconsequente", "desonesto" e "desnecessário". O que quer que ele tenha dito, porém, ao primeiro elogiar o trabalho de Tony e depois rejeitá-lo, Lish estava apenas aumentando a força com a qual enfiou a faca. "Tony estava abalado e ferido como nunca o vi", disse Rose. "Este não foi o melhor período da vida de Tony e seu aparente fracasso com Lish ficou com ele por algum tempo."

O desastre de Lish aconteceu quando Tony estava no meio de um esforço louvável, se não exatamente total, para colocar sua vida de volta em alguma ordem. Ao se aproximar dos trinta anos, ele tinha vários projetos de autoaperfeiçoamento pela frente. Além do seminário de redação, que tinha como objetivo ajudar a transformar uma vocação em uma atividade remunerada, ele também queria finalmente transformar Nancy em uma mulher honesta, sua parceira no crime e única nos últimos dez anos. O casamento deles, na Lady Chapel da Saint Patrick's Cathedral, em 10 de setembro de 1985, foi pequeno e em uma terça-feira, mas, fora isso, luxuoso e tradicional em todos os sentidos, até o pergaminho certificando uma bênção do Papa João Paulo II. O tom da ocasião foi dado pelos pais abastados de Nancy, que estavam preenchendo os cheques, mas os noivos – ansiosos para serem mais normais e menos marginais, para variar – não ofereceram resistência. Quando, na recepção da Mansão Vanderbilt em Manhattan, Sam Goldman sentiu-se dominado pelo enjoo e saiu para vomitar, isso apenas destacou a distância que estava começando a se abrir entre ele e o casal, que há vários meses havia começado a romper com o vício em heroína. Tem-se que admirar Tony. Apesar de contratempos dentro de contratempos, ele não estava sem esperança – ou coragem. Preenchendo o formulário para o anúncio do casamento que saiu no *New York Times*, ele declarou sua profissão como "chef e escritor de contos." Em outras palavras, vai se foder, Capitão Ficção.

Diminuir o uso de drogas foi a prioridade máxima de Tony em meados da década de 1980, a partir da qual todos os outros projetos surgiram. Ele ainda estava em recuperação, entre aspas, porque embora estivesse, agora, ficando longe da heroína um dia de cada vez, ele tinha entrado em um programa de metadona e continuava a beber constantemente, às vezes em exagero, além de cheirar ou fumar cocaína – um padrão de comportamento que o NA dificilmente veria como consistente com ficar sóbrio. Tony havia atingido o fundo do poço de uma forma clássica, quase clichê. Em um dia normal, em 1984, depois de quase meia dúzia de anos de uso regular de heroína, ele se olhou no espelho e "vi alguém que valia a pena salvar – ou pelo menos alguém que eu queria muito tentar salvar" e disse, quer saber? *Basta!* "A vaidade", explicou ele em um típico estilo autodepreciativo, tinha sido sua principal motivação para ficar (mais)sóbrio: ele se sentia inteligente demais, *especial* demais para brincar com a morte. Ele não achava que *alguém como ele* deveria ser roubado por traficantes de drogas brutos e de baixo escalão (que às vezes apenas pegavam seu dinheiro e depois se afastavam) ou incomodado pela polícia.

Mas se Tony havia chegado ao fundo do poço da forma mais clássica, sua abordagem para o problema foi, explicando de um modo gentil, nada convencional – e de uma maneira surpreendentemente antiquada. Não haveria nenhuma ida para a reabilitação de Tony (ou Nancy), nem trabalhar nos 12 Passos ou arrumar um padrinho. "Ele achava que o AA era para idiotas", disse-me o chef David McMillan, que ficou sóbrio em 2017. "Ele acreditava que você tinha que fazer isso sozinho – você tinha que se esforçar." Tony realmente acreditava que seus problemas com drogas e álcool derivavam de uma "falha de caráter", um termo que nos últimos oitenta anos ou mais tem sido usado para explicar o que *não é* uma predileção pelo vício. Em 2014, na reunião não identificada do grupo de apoio em que ele apareceu no episódio de Massachusetts em *Parts Unknown*, ele disse: "Havia algum gênio das trevas dentro de mim – que hesito muito em chamar de doença – que me levou à droga".

A teoria do gênio das trevas da dependência de drogas acabou na época da peste bubônica – mas Tony era teimoso. Ele sempre se recusou a ouvir o que devia fazer, especialmente quando envolvia aceitar a sabedoria convencional.

Ao longo dos anos, ele aparecia de vez em quando nas reuniões dos Narcóticos Anônimos, mas seu comportamento ali podia ser uma distração. Uma amiga dele que o acompanhou a várias reuniões dos NA, na cidade de Nova York, me disse: "Quando ele se levantava para falar, sempre acabava com o oxigênio da sala. Em parte, porque ele era famoso na época, mas em parte porque, em vez de desnudar sua alma como os outros oradores, ele desafiava o que estava sendo dito. Ele certamente não queria ouvir falar sobre álcool e como isso se relacionava com o vício em drogas – ele sentia fortemente que beber era uma questão separada. Tony não tinha a parte de humildade e gratidão. Havia sempre um sentimento de raiva velada quando que ele falava – e no programa você costuma ouvir que por trás da raiva está o medo."

O detector de mentiras de Tony mais tarde se tornaria quase tão famoso quanto ele – mas ter um tão bom é uma bênção e uma maldição. O que podia deixá-lo tão agitado dentro e fora das reuniões era o medo de estar mentindo para si mesmo quando insistia que sabia – melhor do que uma sala cheia de fumaça e cheia de viciados – como drogas e álcool podem ou não estar tornando sua vida incontrolável. Ele viveria com esse conflito interno pelo resto de sua vida, mas a percepção de que ele estava se enganando sobre o vício, eu suspeito, pode ter começado a incomodá-lo em meados da década de 1980, depois que ele desistiu da heroína, mas ainda estava (ele não podia deixar de notar) rastejando pelo chão de seu apartamento, pegando poeira e lascas de tinta e, com sorte, um pouco de cocaína derramada e enfiando tudo desesperadamente em seu cachimbo de crack. Ou pode ter ocorrido a ele que a maioria das outras pessoas não viajava, como ele, para uma sala bem iluminada

Charles Leerhsen

várias vezes por semana para fazer xixi em um tipo de recipiente ou outro enquanto um homem de aparência entediada observava.

Também do seu arquivo de coisas juvenis:

Primeiro ele me faz mijar em um tubo de ensaio. Depois, pede que eu arregace as mangas para que examine meus braços. Vamos ao escritório dele, onde meu arquivo, uma biografia em miligramas e contracheques, está aberto em sua mesa, ao lado da de minha esposa.

Ele me pergunta se a metadona está dando conta. Seus olhos são o que meu pai chamaria de "olhos de vidro de coelho". Ele sorri, um sorriso estúpido e insincero de Buda, e me garante que se eu ficar "desconfortável", um aumento na dosagem não seria problema.

Minha esposa está na frente da fila. Ela está sendo medicada, mexendo a bebida laranja brilhante em seu copo de plástico transparente com um palito de madeira. Ela abre as garrafas e as enche com mais bebida laranja de uma jarra no balcão.

Minhas pernas doem e estou atrasado para o trabalho, mas não me importo de esperar. Minha esposa espera por mim em uma cadeira perto da "mesa de urina". Observo, um de cada vez, os corpos perfurados, machucados e inchados à minha frente irem até o balcão e lamberem e engolirem cada gota de narcótico doce de seus copos. A maioria venderá suas garrafas na rua e entrará em outras filas em busca das marcas preferidas.

A enfermeira não olha para mim enquanto me entrega a prancheta. Ela não gosta de mim, nem da minha esposa; todas as vantagens desperdiçadas. Principalmente as roupas. Minha esposa está usando suas pérolas; e, hoje, preparada para uma reunião matinal de vendas, ela está com um terno de tweed da Saks.

Assino a prancheta e a enfermeira me dá meus trinta miligramas. Ela me mostra os discos no fundo do copo e acrescenta a água fervente. Os comprimidos laranjas incham. Por um segundo, parecem aquelas pílulas japonesas, aquelas que se transformam em bichos ou flores.

Eu não adiciono nenhum suco às minhas garrafas. Gosto de senti--las, quentes e reconfortantes no meu bolso. Minha esposa e eu caminhamos para o metrô. Nós sorrimos e rimos como crianças travessas.

Quando termino o trabalho, caminho até a 49th com a 9th. Não é a heroína que eu quero. Eu gosto de ficar sentado por um tempo no meu banco, observando.

Meu conselheiro chama isso de "comportamento de busca de drogas". Mas ele sabe que eu estou indo bem.

Hoje, estou sentado, atualmente sem agulhas, estabilizado pelo estado, mas ainda com fome. Com fome agora.

Há beleza nessa coreografia secreta. Há música, para mim, nos assobios, nos gritos, no espanhol sussurrado.

Apenas eu, o príncipe exilado em meu banco, posso ouvi-los. Protegido pelas garrafas no bolso, isento da chamada à oração que puxa os meus jogadores.

Esses são meus tesouros. Esses sons, essa dança infinita, é tudo para mim. Você não pode ver. Você não pode ter. Você não conseguiria. Meus antigos colegas são um grupo muito exclusivo.

Observo os rostos astecas e sorrisos de prisão, a entrega, o produto, a isca e a troca, o dinheiro, os sacos falsos para os clientes idiotas, os choros, o medo, a realização, enquanto outro vai embora.

Melhor, né? Este é um esboço híbrido que mistura épocas – Tony já estava sem metadona e se separou de Nancy quando morava na West 49th Street – mas, por outro lado, parece ficar perto dos fatos. A não ficção sempre seria seu ponto forte.

Capítulo 10

Enquanto voltamos para 12 de abril de 1999 – o último dia em que Tony acordou em seu grande e empoeirado apartamento em Riverside Drive imaginando, enquanto fumava um Marlboro e olhava para o teto, como era seu hábito matinal, que enorme pedaço do capitalismo mais cedo ou mais tarde desabaria sobre ele: o sistema de saúde, a indústria de cartões de crédito ou o governo federal –, preciso contar sobre uma conversa que tive com Pino Luongo, um proeminente *restaurateur* de uma geração ou mais passada, durante a pesquisa para este livro. Entrei em contato com Luongo porque ele contratou e demitiu Tony em 1996 e, em parte por conta disso, ganhou um capítulo próprio em *Kitchen Confidential*, dezessete páginas um tanto carregadas nas quais acredito que você pode ver Tony descobrindo algumas coisas sobre si mesmo. Luongo se importaria de falar comigo um pouco sobre seu velho e agora falecido amigo (pois eles de fato permaneceram em boas relações, apesar do que deve ter sido para Tony uma demissão especialmente difícil para o ego)? Perguntei por e-mail. A resposta de Luongo foi rápida e positiva. Ele disse que ficaria feliz em me encontrar e me convidou para passar em seu restaurante atual, Coco Pazzo, na esquina da Prince com a Thompson, no SoHo, em uma de duas tardes na semana seguinte. De alguma forma, eu podia sentir que havia pelo menos uma bebida para mim, além de qualquer coisa que eu pudesse descobrir (e eu estava certo sobre isso). Mas ele também acrescentou, com aparente inocência: "Parece estranho, você chamá-lo de Tony. Eu nunca o chamei e ninguém que eu conheço o fazia."

Isso me fez rir. Pelo que ouvi, este era o clássico Pino Luongo: três frases curtas, uma que promete calor e generosidade seguidas por uma segunda e terceira destinadas a me informar que eu não tinha feito meu dever de casa e que era lamentavelmente ignorante sobre meu próprio assunto, pelo menos em comparação com ele. Achei que já havia estabelecido, ou melhor, reconhecido, os termos de nosso relacionamento em meu pedido de um encontro, dizendo o quanto ficaria grato por um pouco de seu tempo. Mesmo assim, ele disparou instintivamente uma esquerda direta, como os pugilistas fazem no primeiro assalto, não tanto para infligir dor, mas para estabelecer status. Se este fosse o início de um relacionamento real com Luongo, por exemplo, como seu funcionário, tenho certeza de que teria sido o início de algo maior; e antes que eu percebesse, eu seria como muitas das outras pessoas que fizeram parte de seu outrora poderoso império: com medo de atender o telefone porque poderia ser ele, o homem que Tony chamava de "Príncipe das trevas dos restaurantes de Nova York." Em *KC*, ele conta a história de um velho amigo de Vassar que, quando soube que Tony tinha acabado de começar a trabalhar para Luongo, disse: "Acho que isso significa que em alguns meses você terá seu próprio restaurante... ou terá sido reduzido a pó." No final das contas, Luongo era um chefe, não um ditador, e tudo o que ele podia fazer era demitir você, certo? No entanto, como Tony escreveu, "medo, traição, especulação, suposição e antecipação permeavam o ar" onde quer que Luongo fosse.

Foi só depois de muitas leituras de KC que percebi o quanto Luongo tem em comum com Andy Menschel, outro tipo de valentão que, como vimos, Tony também considerava muito. Isso pode ser porque as diferenças que existem entre os dois homens são gritantes. Menschel era um nova-iorquino impetuoso que, como Sam Goldman me disse uma vez, "não era um cara especialista em comida – a única coisa que ele sabia sobre comida era que, se ele tinha um restaurante, tinha que haver comida." Luongo, por outro lado, exalava o charme toscano mesmo quando era intimidador; e ele adorava massas frescas, tomates, azeite e pitadas de sal marinho como se fossem membros de sua família. Depois de emigrar aos 27 anos, ele passou de lavador de pratos a proprietário de lugares sofisticados em Manhattan, como Le Madri, Sapore di Mare e Coco Pazzo Teatro, compreendendo a alma e celebrando a simplicidade arrebatadora da culinária italiana da *"mama"*. Com quatro ou cinco ingredientes, ele faria um banquete e você se tornaria um fã. Algumas pessoas cozinham dessa maneira hoje, mas ele foi um dos primeiros a fazer muito de forma simples.

Quanto às semelhanças, curiosamente, os dois homens, se vistos do ângulo correto, eram meio parecidos. Menschel, disse Tony, parecia "um Bruce Willis alongado", enquanto Luongo poderia ser facilmente descrito como um italiano. Ambos também se orgulhavam muito de cada pronunciamento ser 100% lucrativo. E ambos eram do tipo prático, se necessário, em todos os aspectos de seus negócios: em uma emergência, eles poderiam consertar as caixas de gordura das suas cozinhas, os compressores em seus freezers ou a bicicleta do entregador. Mas o mais importante, ambos agiram como autocratas e dedicaram muito pensamento e energia, como os autocratas fazem, para manter aqueles ao seu redor constantemente desequilibrados – mesmo que tivessem que recorrer a muita merda para fazer isso. Menschel, por exemplo, aproveitou muito o mito de que havia matado um homem em uma briga de bar.

Quanto a Luongo, bem, posso dizer com certeza que Tony Bourdain era chamado de Tony por praticamente todos que o conheciam, exceto por Menschel, que o chamava de Flaco; Asia Argento, que o chamava de Anthony (e insistiu que eu também o chamasse); e sua segunda esposa, Ottavia, que o chamava de Mici, que começou como Micio, que em italiano significa "gatinho". O próprio Luongo chamou Tony de Tony e nada além de Tony em seu livro de memórias de 2009, *Dirty Dishes: a restaurateur's story of passion, pain, and pasta*. Então por que o comentário sobre *eu* chamar Tony Bourdain de Tony? Acho que foi improvisado na hora, simplesmente porque como uma pessoa que comprovadamente não era Giuseppe "Pino" Luongo, eu precisava aprender uma lição.

O que quer que se pense dele – e voltaremos ao Príncipe Negro em um momento –, os restaurantes de Luongo foram uma melhora óbvia em relação ao lugar onde Tony estivera antes, que era seu sofá cheio de migalhas assistindo *Court TV* com Nancy, pelo menos até *The Match Game* começar. Na maioria das noites da semana naqueles dias, o futuro viajante do mundo e sua esposa conseguiam ir da reprise dos Simpsons, que acontecia às 19h, para a que acontecia às 23h. Normalmente, eles pediam o jantar – comida chinesa direto das embalagens, pizza, ou se eles estivessem com vontade de comer melhor, Barney Greengrass, a uma caminhada um pouco mais longa de sua casa. Quando eles saíam para beber com os amigos, Tony procurava sua carteira ou simplesmente estava no banheiro masculino enquanto outra pessoa pagava a conta. "Não me importava que ele nunca pagasse", disse seu amigo de longa data John Tesar (chamado Jimmy Sears em *KC*). "Ele não era mão de vaca, ele só não tinha dinheiro, e provavelmente se sentia mal por isso." Mas a pior coisa de sair, era voltar. Os cinzeiros cheios de restos de cigarros. A tinta descascada no teto. Uma árvore de Natal deitada em sua sala de jantar escura e nunca usada por nove meses. Embora a visão da árvore os entristecesse, por muito tempo eles não conseguiram descobrir como se livrar dela sem parecer para os vizinhos como as almas perdidas que ainda não acreditavam que fossem.

A esperança pode não ter sido constante, mas ainda piscava intermitentemente naquele cavernoso apartamento do sexto andar.

Como costuma acontecer na vida, Tony parecia ter gradualmente chegado à opinião de que o cara que o criticou tão cruelmente na frente de outras pessoas, Gordon Lish, era um grande idiota e que ele, Tony, podia, em um país livre, pensar em si mesmo como um homem da literatura, se isso lhe agradasse. Talvez também tenha ajudado o fato de Tony, como escritor, sempre ter sido capaz de receber uma certa quantidade de críticas na forma de sugestões e edições, desde que viessem da pessoa certa. Quem sabe, sua mania inata de ser do contra pode também ter surgido, fazendo com que ele concluísse que se Lish fosse, realmente, o professor de escrita mais respeitado do país, suas opiniões deveriam ser, por definição, inúteis. Se ele pudesse focar em Lish como uma figura de autoridade, voltaria rapidamente ao seu laptop.

Quando ele voltou a escrever, escreveu como sempre: muito rápido. "Tony era uma alma sofredora, mas não um escritor sofredor", Joel Rose explicou. "Ele se sentava e, de repente, lá estava ele, com páginas e páginas sendo produzidas." Em uma entrevista de 2003, Tony disse que havia "um elemento de vergonha" em seu sucesso como escritor, "porque é muito fácil. Eu não acredito que as pessoas me pagam por essa merda." Christopher Hitchens escrevia com a mesma facilidade e com o mesmo efeito de rapidez, mas para ele isso era mais ou menos o fim do processo. No caso de Tony, era só o começo. Era bom que ele tolerasse a edição tão bem, porque muitas vezes precisava de bastante. Ele escrevia em um espasmo de criatividade e depois passava para outras coisas, como sempre se sentia compelido a fazer, deixando que os outros – pessoas que fazem e vivem fazendo o que sua mãe fazia – ajeitassem tudo para ele. Ruth Reichl, que era editora da revista *Gourmet* no início dos anos 2000, lembra-se dele entregando o primeiro rascunho de um artigo encomendado que seus subordinados tiveram que separar e moldar em um texto finalizado com sua assistência de boa vontade, mas esporádica.

Bourdain conhecia a si mesmo bem o suficiente para entender que, se ele apenas ficasse por perto, esperando que um editor respondesse a ele sobre um texto, ou se fizesse o lento e complexo trabalho necessário para fazer a escrita brilhar, ele acabaria pensando e bebendo mais do que o normal, e ele já bebia e pensava demais. Algumas vezes, seus editores precisam ir além do que era seu trabalho para lidar com a sua prosa incendiária. Rose me disse que acabou escrevendo grandes partes do chamado histórico urbano – termo chique para uma biografia – *Typhoid Mary*, que Tony publicou em 2010 (seu único livro em que uma versão real ou ficcional de Anthony Bourdain não é o centro da ação). Como leitor, Tony tinha um gosto relativamente refinado. Ele costumava dizer que seu romance americano favorito era *Lolita* e se maravilhava com o domínio arrebatador de Vladimir Nabokov sobre aquela que era sua terceira língua ("a língua de minha primeira governanta em São Petersburgo, por volta de 1903, a senhorita Rachel Home"). Mas, ao compor ficção, Tony visava um público mais amplo e menos exigente, até porque, ele dizia, levantava para trabalhar antes do amanhecer e "nunca tive tempo de sentar lá no meu sótão, você sabe, escrevendo romances inéditos... Eu simplesmente não tinha o luxo ou o fardo de ter muito tempo para sentar e contemplar os mistérios do universo." Ele era, afinal, filho e neto de homens que juntos viveram um total não tão alto de oitenta e três anos.

O relógio na cabeça de Tony começou a bater mais alto quando ele começou a cozinhar no Formerly Joe's, em 1987. O lugar estava realmente abaixo dele, ou deveria estar naquele ponto de sua carreira, mas, em retrospecto, parecia inevitável que ele voltasse à órbita de Andy Menschel. Em *KC*, Tony diz, sem nunca mencionar o nome do restaurante, que o Pé Grande ligou para lhe oferecer um emprego como chef de almoço quando abriu o local. Este é um caso de Tony se lembrando mal ou, mais provavelmente, arrumando as coisas por causa da narrativa. Na verdade, ele era o segundo chef do

Formerly Joe's, abaixo de um homem chamado Alex que, de acordo com a ex-garçonete Debbie Praver, era "baixo, corpulento e bem--humorado – exatamente o oposto de Tony em todos os sentidos".

"Pisar em ovos" foi uma expressão muito mencionada quando perguntei aos seus antigos colegas do Formerly Joe's quão acessível era Tony naquela época. Praver, agora uma comediante de stand-up, disse: "Sempre tive a nítida sensação de que não deveria falar com ele até que ele falasse comigo". Quando ele apareceu pela primeira vez para trabalhar lá, a impressão inicial que deu foi de alguém emaciado, sobressaltado e muito machucado pela vida, uma figura um tanto triste, mas uma visão não incomum no ramo de restaurantes. No que acabou sendo sua entrevista de emprego, ele pediu US$ 25 emprestados de seu antigo e futuro chefe e Menschel respondeu tirando US$ 200 de seu maço – um ato que fez Tony pensar que agora não poderia gastar o dinheiro em crack, como pretendia originalmente, o que o deixou rabugento. Menschel, um mestre em jogos mentais e na organização de lanches, certamente gostou de mexer com Tony dando-lhe o dinheiro extra, e achou que seria interessante tê-lo por perto depois de um hiato de dez anos.

Era extremamente fácil mexer com Tony naquela época, quando sua mente fervilhava com uma combinação de criatividade e ressentimento, e ele parecia, no mínimo, sofrer de um leve caso de grafomania – uma compulsão por escrever. Nesse último sentido – e em alguns outros também, como sua bebida e seu descuido com a saúde –, ele passou a se assemelhar a uma versão alongada de quem talvez fosse o personagem definitivo de Nova York, Joe Gould. Gould, que se tornou famoso pelo jornalista Joseph Mitchell do *New Yorker*, passou a vida rabiscando, o que chamava de *A história oral de nosso tempo*, em uma série de cadernos baratos. Tony também sempre tinha um caderno em que "estava sempre escrevendo e desenhando furiosamente, enquanto estava na cozinha ou no bar", disse Praver. "A enorme quantidade de palavras e a densidade da *tinta* naqueles cadernos diziam algo sobre o estado de seu cérebro." Ele tinha mais ideias do que os cadernos conseguiam comportar. Em seu frequente tempo livre, Tony pegava vários marcadores e enchia o quadro branco da cozinha – onde os pratos do dia normalmente seriam listados – com o tipo de imagens sangrentas de histórias em quadrinhos que vinha produzindo desde o colégio: cenas elaboradas de violentos acidentes de carro e decapitações em estilo de execução que incorporavam engenhosamente um pedaço de carne ensanguentada que ele havia colocado em uma prateleira na parte inferior do quadro. "Nunca ficou claro se sua arte no quadro branco deveria ser engraçada ou assustadora", disse-me outra garçonete da época, Lisa Wheeler, agora instrutora fitness, "mas incomodava algumas pessoas". Na única ocasião em que um colega de trabalho reuniu coragem para apagar sua obra de arte, ele ficou bastante zangado – e, quase certamente, não pela primeira vez naquele dia.

Havia sempre dois lados de Tony quando ele trabalhava no Formerly Joe's. Praver me disse que se lembra de ter dito a alguém: "Daqui a alguns anos, vamos abrir o *New York Times* e ver algo sobre Tony – ou que ele se tornou muito bem-sucedido ou que é um assassino em série". Seu aspecto caloroso, espirituoso e entusiástico – o Tony que tantas pessoas me descreveram quando argumentaram contra a suposição de que ele estava deprimido – estava sempre em evidência. Na maior parte dos dias, depois que sua ressaca melhorava o suficiente, ele tinha uma frase incrível de um livro ou um papo sobre um filme prontos para conversar com a equipe de garçonetes – toda feminina – com quem ele tinha a habilidade de conversar de forma envolvente sem chegar nem perto de flertar. "Eu ficava impressionada com o fato de ele mencionar sua esposa", Praver me disse. "Isso me fazia sentir que ele era um cara legal; mas, para ser sincera, ao mesmo tempo também me fazia pensar quem no mundo se casaria com esse homem, porque, honestamente, ele era muito."

No Formerly Joe's.

Não precisava de muito para fazer o monstro aparecer: um cliente devolvendo uma carne por estar muito malpassada já era suficiente. "A mesa cinco gostaria que você assasse *um pouquinho mais* isso aqui", uma garçonete diria com indiferença dissimulada – e então recuaria furiosamente para fora da cozinha. Tony era tão previsível quanto uma mina. "Esses idiotas não sabem comer!", ele gritava, depois saía furioso pela porta lateral para a West 10th Street, onde andava de um lado para o outro na calçada, fumando furiosamente o quinquagésimo ou sexagésimo cigarro daquele dia. Na cozinha, os cozinheiros de linha chineses olhavam fixamente para o nada, bebendo suas Heinekens.

Outra coisa que ele odiava muito era ser interrompido enquanto escrevia em seus cadernos. O Formerly Joe's ficava muito quieto à tarde – uma garçonete, um bêbado no bar comendo camarão sem casca – o que dava a Tony tempo para um certo impulso em sua escrita. "Lembro-me de entrar na cozinha quase que na ponta dos pés e pedir desculpas por precisar de um sanduíche de peru e vê-lo enlouquecer porque estava escrevendo um conto ou algo assim", disse Praver. "Eu queria dizer a ele: 'Nossa, isso é um restaurante, parece que é hora do almoço e você é o chef' – mas é claro que não ousava." Outra ex-garçonete do FJ, a atriz Claudine Ohayon, me disse que se você interrompesse a linha de pensamento dele com qualquer negócio relacionado a comida, "ele realmente gritava: 'Sou melhor do que isso! Sou um escritor!', enquanto jogava panelas e frigideiras." Ohayon e outros enfatizaram que, mesmo quando Tony, em meio a uma "explosão apaixonada", ordenava que um colega de trabalho saísse de sua cozinha imediatamente, ficava claro que ele não estava zangado com eles. "Era mais como se ele estivesse bravo com o universo, balançando o punho para o céu", disse Praver. "Ele tinha essas ideias românticas sobre como as coisas deveriam ser e, quando a vida o desapontava, ele explodia."

O currículo de um usuário ativo de drogas ou bêbado pode tornar a leitura monótona, mesmo que haja excesso de drama no dia a dia. "Acho que a coisa mais chata da minha vida é que eu era um drogado", disse Tony em uma entrevista de 2003 com Bennett, explicando por que ele nunca falava em detalhes sobre esses anos. O problema é que as substâncias controladas drenam sua energia, deixando-o preso em situações das quais você teria saído há muito tempo se estivesse em seu juízo perfeito. Tony deveria ter deixado o FJ muito antes de quando o fez, em 1992, mas – como alguém que balançava o punho para o céu saberia muito bem – ele precisava ser resgatado por um *deus ex machina*. Para ele, seria John Tesar, um chef de quem passou a gostar e não gostar e que gostava e não gostava dele. "Nunca vou me esquecer da noite que conheci Tony", Tesar me disse. "Ele usava botas de caubói e uma jaqueta de couro e fumava um Lucky. E eu pensei: Muito legal!"

Tony teve um tipo diferente de primeira impressão depois de provar uma ou duas garfadas da comida de Tesar. Em *Medium Raw*, ele fala de Tesar como sendo "provavelmente o cozinheiro mais talentoso com quem já trabalhei – e o mais inspirador. A comida dele, mesmo as coisas mais simples, me fizeram voltar a gostar de cozinhar." A série de eventos que precederam seu relacionamento tenso começou quando Tony tirou algumas semanas de férias com Nancy no Caribe. Ao voltar, foi apresentado por Menschel ao novo chef que havia sido contratado para o turno do jantar. Tony provavelmente notou imediatamente que Tesar era cerca de dez anos mais novo que ele, e também poderia ter pelo menos uma vaga noção de quem ele era. Tesar tinha crescido e começado a cozinhar nos Hamptons, onde desenvolveu seguidores que espalharam sua reputação pela cidade grande. Depois de um breve momento de burburinho em meados dos anos 1980, em Manhattan, no Arizona 206, ele sumiu de vista por conta dos excessos de sempre. O Formerly Joe's, com seu menu limitado, era um grande retrocesso para ele, assim como para Tony. A diferença era que Tesar prometia ter mais vantagem. Ele provavelmente voltaria ao sucesso e iria além. Tony entendeu isso rapidamente e, sendo sincero, aceitou rapidamente como fato. Por sugestão de Tony, eles fizeram um acordo no FJ's onde cozinhavam lado a lado. Uma espécie de amizade se seguiu – envolvendo maconha, bebida e viagens de esqui para Catskills – e quando Tesar se mudou para um lugar chamado Black Sheep, ele levou Tony com ele. Quando mais tarde, em 1992, ele se tornou o chef executivo do Supper Club, uma grande e próspera boate/restaurante/salão de dança na West 47th Street, o número de Tony foi o primeiro para o qual ligou. Tony agora estava em uma posição claramente subserviente a Tesar – empratando saladas e colocando chantilly em sobremesas por US$ 120 a noite, ele disse – mas estava mais feliz do que há muito tempo por estar "de volta aos grandes". As coisas voltariam aos eixos sozinhas, ele sentia.

Certamente parecia que o karma estava fazendo seu trabalho quando, cerca de um ano depois de ele começar no Supper Club, seu antigo colega de dormitório em Vassar, Gordon Howard, ligou

Miserável no Paraíso

para falar com ele sobre escrever um livro. Eles não se falavam há décadas, mas Howard tinha dito muitas vezes no passado – quando ele contratava regularmente Tony para escrever seus trabalhos de faculdade em troca de drogas – que seu companheiro de vadiagem estava destinado ao sucesso literário. No telefonema, ele contou uma história sobre ter se encontrado, na noite anterior, em uma festa com um editor do selo Villard da Random House chamado David Rosenthal e, em um momento de embriaguez, tinha dito a Rosenthal: "Argh, eu conheço escritores melhores do que você!" Ao que Rosenthal supostamente respondeu: "Ah, é, espertinho? Então vamos ver!" Agora ansioso para cumprir sua ostentação embaraçosa, Howard, que dirigia uma empresa de gerenciamento de licenciamento e não conhecia nenhum outro escritor, perguntou a Tony se ele não tinha um manuscrito do tamanho de um livro que Howard poderia "enviar" a Rosenthal como seu agente literário. Que tal uma divisão de 50-50? Parecia bom para Tony, embora o autor geralmente fique com 85%. Pelo menos dessa vez o pagamento não seria em drogas.

Para Tony, essa parecia a desculpa perfeita para terminar o romance com o qual ele brincava há vários anos. Obviamente era ambientado no mundo do crime organizado – pelo qual Tony se sentia naturalmente atraído há muito tempo. "Como uma criança americana típica", escreveu ele em sua coleção de ensaios de 2006, *The Nasty Bits*, ele crescera idolatrando "atiradores como Billy the Kid, ladrões de banco como John Dillinger, bandidos como Legs Diamond, capitalistas visionários como Bugsy Siegel e inovadores como Lucky Luciano." Os mafiosos de quem ele mais gostava, no entanto, eram os soldados comuns que faziam o trabalho nada glamoroso e mundano de pressionar os infelizes civis por meio de agiotagem ou esquemas de proteção. "Caras que se levantam todas as manhãs, escovam os dentes, tomam banho, fazem a barba e depois vão trabalhar no negócio sério de cometer crimes, esses são os personagens que continuam a dominar minha imaginação", continuou ele. *Bone in the throat*, como seria chamado o seu romance, deu-lhe a oportunidade de marinar naquele submundo, reciclando alguns esboços autobiográficos de um certo chef viciado em drogas e até trabalhando numa receita do cozido à portuguesa que aprendera a fazer em Provincetown. (Pegou alguns pimentões vermelhos e verdes, cortando-os em cubos médios. Colocou uma boa quantidade de cominho logo depois... Adicionou a lula cortada, misturando com uma grande colher de aço.") Rosenthal gostou do resultado o suficiente para publicá-lo, mas não tanto a ponto de estar disposto a adiantar mais de US$ 10.000 em royalties em um acordo que destinava apenas alguns trocados para promoção do livro. Como a maioria dos livros de autores não famosos, ele teria que se vender sozinho e, como a maioria dos livros de autores não famosos, não vendeu.

Embora, como já foi observado, tenha recebido sua parcela de golpes duros, as críticas em geral foram mistas. *Booklist* chamou de "Irresistível." O *New York Times* falou sobre brevemente, mas com entusiasmo ("além de original... deliciosamente depravado") e – talvez por conta do histórico impressionante do autor, ou consciente de que ele era filho de uma funcionária – chamou-o de um dos melhores livros de mistério do ano. Mas *Bone* tinha todas as falhas que você vai encontrar em um romance cujo autor não se preocupa muito sobre o enredo e quem em *The Nasty Bits* escreveu "Não me importa 'quem foi'... ou até mesmo 'porque ele fez isso', e meus gostos em crimes ficcionais refletem essa atitude." Na primeira versão do livro que Tony entregou à Random House, todos os caras bons e maus terminavam a história vivos. Quando seu editor apontou que tanta sobrevivência não era boa em um livro de mistério e assassinato e tendia a torná-lo inútil, Tony deu de ombros, voltou ao teclado e providenciou para que um de seus personagens principais morresse lentamente em um fatiador de carne. É incrível que ele não perguntou: "Você quer 150 gramas de mais alguém?" Para ele era tudo igual, um escritor que, em vez de tecer uma história tensa, preferia conjurar um meio. O público foi escasso na turnê promocional que ele mesmo pagou, e não haveria uma versão em brochura de *Bone* até que ele se tornasse uma estrela de TV. No final, a coisa mais surpreendente sobre o livro foi o pouco efeito que teve em sua vida. Depois de ameaçar se tornar um escritor profissional desde a escola primária, ele finalmente publicou um romance aos 39 anos de idade – e tudo o que ele conseguiu foi a percepção de que na manhã seguinte ele precisava voltar ao trabalho.

Não que o trabalho fosse algo muito ruim naquela época. Ele tinha feito uma conexão com a Random House que levaria à publicação de outro livro, *Gone Bamboo*, e estava se divertindo mais no Supper Club do que em qualquer outro emprego desde os primeiros dias de W.P.A. Era o seu tipo de palácio de prazer exagerado, único em Nova York, um lugar não muito diferente das casas noturnas fetichistas que o extravagante personagem Stefon uma vez descreveu sem fôlego no *Saturday Night Live*. Cada semana havia uma série de festas patrocinadas por promotores que atendiam a gostos muito específicos: *hip-hoppers* antigos, *funksters* latinos, *eurotrash*, *fusion jazz freaks* e, claro, *drag queens*, cuja festa semanal, *Chicks with Dicks Night*, tinha, nas palavras de Tony, "travestis imponentes e pré-operados cambaleando de salto alto ao som de *house* e *techno*". E tudo isso não começava até que a dança *swing* acabasse, por volta de 23h.

Surpreendentemente – e significativamente, em termos de satisfação no trabalho de Tony – a comida não era coadjuvante neste antigo teatro cavernoso, onde a sala de jantar principal acomodava duzentos e o mezanino acomodava cento e cinquenta e sempre parecia haver o dobro desse número "em fila descendo a rua e virando a esquina para a Eighth Avenue", aguardando para entrar. Desde o início, alguns anos antes, os donos do Supper Club, como bons ricos exagerados que eram, haviam contratado chefs de primeira linha que enxergavam o tamanho do lugar não como uma permissão para ser medíocre, mas como um desafio culinário. É por isso que, por mais parecido com o Rainbow Room que o lugar fosse na superfície, Tesar e Tony nunca sentiram que haviam trocado a simplicidade sufocante do Formerly Joe's por empregos em uma fábrica de alimentos. Era emocionante, disse Tony, comprar US$ 10.000 em carne todos os dias, empurrar montanhas geladas de peixe pela cozinha e dar ordens por walkie-talkie para seus cozinheiros de linha que estavam distantes. Também era ótimo ter seu próprio espaço acarpetado no quieto terceiro andar, onde ele e um bando de colegas dominicanos da cozinha e da equipe de limpeza podiam descansar por alguns momentos durante uma noite ocupada, para fumar maconha e observar as coristas trocarem de roupa no teatro do outro lado.

Consegui esse último detalhe com Tesar, que parecia ainda estar irritado com Tony por "colocar toda a equipe do Supper Club do seu lado e colocá-los contra mim" para que ele pudesse eventualmente "roubar" seu emprego. "Eu ia para a cozinha às 7h e dizia: 'Onde todo mundo foi?' E todos estariam naquela sala com ele", ele me disse. É provavelmente importante comentar que Tesar tem a reputação de ser chato (a *D Magazine* certa vez o chamou de "o chef mais odiado de Dallas"), mas ele e Tony tinham memórias muito diferentes daquela época. Segundo Tesar, ele tirou um tempo do Supper Club para planejar um "restaurante dos sonhos" nos Hamptons e trabalhar como chef pessoal de Mariah Carey e Tony aproveitou essas ausências ocasionais para agradar tanto a equipe e a gerência, com o objetivo de expulsar Tesar. "Foi um exemplo clássico de como Tony era duas caras", disse Tesar. "Eu precisava muito daquele emprego no Supper Club." Tony, por sua vez, viu a situação – e não apenas viu, mas escreveu sobre ela em *KC* – como mais um exemplo de como um jovem chef promissor poderia sabotar seu próprio sucesso. Ele diz que enquanto Tesar estava trabalhando nos Hamptons, andando de patins pela cidade e "claro correndo atrás de todo rabo de saia que via", ele, Tony, era forçado a fazer serviço duplo e triplo no Supper Club – até que um dia a administração percebeu o que estava acontecendo e o nomeou oficialmente como chefe de cozinha. Depois de ficar famoso, Tony tentou consertar as coisas. Quando foi convidado para participar de um programa chamado *Ready... Set... Cook!*, mas se viu sem tempo, ele passou a oportunidade para Tesar, que acabou fazendo seis episódios. Fazendo o possível para ser gentil, Tony escreveu no *Medium Raw* que "de uma forma muito direta", Tesar foi "responsável por qualquer sucesso que tive como chef" depois que eles se conheceram. Tesar ainda está puto com ele, porém. A última coisa que ele me disse foi: "Não caia nessa coisa toda de chef punk rock. Era só uma performance por trás da qual Tony se escondia."

E o homem performando era... o quê? Não é realmente um cara muito foda? Ele ser menos comum do que o resto de nós não é um ponto a seu favor? Várias pessoas que encontrei em minhas viagens me perguntaram se eu sabia como Tony era fisicamente desajeitado. "O verdadeiro Tony era tímido pra caralho e desajeitado pra caralho", disse-me Robert Ruiz, do Formerly Joe's. "Ele andava de forma desajeitada, colocava as mãos no bar de jeito desajeitado." Isso realmente precisa ser apontado porque Tony era alto e esguio, falava com tanta eloquência e vestia-se tão bem, que muitos o consideravam um exemplo especialmente gracioso de humanidade. Mas a verdade é que ele não era atleta e certamente não era dançarino, tendo provavelmente recusado convites para fazer o *hokey pokey*, ou seu equivalente local, em casamentos em vários continentes. É impossível imaginar Anthony Bourdain dançando. Mas sua estranheza falava de sua humanidade e, ao fazê-lo, apenas enfatizava a distância metafórica que ele havia percorrido em sua vida. Quando o vemos na TV, seu sucesso parece ter sido inevitável, mas na realidade não foi; as coisas poderiam ter acontecido de uma maneira muito diferente.

As coisas foram muito diferentes na empresa de restaurantes de Pino Luongo, Toscorp, que é o que torna a versão de Tony dos eventos tão reveladora. Tony procurou Luongo por uma sugestão de Ruiz. O Supper Club havia fechado repentinamente (e de forma bastante misteriosa) em 1995, depois que uma nova administração decidiu que não precisava de suas operações de boate, e Tony, que já havia começado a procurar por anúncios de empregos no *Times*, mudou-se, com seu novo amigo Steven Tempel a reboque, para o edifício One Fifth Avenue. Quando Ruiz, que trabalhava no departamento de compras do Luongo, lhe telefonou para lhe contar sobre um emprego de subchef que abrira no Le Madri, na West 18th Street, Tony estava há várias semanas em casa fazendo quase nada, um estado de existência que sempre preocupou seus amigos. "Ele não estava ligando ativamente para as pessoas que conhecemos para pegar um turno aqui e ali e eu estava preocupado com a possibilidade de ele se tornar um vagabundo", Ruiz me disse. "Eu sabia que Tony precisava de algo para ocupar sua mente."

Tony se arrumava bem e sempre mudava de ritmo rapidamente. Ele fez uma boa entrevista com o chef de cozinha do Le Madri, Gianni Scappin, na qual foi premiado com o cargo de subchef e, para sua surpresa, perguntado sobre seu interesse em ser o chef de cozinha de um lugar que o Luongo abriria em poucas semanas, no bairro dos teatros, que se chamaria Coco Pazzo Teatro. Ele não sabia muito sobre culinária italiana naquela época, mas Tony fez o que a maioria dos homens faz quando são questionados sobre uma tarefa para a qual não estão preparados – ele disse que parecia perfeito. Em pouco tempo, ele tinha uma reunião marcada com o próprio Pino.

E porque ele era o Tony, ele se preparou lendo os livros de Luongo. E correu bem – ele ganhou Luongo não exatamente no olá, mas em seu primeiro "foda", já que "foda" é uma das palavras favoritas de Luongo, ou pelo menos foi o que ele me disse durante nossa conversa: "Desde o início, Tony me fazia rir. Ele tinha um monólogo divertido sobre limpar as caixas de gordura da cozinha que era digno de George Carlin. Falamos sobre a indústria, sobre a vida, sobre literatura. Eu soube que se o emprego de chef não desse certo, pelo menos eu teria alguém com quem conversar." No jantar que Luongo organizou para os candidatos finais, Tony diz, em *KC*, que conseguiu a sua promoção fazendo anchova grelhada, um item que não era popular no menu de Nova York, mas que era um alimento básico da comida caseira toscana e um peixe que Luongo mencionava com frequência em seus livros. Pelo que Luongo lembra, porém, Tony ganhou o dia com raviolini de brandade, um prato provençal feito de purê de bacalhau, batata e azeite. Ele garantiu que nunca ficaria impressionado com "um pedaço de uma porra de uma anchova."

No fim, Tony durou apenas duas ou três semanas. "Era coisa demais para mim – e nem estamos falando sobre minha relativa ignorância da culinária", disse Tony. O que o afetou, observou ele, era a política tóxica – as manobras constantes, as traições ocasionais e a auto-humilhação realizadas a serviço de um homem que, como ele disse em *Kitchen Confidential*, assustava a todos ao tornar a "punição pelo fracasso tão repentina e definitiva." Luongo, quando conversei com ele, descartou a ideia e disse que, no final, o único problema de Tony era que ele não estava preparado para ser o chef de cozinha. "Cheguei uma noite na hora do jantar e, bem, antes já tinha estado ruim, mas esta noite não havia comida em nenhuma mesa", Luongo me disse. "Fui até a cozinha e Tony estava lá atrás com um cigarro pendurado na boca, xingando os cozinheiros. Um pouco depois, levei-o para dar uma volta no quarteirão e disse-lhe que não estava dando certo, embora nós dois já soubéssemos disso. Eu o trouxe de volta, dividimos uma garrafa de vinho e nos separamos como amigos." A essa altura, todos na equipe já sabiam o que estava por vir. Tony diz que perdeu cinco quilos enquanto trabalhava dezessete horas por dia, sete dias por semana no Coco Pazzo Teatro e no final odiava a diretora de recursos humanos tão intensamente (por fingir que o negócio não estava sendo construído nas costas de equatorianos mal pagos e sem documentos) que sonhava em "bater na cara estúpida dela com um moedor de pimenta". Ele disse em *KC* que foi demitido não por Luongo, mas pelo gerente geral, que tentava, sem sucesso, colocá-lo em um emprego como chef de cozinha. O que quer que tenha acontecido, Tony sofreu um duro golpe em sua autoimagem. Ele sempre se considerou um forte chef de segunda linha, que compensava o que lhe faltava em criatividade culinária mantendo qualquer cozinha em que você o colocasse funcionando sem problemas. Aqui, suas habilidades como organizador e expedidor de pratos pareciam tê-lo abandonado – e Ruiz diz que sabe por quê: porque estava encantado com Luongo antes de começar. "Foi a primeira e última vez que eu vi Tony intimidado."

Pelo menos, ele tinha aprendido uma coisa sobre o poder do medo.

PARTE TRÊS

O que arranha os outros, me destrói.
— GUSTAVE FLAUBERT

Já em 2003, Bourdain disse "Eu tenho pensamentos impuros" sobre a atriz italiana Asia Argento, mas eles só se conheceram e começaram seu relacionamento conturbado em 2016, no set de *Parts Unknown*.
(Foto do casal no Creative Arts Emmy Awards de 2017)

Capítulo 11

Para José de Meirelles, sócio-proprietário da Brasserie Les Halles, a segunda-feira, 12 de abril de 1999, começou com um telefonema às 6h, sempre uma coisa inquietante. Era o porteiro da noite dizendo animadamente em um inglês confuso que havia um caminhão (ou talvez caminhões) em frente ao restaurante na Park Avenue South. "Como assim?", Meirelles perguntou. "Que tipo de caminhão?" Quando desligou, tinha certeza de que o lugar que possuía desde 1990 com seu sócio Philippe Lajaunie estava pegando fogo. Já que ele morava apenas a alguns blocos de distância, conseguiu ir rapidamente a pé, tentando sentir cheiro de fumaça no ar enquanto caminhava. O caminhão não era vermelho, mas azul e branco e enfeitado com o logotipo da *WABC Eyewitness News*. A essa altura, sua equipe estava quase toda na calçada, misturando-se com outros tipos de mídia, alguns dos quais chegaram sem caminhão, mas com bastante equipamento e equipe. "Eu sou o dono do restaurante – o que está acontecendo?", Meirelles perguntou. "Tem algo errado?" De repente, uma luz estroboscópica se acendeu e um microfone foi colocado na sua frente. "É verdade que você recicla o pão e a manteiga?", um repórter perguntou. "Por que quando alguém pede o bife bem passado", disse outro, "você dá a ele um pedaço de cartilagem ou às vezes carne que caiu no chão?" E, claro: "É realmente tão perigoso pedir peixe às segundas feiras?"

Doze de abril de 1999 foi o dia em que a edição da *New Yorker* que continha o artigo de Tony – *Não coma antes de ler isto: um chef de NY conta vários segredos* – chegou às bancas. Com base na resposta às cópias antecipadas distribuídas pelos publicitários da Condé Nast no fim de semana anterior, já prometia ser o texto sobre comida mais comentado da revista em vinte anos. Naqueles dias, antes da mídia social, quando uma revista ou mesmo um artigo de jornal chamava a atenção, poderia rapidamente se tornar o tópico principal de discussão. A mídia de Nova York naquele 12 de abril parecia não ter nada mais importante do que o pão, a manteiga e o peixe no Brasserie Les Halles. À medida que a manhã se transformava em tarde, o caminhão da ABC seria acompanhado por veículos e equipes de filmagem de pelo menos dez outras estações de rádio e TV de Nova York. Praticamente todos os funcionários do Les Halles que chegavam eram atacados e interrogados sobre os padrões éticos e sanitários do restaurante. Dezenas de homens e mulheres foram questionados nas ruas se jantariam fora de novo, sabendo o que o repórter acabara de lhes dizer sobre as práticas modernas de restaurantes. Então, por volta das 16h, o próprio autor chegou – parecendo decididamente telegênico, graças a Deus – e o frenesi aumentou.

Para os donos do Les Halles, a princípio foi um momento intrigante. Meirelles e Lajaunie passaram o dia preocupados com a possibilidade de uma ou outra comissão cruel da cidade de Nova York fechar seu estabelecimento e talvez também suas filiais satélites em DC, Miami e Tóquio. Os negócios andavam muito bem ultimamente – teria sido essa uma reversão da sorte? Eles sabiam que Tony Bourdain tinha algum tipo de artigo sendo publicado e que dizia respeito ao negócio de restaurantes, mas, além disso, não haviam discutido muito o assunto. Eles tinham descoberto duas semanas antes, ao mesmo tempo que todos os outros que trabalhavam no Les Halles, quando, cerca de meia hora antes do turno do jantar, Tony disse que tinha um anúncio a fazer. Então, com aquele seu sorriso já conhecido bem aberto, ele abriu a carteira e ergueu um cheque de US$ 10.000 do *New Yorker*, virando-se para um lado e para o outro como o vencedor de Wimbledon exibindo seu troféu. Foi o máximo de dinheiro que ele já tinha ganhado por um texto, ele disse, e na verdade o máximo que ele já tinha ganhado na vida. E então ele disse, em resposta aos aplausos: "Vou pagar uma bebida para todos!"

Era tudo um pouco ridículo, ele achava. Tony tinha escrito o texto quase como uma reflexão tardia depois de terminar seu segundo romance, *Gone Bamboo*, e se descobrir, como os escritores às vezes dizem, ainda "na zona". E já que ele era o Tony, não demorou muito para terminar. Ele vinha fazendo anotações no estilo orwelliano sobre o negócio de restaurantes desde seus dias no W.P.A. no início dos anos 1980, então ele as organizou em sua cabeça e não precisou fazer nenhuma pesquisa original. E não pensou que seria nada demais e, mesmo quando terminou, ainda pensava o mesmo. Ele imaginou que o público potencial seriam cozinheiros, lavadores de pratos, ajudantes de garçom, garçons e afins, e não os clientes regulares de restaurantes que poderiam estar interessados no que acontece com a comida que comem antes que ela chegue ao prato. Na verdade, ele deu tão pouca importância ao artigo, que o enviou primeiro para a *New York Press*, que era distribuído gratuitamente em caixas nas esquinas e pagava quase nada a seus freelancers. O pequeno semanário alternativo parece tê-lo recebido calorosamente, prometeu enviar-lhe US$ 100 após a publicação, mas depois ficou em silêncio por meses. Tony aparentemente se esqueceu do artigo por um tempo, mas então, uma noite, enquanto estava sentado em casa e pensando sobre a vida em geral, como costumava fazer naquela época, de repente ele se sentiu subestimado pela *Press*. "Em um momento de arrogância, bêbado tarde uma noite, eu disse, sabe, 'Foda-se – estou pegando o texto de volta' – e coloquei em um envelope e enviei para a *New Yorker*", disse ele mais tarde. Essa era a história dele, de qualquer maneira, e ele a manteve, embora não fosse exatamente a verdade.

O que ele não queria dizer publicamente era que sua mãe, Gladys, foi quem conseguiu que o texto fosse publicado. Não sabemos todos os detalhes, mas ela viu o artigo e achou bom o suficiente para colocá-lo nas mãos de Esther B. Fein, uma colega do *New York Times* e esposa do editor do *New Yorker*, David Remnick. "Meu filho escreveu algo", ela disse, "e talvez você possa repassar para seu marido." (Seu tom, Remnick disse mais tarde, era de desculpas.) Quando você é o editor do *New Yorker*, ou mesmo sua esposa, as pessoas colocam manuscritos em sua mão, ou enviam por e-mail, o tempo todo; mas, neste caso, Fein aceitou com um sorriso e naquela mesma noite o passou para o marido, pedindo: "Apenas seja educado com a Sra. Bourdain."

Depois que Tony se tornou famoso, Remnick era frequentemente solicitado a contar a história e ele parecia gostar de lembrá-la. "Abri o envelope sem nenhuma expectativa e imediatamente me vi entretido e fascinado [pelo texto]", disse ele, observando que "nunca se sabe, boa escrita, de onde ela pode vir". Ele disse que achou as histórias de Tony sobre a vida no restaurante "engraçadas, um pouco nojentas", especialmente os relatos de trabalhadores fazendo sexo na cozinha, mas tudo bem "porque a imagem que ele pintou da vida dentro de um restaurante era eletrizante." Ele mal podia esperar para falar para Tony o que achava. "Qualquer editor lhe dirá que a melhor coisa sobre o trabalho é dizer 'sim' – é ligar para alguém que não está acostumado e dizer: 'Quero publicar seu artigo'". Remnick acabaria entrando em contato com Tony durante a hora do jantar no Les Halles, talvez porque, nesse momento, seu telefone residencial tinha sido desligado por falta de pagamento. Mais tarde, quando questionado sobre o que mais lembrava da ligação, Tony diria: "Eu estava... filetando um salmão."

Tony não teve espaço em *Não coma antes de ler isso* para esboçar personagens coloridos dos bastidores, como Pé Grande, Luongo, Steven Tempel, Adam Real-Sobrenome-Desconhecido

Miserável no Paraíso

e Jimmy Sears, que ajudaram a tornar *Kitchen Confidential* um sucesso, mas no espaço de cerca de 2.700 palavras ele conseguiu transmitir bastante sobre sua atitude em relação à culinária profissional e atingiu todos os pontos de conversa que o tornariam, primeiro, um autor de best-seller e, depois, um muito procurado convidado de talk-show. Ele condenou vegetarianos hipócritas, *brunchers* incuráveis e a indescritivelmente irritante multidão do "pode ser bem passado?"; ele demonstrou empatia sobre a cozinha ser "o último refúgio do desajustado" e defendeu a superioridade objetiva da carne de porco sobre a galinha, o tempo todo dando a impressão de que estava contando mais segredos importantes sobre o negócio do que ele – se você olhar de perto e subtrair coisas sobre as quais ele teria que falar novamente, como a coisa de não pedir peixe na segunda-feira – realmente estava.

Embora ele não dê muitos detalhes biográficos no artigo, ele deixa claro, usando referências a coisas como "navios reais da época de Napoleão", Orwell, Balanchine e Hezbollah, que ele é o professor perfeito para um leitor da *New Yorker* curioso sobre o que acontece do outro lado das portas que separam a cozinha do salão do restaurante. Mas Tony era realmente capaz de escrever prosa da qualidade da *New Yorker?* Ele disse que os editores mal tocaram em seu manuscrito. Isso, claro, é o que todos os escritores vão falar e Tony já era conhecido em alguns lugares por seu estilo de escrita rápido e sujo. Certamente parece que Remnick, ou alguém abaixo dele, eliminou o negócio de chefs fazendo sexo em suas tábuas de corte, ou o que quer que ele tenha citado como nojento, porque nada disso aparece no artigo publicado. E ainda assim... como poderia um ensaio tão impregnado de Tony ("Eu queria tudo: os cortes e queimaduras nas mãos e pulsos, o humor macabro da cozinha, a comida de graça, a bebida roubada, a camaradagem que florescia dentro de uma ordem rígida e do caos que destruía nervos") ter sofrido tanta intervenção editorial? Provavelmente não sofreu. Tony não era um ótimo escritor, mas ele escrevia bem. Mas quando você encontra seu assunto, você não precisa nem *ser* um escritor para fazer a mágica acontecer – e Tony finalmente tinha encontrado o seu.

Meirelles me disse que, cerca de um dia após a publicação da história, ele percebeu que não tinha sido uma má notícia para seu restaurante. "Eu vi as reservas aumentando", disse ele, "e relaxei". Uma nova categoria de nova-iorquinos, que logo seriam conhecidos como *foodies*, queria experimentar a culinária francesa que Tony havia descrito no artigo – e talvez ter um vislumbre ou até mesmo trocar uma palavra com o chef alto e bonito que estava, de repente, em todos os noticiários noturnos. E ele ficava feliz em realizar esse desejo. A equipe do Formerly Joe's provavelmente teria ficado surpresa com o Tony da fase Las Halles, que era muito descontraído e acessível, o tipo de chef que geralmente andava pela cozinha, acenava com a cabeça e fazia sugestões para os cozinheiros de linha apressados.

"A facilidade com que encarava a vida e a comida ficou bem evidente na entrevista de emprego que ele fez comigo", disse Meirelles. "Ele não era o candidato mais forte que eu tinha porque nunca havia trabalhado em um restaurante tradicional francês, mas tinha a melhor atitude – não convencional, irreverente, confiante em si mesmo. Nesse sentido, ele parecia refletir nosso tipo de restaurante – e também fazia uma sopa de cebola muito boa!" Tony estava consciente do tanto que havia mudado. No último parágrafo de seu artigo para a *New Yorker*, ele escreveu: "Eu costumava ser um terror para minha equipe, principalmente nos últimos meses de meu último restaurante. Mas não mais. Hoje em dia, sou o chef de cozinha de um brasserie/bistrô francês muito amado e tradicional, onde os clientes comem a carne malpassada, os vegetarianos são raros e todas as partes do animal – cascos, focinho, bochechas, pele e órgãos – são preparadas e consumidas com avidez e apreço. Cassoulet, pés de porco, tripas e charcutaria vendem loucamente."

Miserável no Paraíso

A estranha alegação que Tony parece estar fazendo aqui é que foi o colesterol e/ou a proximidade com outros carnívoros que o acalmaram e o tornaram um líder mais humano. O mais provável, porém, é que ele tenha envelhecido e caído no tipo de vida – sem cartões de crédito, sem seguro saúde, com o aluguel atrasado e delinquente em seus impostos apesar de ter um emprego satisfatório e seguro e um desejo sincero de ser um bom cidadão – que trouxe consigo um sentimento de resignação que levou, por sua vez, a um amadurecimento profissional. Esse "último restaurante" a que se referiu foi o Sullivan's, onde trabalhou durante um ano como chef de cozinha entre a derrocada com Pino Luongo e o feliz casamento com Les Halles. O lugar, localizado no venerável Ed Sullivan Theatre (na época a casa do *Late Night with David Letterman*), tinha um tema óbvio, mas uma missão confusa (era para ser o tipo de lugar que Ed frequentaria? Era para evocar seu "grande espetáculo"?) que manteve os clientes afastados desde o início. À medida que os negócios diminuíam constantemente, Tony voltou brevemente a gritar e jogar panelas ocasionalmente. Mas no final ele decidiu que não estava em um estado de espírito de valentão. Ele não queria deixar seus funcionários ansiosos oito horas por dia, como Luongo, Menschel e outros chefes cretinos faziam, só porque podia. Era muito bom ser tão querido quanto ele era no Les Halles, tanto pela administração quanto pelos subordinados. Claro, qualquer coisa parecida com felicidade e serenidade sempre parecia deixar Tony um pouco nervoso e geralmente se tornava uma estação intermediária a caminho de um sentimento totalmente diferente. Com o tempo, seu estilo mudaria novamente.

O pedido de Meirelles e Lajaunie para que Tony visitasse sua filial em Tóquio para tornar a comida de lá mais parecida com o Les Halles em Nova York parecia um tapinha nas costas e um presente dos céus. Ele nunca estivera no Japão, ou em qualquer lugar fora dos Estados Unidos além da França e do Caribe, e aos 43 anos e completamente falido, ele tinha abandonado, ele nos conta em *KC*, toda a esperança de ter grandes aventuras. Por razões orçamentárias – tanto dele quanto do restaurante – Nancy não iria com ele e isso significava que em suas horas de folga ele teria total liberdade para vagar em um estilo observador, se meter em encrenca, aprender uma coisa ou duas – e, com Lajaunie uma noite, descer "uma escada mal iluminada em um pátio deserto" para "a refeição mais incrível da minha vida". Sua descrição da orgia de sushi e saquê que se seguiu é tão brilhante quanto a refeição em si, sem dúvida, sendo um dos primeiros exemplos típicos de Tony. Sentimos sua dor/prazer quando dez pratos se tornam quinze e quinze se tornam vinte e poucos e o vinho de arroz não para de fluir até que – com uma reverência e um grito educado de *"Arigato gozaima-shiTAAA"* – eles saem e, depois de deixar Lajaunie, ele para em um falso pub irlandês para tomar uma bebida antes de dormir. William Blake escreveu em *Provérbios do Inferno* que "A estrada do excesso leva ao palácio da sabedoria", mas para Tony, nesta ocasião, levou ao mercado de peixes de Tsukiji, onde ele deveria estar em apenas algumas horas para fazer compras para o restaurante. Como Ernest Shackleton, Edmund Hillary e Roger Bannister, Tony nos ensinou muito sobre os limites da resistência humana, a diferença sendo seu foco no fígado.

A viagem ao Japão aconteceu logo depois que Tony descontou o cheque de Remnick e, talvez por se sentir validado como escritor, ele começou a enviar relatórios bem elaborados das coisas que estava vendo e fazendo para seu velho amigo Joel Rose por e-mail. "Eu não conseguia parar de ler", Rose me disse. "Eles eram engraçados e interessantes." Rose na época era casado com a então editora da Bloomsbury, Karen Rinaldi, e eles tinham um filho pequeno chamado Rocco. Quando Tony lhe enviou uma descrição de sua viagem a Tsukiji – contando sobre como chegou às 4h30 e encontrou "vieiras em conchas pretas do tamanho de raquetes de neve sobre gelo picado; peixes ainda se batendo, se contorcendo e lutando em poças de água, cuspindo em mim enquanto eu caminhava pelo primeiro de muitos corredores estreitos entre as barracas dos vendedores" – Rose se sentiu compelido a mostrar a peça para sua esposa, que estava sentada no chão da sala ao lado amamentando o bebê.

"Leia isso!", ele disse.

"Estou com as mãos ocupadas – leia para mim", ela respondeu, e quando ele o fez, e ainda retomou alguns e-mails anteriores para garantir, Rinaldi expressou espanto. Ela conhecia Tony um pouco naquele ponto e estava ciente de seus romances de mistério, mas este trabalho parecia fundamentalmente diferente – e melhor. "Ele tem mais histórias como essa?", Rinaldi perguntou.

"Um zilhão delas."

Na verdade, era mais como um punhado delas, mas um exemplo de sua não ficção estava prestes a ser publicado por David Remnick. Rose pediu a Tony que enviasse o artigo sobre os restaurantes para sua esposa e, quando ela o leu, Rinaldi sentiu imediatamente que havia um livro na ideia. Sabendo que ele estaria em uma posição de barganha melhor assim que a história fosse publicada, ela rapidamente ligou para a agente de Tony, Kim Witherspoon, que tinha negociado o pequeno acordo para seu segundo romance, e fez uma oferta de US$ 50.000 por uma versão expandida do artigo. Era muito menos do que ele poderia ter recebido algumas semanas depois, mas Rinaldi sabia que soaria como uma quantia de dinheiro que mudaria a vida dele – tentador demais para recusar – e, portanto, ela não apenas entrou com um valor relativamente baixo, mas também acrescentou que se Tony não concordasse com os termos dela assim que voltasse do Japão, o acordo estava fora de questão. Rinaldi estava apenas fazendo o que deveria fazer como uma editora cujas responsabilidades incluíam aquisição e, de qualquer forma, isso era apenas um adiantamento de royalties futuros. Se o livro decolasse, como ela imaginava que aconteceria, seus ganhos se multiplicariam.

Rinaldi e Tony tinham combinado de se encontrar para um drink e discutir o assunto no final daquela semana, mas antes que isso acontecesse, ele teve a experiência de caminhar para o trabalho depois de prestar serviço como jurado, virar a esquina na Park Avenue South e, para sua surpresa (ainda não existiam celulares), ver caminhões de notícias reunidos em frente ao Les Halles e repórteres perambulando pelas calçadas com seus microfones. Ele imediatamente percebeu do que se tratava a comoção e, não pela primeira vez em seus quarenta e três anos, sentiu como se estivesse vivendo dentro de um filme – este chamado algo como "O resto muito diferente da minha vida". Tudo o que ele precisava fazer era atravessar a rua e fazer sua grande entrada – e sem nenhum tipo de hesitação, ele o fez.

Kitchen Confidential não foi um daqueles livros que se escreviam sozinhos. A técnica de Tony não funcionária se ele não tivesse noção do que queria escrever. Simplesmente encadear os eventos de sua vida em ordem cronológica não parecia um plano promissor porque, por um lado, ele ainda não era famoso o suficiente para que os leitores se preocupassem com qualquer coisa que não estivesse diretamente relacionada à sua (bastante medíocre) carreira como chef – e por outro, a abordagem "e então, e então" para contar histórias pode rapidamente se tornar ridícula. Enquanto isso, e de forma bastante enlouquecedora, é um axioma do mercado editorial que os memorialistas (e biógrafos) desviem da abordagem cronológica por sua conta e risco, tão natural esse método que parece que se está sempre tentando criar o tipo de história que não se consegue largar. Além disso, de onde viria o drama e conflito da vida de Tony? É verdade que ele havia usado muitas drogas em sua época, mas, como vimos anteriormente, ele entendeu que os vícios de outras pessoas são chatos; então, a menos que fosse tratado com destreza extraordinária, esse aspecto de sua vida provavelmente não deveria receber muito espaço. E então, é claro, havia o pequeno problema de que Tony realmente não tinha tantas bombas para lançar sobre coisas que você deveria pensar duas vezes antes de pedir em restaurantes. Quanto você pode falar sobre vermes que algumas vezes infestam peixes espada sem levantar suspeitas de que você deveria ter ficado com um artigo de revista e não um livro?

Como este foi seu primeiro livro de não ficção, Tony sozinho provavelmente não resolveria muitos desses problemas e, portanto, a construção de *KC* tornou-se, desde o início, um esforço de equipe incluindo Rinaldi, Rose, o editor da Bloomsbury, Panio Gianopoulos, e Daniel Halpern, editor do selo Ecco da HarperCollins, que disse: "Ele entregava os capítulos e conversávamos sobre como estruturar o livro. O que deveria sair, o que estava repetitivo." E é crédito de todos que participaram da sua construção o fato de não pensarmos duas vezes sobre como *KC* é consistentemente interessante, desde sua abertura, "Comentário do Chef", em que ele fala sobre como ele é apaixonado e comprometido com o negócio de restaurantes, ao capítulo chamado "A cozinha está fechada", em que ele fala sobre como ele é apaixonado e comprometido com a sua então esposa Nancy. O fato de ele ter se mostrado um péssimo previsor de eventos futuros dificilmente é tão importante quanto sua disposição de expor suas emoções, de se expor e correr o risco, à maneira de Montaigne, de ser real.

Se *Kitchen Confidential* tivesse sido um fracasso comercial, haveria muitas possibilidades de culpados para apontar. O livro segue *Na Pior em Paris e Londres* de Orwell, como Tony originalmente pretendia, mas não muito de perto e nem muito de longe. Na maior parte, é *sui generis*, uma miscelânea sozinha em um gênero em que escritores e editores muitas vezes buscam encontrar uma fórmula vencedora. Possui trechos de narrativa cronológica intercalados com capítulos de conselhos sobre a compra de equipamentos de cozinha. Há momentos em que Tony nos convida a torcer por ele como um herói do hedonismo e histórias que o retratam como um idiota infeliz. Tem um falso discurso de formatura para os formandos de uma academia de culinária, um capítulo sobre as armadilhas de ser dono de um restaurante e outro sobre como as pessoas se comunicam na cozinha – após o qual a linha narrativa, você percebe apenas na segunda ou terceira leitura, é efetivamente abandonada. Esboços de personagens bastante longos surgem aqui e ali e ameaçam confundir a cronologia, já que as pessoas sobre as quais ele está escrevendo às vezes entraram e saíram de sua vida ao longo de décadas. Se não tivesse vendido, muitas pessoas teriam dito que era uma bagunça. Mas não apenas vendeu, explodiu.

"Totalmente fascinante, arrogante com um machismo estiloso e um ouvido preciso para o dialeto da cozinha", disse a revista *New York*. "O tipo de livro que você lê de uma só vez e depois se apressa em irritar seus colegas de trabalho repetindo passagens inteiras", disse o *USA Today*. "Bourdain rasga alegremente o cenário para descrever os horrores privados dos bastidores nunca sonhados pelo público confiante", elogiou o *New York Times*. Dezoito anos depois, quando Tony morreu, um porta-voz de sua editora disse: "Na verdade, mantemos bastante estoque deste título porque ele tem sido uma venda constante para nós, semana após semana".

Tony rapidamente recuperou o adiantamento do livro e o dinheiro continuou chegando. "Ele costumava falar sobre como, na época, ele e Nancy deitavam na cama em seu apartamento e ligavam para o banco para obter a atualização automática de seu saldo", disse-me o chef David McMillan. "Eles seguravam o telefone entre eles, cada um com um ouvido nele, e quando a voz robótica dizia o número, eles gritavam e riam ruidosamente. Então eles desligavam e faziam de novo, várias vezes. Tony disse que 'nunca fica cansativo'".

Exceto que, para Nancy, que não ligava muito para o dinheiro e não queria a atenção que vinha com ele, ficou cansativo rapidinho.

Capítulo 12

Eles desembarcaram em São Petersburgo e Nancy imediatamente desapareceu – primeiro em si mesma ("Não me lembro dela dizendo uma única coisa durante toda a viagem", Zamir Gotta, russo contratado para ajudar a produzir um episódio de *A Cook's Tour*, me disse) e depois para o Hermitage, onde ela permaneceu por horas enquanto Tony e sua equipe tentavam sair dos caminhos normais dos turistas para conhecer a cidade real. "Nada de museus para aqueles caras", disse Gotta. Era fevereiro de 2001, o início da jornada de Tony na TV, a primeira temporada de seu primeiro programa; mas tanto ele quanto Nancy já haviam caído em certos padrões, padrões que nunca mudariam.

Sim, ele era mais do que uma cabeça mais alto, grande e desengonçado, enquanto ela era fisicamente delicada; ele estava na TV enquanto ela preferia assistir – mas Tony e Nancy eram, em muitos aspectos fundamentais, muito mais parecidos do que diferentes. Embora já passassem dos quarenta, ambos permaneciam notavelmente ingênuos em relação ao mundo – às vezes parecia que eles ainda precisavam ser cuidados como crianças –, pessoas que, apesar do trabalho dele e do dinheiro da família dela, por muitos anos não conseguiram se manter solventes. "Imagina, eles vieram para São Petersburgo no meio do inverno e não trouxeram chapéus!", Gotta contou. "Minha primeira tarefa foi encontrar alguns chapéus de pele no mercado ilegal." Ele teve que fazer praticamente tudo por eles – alugar um apartamento, escolher os restaurantes que iriam visitar, encontrar para eles a casa de um "verdadeiro" russo que iria preparar o jantar para eles enquanto a câmera rodava, apontar para locais históricos (como o Palácio de Verão de Catarina, a Grande) que podiam ser usados como planos de fundo ou até mesmo como locações – até dar dicas a Tony sobre como se sentir confortável falando com os russos na frente da câmera (especialmente quando os russos em questão estavam gritando a plenos pulmões, puxando peixes por um buraco no gelo e bebendo galões de vodca). Nesse sentido, a equipe da *A Cook's Tour* tinha necessidades muito diferentes dos figurões da mídia ocidental que eram os clientes habituais de Gotta, e ele diz que a perspectiva de "trabalhar com um outro tipo de americano" (que ele definiu para mim como "o tipo que não liga para você às 3h da manhã e diz: 'Meu hotel não pode me trazer a porra de um cappuccino!'") parecia intrigante o suficiente para ele dizer sim a um trabalho que – como o produtor do programa, Chris Collins, descreveu para ele no telefone de Nova York – aparentemente não tinha limites.

Com Tony e Nancy, Gotta conseguiu exatamente o que ele queria. Nenhum deles jamais seria confundido com um executivo de emissora. Quando ele os buscou no aeroporto, Tony estava usando seu brinco e anel de polegar, que combinados com suas roupas usadas levaram Gotta a concluir que eles eram do tipo "pé no chão". "Eles praticamente pareciam hippies", disse. Ainda assim, quando, ao chegar ao apartamento que havia conseguido para eles, Gotta descobriu que a água quente não estava funcionando, ele se preparou para uma explosão. "Situações de merda como essa são comuns na Rússia, mas, pela minha experiência, os americanos não estão acostumados a situações de merda e não lidam com elas muito bem", disse ele. Em vez de reclamar, porém, Tony disse: "Não é grande coisa – vamos sobreviver", e sugeriu que deixassem as malas desfeitas no apartamento e saíssem para jantar. Essa abordagem leve com relação a acomodações definitivamente *não* foi o começo de um padrão para Tony, que se tornou cada vez mais exigente sobre confortos com o passar das temporadas de seus programas. Na produção de *Parts Unknown*, se alguém o colocasse em um quarto em que ele não pudesse tomar banho depois de um voo de 11 horas, com certeza seria demitido. Mas na época, porém, Tony parecia satisfeito de ter um teto sobre a sua cabeça.

Gotta os levou a um de seus lugares preferidos, que ficava não muito longe dali. Quando a vodca "começou a fluir", disse ele, Tony, ciente de que não tinha reputação que o precedesse, contou ansiosamente sua amada história de origem – mencionando o envolvimento com drogas pesadas, o fato de estar fritando batatas aos quarenta anos, o sucesso meteórico de seu livro, e agora o show na televisão, que aconteceu muito depois que ele já tinha desistido de ser algo especial. Durante todo o tempo, Nancy ficou sentada em silêncio, parecendo estar tentando desaparecer da cena. O que parecia um casal incompatível era na verdade duas pessoas extremamente tímidas, lidando com sua condição de maneiras diferentes. À medida que a fama de Tony crescesse, ele teria oportunidades cada vez maiores de lidar com suas ansiedades, como estava fazendo naquela noite, e isso criaria uma barreira entre eles – mas no início da ascensão de Tony, ele e Nancy eram, disse Gotta, "mais como melhores amigos do que como um casal romântico ardente", respeitando os mecanismos um do outro e ainda basicamente vivendo a vida indo do cigarro à bebida e ao cigarro.

Mas e o programa de TV que eles estavam fazendo na Rússia? Gotta se perguntou. Não havia, sei lá, algum tipo de *plano* para isso? Enquanto ele e Tony conversavam noite adentro, Gotta pôde ver que a estrela tinha muito mais a dizer sobre o que ele *não queria fazer* – "coisas de diário de viagem", clichês da TV – do que o que ele gostaria de ver acontecer na câmera. "Não havia um roteiro, uma *outline*", Gotta contou. Mas isso não significa que Tony não estava preparado à sua maneira. "Ele obviamente tinha feito sua lição de casa", explicou Gotta. "Ele não era o tipo que faria cursos para aprender qualquer coisa, mas ele era autodidata na história e cultura russas. Ele sabia tudo sobre, por exemplo, o cruzador Aurora que disparou o primeiro tiro durante a Revolução de Outubro de 1918, ele era um grande fã de Sergei Eisenstein e seu filme *O Encouraçado Potemkin*." Foi sobre como exatamente Tony e a equipe pretendiam usar esse vasto estoque de conhecimento que as coisas estavam um pouco vagas. Gotta pensou que aquela abordagem para fazer televisão – que era basicamente ir aonde o dia os levasse e confiar em Tony ou (neste caso) Chris para ter ideias de última hora – era "assustadora e amadora, mas no bom sentido".

Quando as ideias começaram a surgir, elas não pararam mais. No final da refeição, um Tony levemente embriagado surpreendeu a todos – incluindo, provavelmente, a si mesmo – ao pedir a Gotta que aparecesse diante das câmeras como seu interlocutor e contraponto. Gotta – de olhos tristes, acima do peso, sempre com a barba por fazer e totalmente inexperiente em ser "o talento" – hesitou no início, mas Tony garantiu que ele ficaria bem. "Sinto que posso me relacionar com você", disse ele. "Além disso, posso falar com você em inglês e não apenas abordar estranhos que não têm ideia do que estou falando." A decisão impulsiva acabou sendo um exemplo inicial e vívido do instinto de TV de ouro de Tony: Gotta provou ser natural e uma fonte de informações valiosas – mas também foi um ajuste bastante significativo fazer bem depois da meia-noite do dia em que você está programado para começar a filmar. Por outro lado, por que diabos não fazer as coisas diferentes? Qualquer coisa que um profissional normal da TV absolutamente não faria era, na visão contrária de Tony, automaticamente e sem dúvida melhor.

Na manhã seguinte, ele e Gotta improvisaram uma pequena esquete cafona na qual se encontraram como uma dupla de espiões

Miserável no Paraíso

da era da Guerra Fria trocando palavras em código em praça pública (clichês eram permitidos se você os estivesse ironizando), e foi um sucesso... Não apenas em relação às filmagens de São Petersburgo, mas também em termos de uma relação de trabalho estendida. Eventualmente, Gotta apareceria em dez outros episódios dos programas de Tony e ocasionalmente o apresentaria em suas turnês de palestras antes de ser eventualmente afastado, como aconteceu com quase todo mundo.

Tony podia parecer o antiautoritário definitivo, do tipo pega-este-emprego-e-enfia-no, mas ele não saiu do Les Halles imediatamente depois que *Kitchen Confidential* o deixou pelo menos semi-rico. Ele estava no negócio de restaurantes há tempo suficiente para saber que o sucesso pode desaparecer rapidamente. Realmente não era tão estranho para o cara que às vezes vinha trabalhar, ele disse, "com a cara cheia de maquiagem para a TV", ainda estar cozinhando filé com fritas e ossobuco porque todas aquelas aparições únicas que ele fazia para promover *KC* não faziam dele uma verdadeira celebridade. É sempre curioso quantas pessoas *não viram* o programa do *Letterman* na noite passada. Além disso, havia contratado uma ex-cozinheira de linha, Beth Aretsky, para ser sua assistente pessoal; e com ela cuidando de suas reservas e de todos os outros detalhes, ele poderia alternar entre o trabalho de chef e o circuito de *talk shows* com o mínimo de confusão. O verdadeiro fardo do sucesso ainda não tinha chegado. Ele ainda era apenas um autor famoso.

Ele não se tornaria um grande nome ou rosto conhecido até conhecer um trabalho fixo na TV. A fama, como o vício em heroína, precisa de persistência. No começo de 2001, Tony não pensava em ser mais celebridade ou sobre algo a longo prazo na TV. Por que pensaria? *KC*, por natureza, não funcionaria como uma adaptação (uma sitcom de curta duração seria a maior prova disso). Claro, o sucesso sempre faz aparecerem pessoas que querem ajudar você a capitalizar e estão dispostas a torturar seu conceito original para além do reconhecimento para fazê-lo. Uma tarde ele recebeu, no restaurante, a visita de dois homens "de aparência importante", ansiosos para conversar sobre transformar seu livro em um reality show. Essa oportunidade ele sabiamente declinou sem nem mesmo conversar com sua agente. Sua forma de capitalizar seria tradicional e relativamente digna: ele escreveria outro livro que seria comercializado como "do autor de *Kitchen Confidential*". Fazia sentido. Ele tinha carta branca – ou pelo menos esbranquiçada – na Bloomsbury. Ele era um escritor, e escritores escrevem livros, então por que *não* fazer isso? Sobre o que seria o livro, porém, ele ainda não sabia. Ideias sobre livros nunca tinham sido o ponto forte de Tony. Certa vez, ele confessou isso a um velho amigo do colégio enquanto bebiam juntos, em 2005; mas qualquer um pode ver esse problema examinando sua obra – que, do lado da não ficção, é feita principalmente de livros de receitas e compilações de textos mais curtos – ou considerando a ideia que ele teve neste caso. Essencialmente, ele "viajaria o mundo em busca da refeição perfeita."

Embora à primeira vista possa parecer o contrário, viajar pelo mundo em busca de uma refeição perfeita é, à sua maneira sutil, uma péssima ideia para um livro; é muito óbvio, óbvio demais para se transformar em algo que vale a pena ler. Na verdade, eu chegaria ao ponto de chamá-la de uma ideia não profissional, no sentido de que parece o tipo de ideia que alguém que não está no ramo de livros teria (e acharia bastante brilhante). Se eu tivesse que dar uma nota, seria um 5,0 muito bonzinho. Mas livros são uma coisa, TV é outra. Se você chamar isso de ideia para a TV, melhora significativamente – especialmente se você considerar a aparência e a voz de Tony, seu status de chef veterano, como ele sempre foi propenso a primeiras impressões interessantes de lugares e coisas e o fato de que ele ainda era, para todos os efeitos práticos, um virgem de viagens. Como uma ideia de TV, é um 9,0, isso se não for um 10. Mas não acredite em mim para isso.

Pense em como uma profissional de TV experiente como Lydia Tenaglia reagiu quando viu um artigo em um jornal dizendo que a Bloomsbury havia contratado Anthony Bourdain para um livro de viagens chamado *A Cook's Tour*, que seria sobre sua viagem pelo mundo em busca da refeição perfeita: ela chamou a atenção e mostrou a história para seu namorado/colega, Chris Collins, sentado na mesa ao lado. E quando eles leram juntos e souberam que Tony logo partiria para o Japão e de lá para o Vietnã e depois para o Camboja e assim por diante em busca de uma refeição que qualquer idiota saberia instantaneamente que ele nunca iria realmente encontrar, Tenaglia disse em voz alta: "Esse é o nosso cronograma de filmagem!" – e ligou para ele no Les Halles.

Inicialmente, Tony não gostou do interesse deles. Aos 30 e poucos anos, Tenaglia e Collins não eram grandes nomes na indústria da TV na época. Eles eram, na verdade, produtores/diretores freelancer, cuja fama tinha surgido de um reality show sangrento chamado *Trauma: Life in the E.R.*, que tinha ido ao ar na TLC. A ideia por trás de *Trauma* era contar as histórias verdadeiras dos profissionais médicos cujas vidas estavam sendo dramatizadas e glamourizadas na série de sucesso da NBC, ER, estrelada por George Clooney. Não era TV ruim. *Trauma* foi produzido pelo braço de TV do *New York Times* e ganhou quatro indicações ao Emmy, mas não era o tipo de programa que Tony assistia; e quando Tenaglia lançou a ideia de lançar um programa de TV do *A Cook's Tour* para a Food Network, ele decidiu que eles tinham "problemas muito além da usual falta de imaginação". Eles não sabiam que Tony vinha criticando publicamente as estrelas da Food Network como Emeril e Rachael Ray, que seu desgosto com o canal e todos os reality shows cafonas e de segunda categoria que ele representava "já era uma piada pronta, parte de uma apresentação de comédia que viveria muito tempo depois que eu parasse de apresentá-la"? Quando eles ligaram de volta uma semana depois para dizer que haviam marcado uma reunião com ele por meio de sua agente, Kim Witherspoon, a fim de discutir mais a ideia para a TV, Tony disse que estava "muito puto. Era, eu tinha certeza, uma puta perda de tempo. Eu não fiz a barba e nem tomei banho antes da reunião."

Tenaglia lembra que, quando chegaram, na calmaria entre o almoço e o jantar, ele estava sentado no bar com o paletó de chef desabotoado, tomando um drinque. Aparentemente, ele achou difícil manter sua raiva diante de seu entusiasmo lisonjeiro, porque ele os ouviu com calma quando eles descreveram a série que tinham em mente e disse sim ao pedido deles para apenas observá-lo por um tempo, movendo-se na cozinha e dando ordens. Tenaglia se preocupava com a altura dele e com a necessidade de evitar que isso fosse uma distração para os espectadores, mas gostou do fato de ele parecer claramente "no controle" de seu ambiente. Ela também gostou do fato de ele obviamente estar se entusiasmando com a ideia de tê-los com ele enquanto fazia sua viagem ao redor do mundo. Em uma entrevista que eles filmaram alguns dias depois no porão do restaurante, Tony fez o que ela chamou de um pequeno discurso romântico sobre a possibilidade de viajar pelo mundo na idade dele e expressou sua gratidão por finalmente poder viajar sem destino único. A Food Network deu uma olhada no sincero solilóquio de dez minutos e concordou com duas temporadas, a primeira começando com vinte e três episódios, da série ainda mal esboçada.

E assim começou a jornada cheia de alegria, dinheiro, sexo e amor da qual ele nunca voltaria para casa. Observá-lo ir, ao longo de vinte e três temporadas, de *A Cook's Tour* para *No Reservations* e *Parts Unknown*, seria como assistir os Beatles evoluir de um quarteto de cabeludos estridentes para uma pequena comunidade de artistas que não conseguia mais se unir. Praticamente tudo sobre o trabalho de Tony na TV ficaria mais rico, com mais nuances e também mais triste com o passar do tempo. *A Cook's Tour* foi "aquele programa anterior e menos bom naquela outra rede não tão boa", ele escreveria nos anos posteriores, mas pelo menos ninguém poderia acusá-lo de ser engenhoso. Não enquanto Tony se pavoneava com uma jaqueta de couro preta que seu amigo Steve Tempel havia comprado para ele em um brechó ou escrevia falas estúpidas como: "Se você não quer ir para Saint Martin, você é burro demais para viver!"

No primeiro episódio que filmaram, no Japão, ele ainda parecia ter um pé dentro e outro fora do empreendimento. O romantismo cru de sua entrevista em Les Halles o abandonou e ele mal conseguia lidar com a câmera. Ele era tão ruim, que parecia que ele estava fazendo de propósito. "Havia quase uma profunda reticência e uma relação ligeiramente antagônica entre o que estávamos tentando capturar e o que ele estava tentando capturar", disse Tenaglia. "Porque na mente dele, ele era um escritor e iria para aquele restaurante de sushi no estilo Edo e teria essa experiência e depois voltaria para seu quarto de hotel para escrever sobre ela. Esse é um exercício muito diferente de pegar sua experiência e depois traduzi-la para um público em um meio visual." Tenaglia e Collins haviam se casado pouco antes de partir para a viagem de cinco semanas, em dezembro de 2000, e chegaram a Tóquio com um sentimento de alegria: novo projeto, novo amigo, nova vida. Mas quando voltaram ao seu quarto de hotel para assistir às filmagens daquele dia de Tony falhando em ser uma presença televisiva, eles se sentiram doentes. Collins viu um homem que "não se envolvia conosco, que não reconhecia nossa presença e nem parecia que estávamos trabalhando juntos". Ambos presumiram que Tony estava usando o programa como uma forma de cobrir as despesas de viagem de seu livro e que, para além disso, ele não estava feliz com a presença deles na viagem. "Foi um estratagema, foi ele pensando: 'Vou ganhar duas vezes aqui'", disse Collins. Então, enquanto eles estavam enlouquecendo, Tony anunciou que voltaria para Nova York por um tempo.

"Você precisa voltar para casa?", Collins questionou.

"Sempre preparo o jantar para a família da minha esposa, a ceia de Natal."

Ele estava longe de Nancy há nove dias, mas sentia muito a falta dela, embora as coisas entre eles estivessem tensas ultimamente. Ela odiava a ideia de ele ter uma carreira na TV, que o manteria na estrada constantemente e acabaria, se ele fosse algum tipo de sucesso, trazendo a eles a atenção e as obrigações sociais que ela abominava. Pode ter sido pelo menos em parte por lealdade a ela que ele estava sendo tão estranhamente resistente aos esforços de Tenagalia e Collins. A versão em livro de *A Cook's Tour* seria dedicada à sua esposa de dezessete anos e começaria com uma carta aberta para ela: "Querida Nancy, estou tão longe de você como jamais estive, em um hotel (o hotel, na verdade) em Pailin, um miserável buraco no noroeste do Camboja, lar daqueles não tão adoráveis bandidos, o Khmer Vermelho." Ele terminaria a carta com "Sinto sua falta. Sinto falta do gato. Sinto falta da minha cama, de *Os Simpsons* às 19h e às 23h. Eu gostaria de tomar uma cerveja gelada agora. Uma pizza. O fígado picado do Barney Greengrass. Banheiros que não funcionam como chuveiros. Ligo para você quando voltar para Phnom Penh ou Battambang. Te amo, Tony."

Esses sentimentos caseiros, embora possam ter agradado aos terráqueos, eram – quando o livro foi publicado em novembro de 2001 – um artefato de um mundo perdido. A viagem de volta para casa no Natal, um ano antes, parecia ter levado Tony a um rumo diferente. A verdadeira Nancy pode ter sido mais severa ou mais distante do que aquela de quem ele sentiu falta em Tóquio – ou ele pode ter percebido que estava perseguindo em vão uma memória pré-*KC* e que não poderia ter, ao mesmo tempo, sua parceira no crime e sua nova vida. As férias costumam ser uma época de expectativas frustradas e ajustes correspondentes. Por algum motivo, porém, quando ele voltou ao Japão, menos de uma semana depois de partir (e um tanto para surpresa de Tenaglia e Collins, que apostaram que tinha 50% de chance de nunca mais o verem), ele parecia disposto a tratar a câmera de TV como algo diferente de um inimigo, a deixar de lado seus sentimentos de "eu contra eles" e começar a se estabelecer com os membros do que logo se tornaria sua nova família: Tenaglia, Collins e a sua produtora associada Diane Schutz.

Para um neófito da TV, ele tinha (e sempre teria) opiniões notavelmente fortes sobre aquela mídia e as maneiras como o programa deveria ou não apresentá-lo ao público; mas agora, pelo menos ele era capaz de manter o senso de humor sobre tudo isso, mesmo quando o ato de ficar parado e esperar – que era parte inevitável de um documentário na televisão – cortava seu tempo diário de escrita. Em poucos dias ele já tinha conseguido um apelido bobo: Vic Chanko, que ele explicou ser uma referência a "uma enorme refeição de chankonabe, um prato ensopado pesado que é a comida preferida de lutadores de sumô" que eles tinham compartilhado juntos, bêbados, numa noite. Agora, quando ele se recusava a fazer algo que um membro da equipe pedia, eles diziam algo como: "Vic Chanko diz que é proibido", e todos riam e seguiam em frente. Quando chegaram ao Vietnã, a segunda parada da viagem, Tony já começava a gostar, como nos conta em *Medium Raw*, "do processo inédito de contar histórias com a ajuda de um baú totalmente novo de brinquedos: câmeras, quadros de edição, edição de som." Enquanto caminhava pelas ruas da cidade de Ho Chi Minh e conversava com Philippe Lajaunie, o coproprietário do Les Halles, que havia voado para ser seu coanfitrião por causa de seu conhecimento da cultura colonial francesa no Vietnã (e porque a equipe já tinha entendido que tudo funcionava melhor quando Tony tinha um companheiro na tela), sua pesquisa começou a aparecer e "de repente ele começou a citar todas essas referências. Eram livros, filmes, coisas que ele tinha visto", Tenaglia explicou em uma entrevista, em 2018, no *The Ringer*. "Ele tinha um poço. E ele podia mergulhar no poço. Estávamos todos meio que brincando com a ideia de referências de filmes e de livros enquanto íamos para o Continental Hotel, onde Graham Greene estava, tentando capturar isso."

Não demorou muito para Tony descobrir que a abordagem da TV às vezes superava suas descrições em prosa, especialmente quando se tratava de comida. Por exemplo, no livro *A Cook's Tour*, ele fala do sushi Edomae de alta qualidade que experimentou na viagem da seguinte forma: "Perfeito. *Perfeito.* O melhor sushi. O melhor. De longe. Vou repetir: o melhor, mais fino, mais fresco, mais bem preparado sushi que já comi." Na TV, ao invés de se descrever dessa forma, ele poderia pelo menos mostrar a comida tal como era apresentada e, no momento do consumo, deixar você ver o prazer estampado em seu rosto. Mas sua escolha mais crítica, naquele momento, não foi entre a mídia impressa e a televisão. Era entre o familiar e o desconhecido, entre Nancy e... o que quer que fosse que estava logo ali. "Ela identificou a televisão desde o início como uma ameaça existencial ao nosso casamento", disse ele. "Eu senti como se o mundo inteiro estivesse se abrindo para mim. Eu tinha visto coisas. Sentido cheiros. Eu queria mais. E ela via a coisa toda como um câncer."

Tecnicamente, isso é verdade, mas o que realmente a magoou foi que ele estava quebrando o pacto. Eles tinham um entendimento, aqueles dois, desde os dias em que eram bandidos novatos, a versão da vida real dos garotos do Drugstore Cowboy, Bonnie e Clyde modernos. E era algo mais ou menos assim: casal que rouba cavalos juntos, segue junto na estrada. Nenhum dos dois, sob esse acordo provavelmente nunca falado, mas ainda assim muito real, foi autorizado a encontrar religião de repente, tornar-se um trabalhador de horas regulares, ingressar no exército ou fazer qualquer outro tipo de guinada em direção à chamada respeitabilidade que resultaria no outro, de repente, estar numa situação diferente. Na maior parte do tempo, esse arranjo favorecia Nancy, que não estava disposta a trabalhar ou mesmo a sair do apartamento com muita frequência. Tony parecia tranquilo com isso por alguns anos – até que escreveu um livro best-seller e recebeu uma oferta para viajar pelo mundo com uma equipe de filmagem. Agora, do ponto de vista dela – na verdade, dos dois – as perguntas que ficavam eram: se ele a largaria e quando o faria.

Ele ficou por um tempo, principalmente porque a ideia de deixá-la parecia uma merda. Companheiros de bebida como Robert Ruiz o lembravam de que ele e Nancy tiveram "uma coisa linda e rara" por muitos anos e lhe diziam para não agir como um "típico idiota", deixando de lado a primeira esposa depois de se tornar bem-sucedido. Repetindo o que outros já disseram, Ruiz me disse que Tony sempre se iluminava quando falava sobre Nancy e sempre foi fiel a ela, "mesmo quando ele teve a oportunidade de não ser, como quando o Formerly Joe's fechou de vez e todos nós fomos para o Brooklyn e festejamos por três dias seguidos e houve muitas chances que ele deixou passar porque era casado com Nancy." Isso foi em 1992. Não tenho certeza se ele continuou sendo o marido do ano nos últimos estágios do casamento. Steven Tempel me contou sobre um caso que Tony supostamente teve com uma jovem e bonita confeiteira do Les Halles "sobre a qual ele não conseguia parar de falar, ele estava bastante envolvido"; e Beth Aretsky lembrou que quando ela acompanhou Tony em sua turnê do livro *Kitchen Confidential*, era seu trabalho como sua assistente pessoal "interceptar e desviar as mulheres menos atraentes que o cercavam durante as sessões de autógrafos para que ele pudesse cortejar as bonitas", uma das quais provavelmente seria convidada para um drinque. Aretsky acredita, também, que ele usou o cartão dela para comprar presentes para mulheres com quem estava envolvido. Mesmo assim ele nunca quis magoar Nancy.

Depois que ele terminou de filmar a primeira temporada de *A Cook's Tour*, ele remodelou completamente o apartamento em

Riverside Drive, na esperança de que, mesmo que isso não salvasse o casamento, um espaço revitalizado a fizesse se sentir mais otimista e segura sobre o futuro, qualquer que fosse ele. Mas é claro que ele voltou à estrada novamente, como seu contrato e agora seu coração e mente também diziam que ele deveria. Ele podia sentir as engrenagens mudando dentro dele, novas prioridades surgindo; era como o renascimento da puberdade. Até pouco tempo, ele era um viajante novato, mas agora, se sentia o dono do mundo. "Quando começou", escreveu ele no *Medium Raw*, "eu via um pôr do sol ou um templo e queria, instintivamente, virar à minha direita ou à minha esquerda e dizer a alguém, qualquer um: 'Não é um pôr do sol magnífico?'" E agora? "Tornei-me egoísta. O pôr do sol é meu." Ele odiava admitir, mas estava começando a suspeitar, que Deus o ajudasse, que sua série podia ser *importante*.

Beth Aretsky me disse que quando Nancy percebeu que ele estava se levando muito a sério – quando ele começou a falar sobre "meu legado" e a "missão" de seu programa – ela zombava dele por sua pretensão, e nem sempre de maneira leve. Aretsky também disse que tarde da noite, quando os coquetéis começavam a fazer efeito, a mesma mulher que podia apenas sentar-se silenciosamente fumando por horas, ocasionalmente tinha longos monólogos cortantes que às vezes pareciam embaraçar Tony. Seria errado pensar nela simplesmente como "pobre Nancy", disse Aretsky; ela era muito inteligente e muito capaz de se defender ou mesmo dar o primeiro golpe. Capaz, também, de ser uma pessoa por direito próprio, com seus prós e contras. O consenso entre os amigos de Tony era que ela esteve lá para Tony, financeiramente ou de outra forma, quando ele precisou dela, mas tudo o que conseguiu em agradecimento foi um coração partido. Não acho que Tony discordaria disso, mesmo que tenha sido ele quem o partiu. "Havia coisas que eu queria e estava realmente disposto a machucar alguém para tê-las", disse ele no perfil de Patrick Radden Keefe, na *New Yorker*. Deixar Nancy foi "a grande traição da vida dele."

Depois de duas temporadas, "importante" provavelmente não era a palavra que a Food Network teria escolhido para descrever *A Cook's Tour*. Eles provavelmente teriam dito "caro", especialmente considerando que seu público preferia uma série chamada *Unwrapped*, que mostrava como coisas como doces de cinema e batatas fritas congeladas eram fabricadas em grandes quantidades, uma série cujo custo de produção era um terço de *A Cook's Tour*. Para Tony e seus compadres de TV, fazer reuniões com executivos da rede tornou-se o mesmo que levar um soco no queixo. Aquele episódio que ele queria fazer com o masterchef Ferran Adrià, que havia aceitado deixar Tony espiar os bastidores do El Bulli, o vanguardista restaurante espanhol que muitos chamavam de o melhor do mundo? *"Então, não sei... Nossos espectadores não têm passaporte."* Mas quanto ao episódio que ele já havia feito, "The Barbecue Triangle" – Kansas City, Houston, Carolina do Norte? *"Podemos fazer muito mais assim!"* E assim aconteceu que, por acordo mútuo, *A Cook's Tour* chegou ao fim no final de sua segunda temporada.

Acontece que Tony se importava mais sobre não estar na TV do que admitia. Embora ele estivesse mentalmente preparado para voltar a ser chef se fosse necessário – ou talvez se tornar um escritor de livros em tempo integral –, preocupava-o que Tenaglia e Collins não estivessem recebendo uma resposta positiva quando sugeriram uma série similar a outras redes. A certa altura, quando as pessoas que queriam produzir um reality show *Kitchen Confidential* ressurgiram para expressar que o interesse continuava, Tony considerou dizer sim – até que seus parceiros de TV o convenceram do contrário. O argumento deles era que, se o programa fracassasse, como provavelmente aconteceria, ele ficaria para sempre manchado como alguém que se vendeu e perdeu; ele poderia até mesmo sair do negócio de TV permanentemente. Foi bom que ele tenha esperado. Em outubro de 2004, depois de terem sido rejeitados por doze redes, o Travel Channel, que havia sido o primeiro a dizer não, mudou de ideia e concordou em dar luz verde a três episódios de uma série a ser nomeada posteriormente.

Ele tinha conseguido apenas o menor dos compromissos depois de fazer, com sua primeira série, algo muito próximo de um pouco de barulho. Ele sentiu que se tornava o tipo de pessoa que sempre menosprezou: a "personalidade" de TV que tinha como maior objetivo continuar na TV. Mas, apesar de tudo isso, a confiança de Tony não havia diminuído. De fato, depois de dois anos tentando e aprendendo em *A Cook's Tour*, ele estava mais certo do que nunca de que havia percorrido um longo caminho para localizar as armadilhas que o separavam de fazer uma série de viagens muito ousada, engraçada e envolvente. Quando você fala sobre celebridades, geralmente surge o assunto da síndrome do impostor; e quando perguntei ao velho amigo de Tony, Sam Goldman, se ele achava que Tony sofria disso, ele disse: "Sim, com certeza". Bom, respondi, então por que ele sempre foi tão confiante em sua capacidade de fazer programas de TV? Goldman tinha uma resposta pronta: "Se você ler sobre a síndrome do impostor como eu fiz quando estava tentando entender Tony, você descobrirá que é uma coisa de duas partes. Tony certamente tinha a parte 'serei descoberto a qualquer momento', mas não tinha a parte 'não sou bom o suficiente', pelo menos não no que diz respeito à TV. Ele sentiu desde o início que não havia ninguém que soubesse mais sobre esse tipo de TV do que ele."

Mostrando sua confiança, Tony, Tenaglia e Collins entregaram um episódio piloto chamado "França: por que os franceses não são péssimos." Ainda precisava de um pouco de forma, mas claramente não era a série de viagens de seu avô ou mesmo apenas mais um episódio de *A Cook's Tour*. No dia em que o entregaram a Patrick Younge, o novo presidente do Travel Channel, o programa de maior audiência da rede era o *World Poker Tour*; e porque o Travel Channel realmente não tinha mais nada que estivesse funcionando – e porque, como observado anteriormente, bons programas de viagens são uma coisa rara e preciosa – eles pareciam estar repetindo a cada meia hora, o tempo todo. O Travel Channel era viciado em *World Poker Tour* da mesma forma que o Food Network era viciado em churrasco. Tony sabia disso e mesmo assim apresentou "França: por que os franceses não são péssimos." Quando Younge assistiu, ele não disse não, mas usou a palavra "caralho." De acordo com ele, suas exatas palavras foram: "Bom é preto e branco. Ele está fumando, o que significa que teremos que consultar o departamento de padrões e práticas. Onde diabos estamos indo com isso?!"

Sério, quem *era* esse tal de Bourdain? Sim, todo mundo sabia sobre *Kitchen Confidential*, mas isso tinha sido alguns anos antes – e assim, à luz de "França: por que os franceses não são péssimos", era uma pergunta justa. Tudo o que Younge, que é britânico, sabia era que o empregador anterior de Tony queria transformar o *A Cook's Tour* em "o que chamamos no ramo de programa de conversa e comida", e Bourdain não queria fazer parte disso. Então Younge fez o que os presidentes de rede fazem e designou executivos para ajudar Tony a "desenvolver" seu projeto, ou pelo menos ele tentou fazer isso. O que aconteceu foi que as primeiras pessoas que ele convidou para trabalhar com Tony já tinham muitos compromissos, ou consultas odontológicas ou algum outro motivo pelo qual não podiam fazê-lo, por mais que quisessem. O trabalho finalmente coube a uma impressionante mulher de trinta e poucos anos chamada Myleeta Aga, que viera da BBC para o Travel Channel e sabia pouco mais sobre Tony do que Younge, mas ficou intrigada com o fato de que "muitos dos meus colegas diziam que Anthony Bourdain era tão problemático" e que o programa que ele estava propondo "não se encaixava perfeitamente no briefing do canal", já que não era nem um pouco sobre pôquer. "Estávamos realmente atendendo um público americano médio", ela explicou, "um grupo do estilo 'sentar no sofá, tomar uma bebida e não pensar em muita coisa' – mas o programa de Tony era claramente diferente."

Analisando o arquivo que o Travel Channel já havia compilado sobre ele, Aga rapidamente entendeu por que seus colegas executivos estavam correndo na direção oposta. As notas que ela leu indicavam que "às vezes você realmente tinha que se esforçar em uma conversa com Tony porque ele era muito obstinado". Outra coisa que ela pensou ter entendido, lendo nas entrelinhas, foi que Tony, por mais que fosse ótimo fazendo TV, estava começando a ir longe demais e precisava ser controlado um pouco. Por exemplo, ele queria – na verdade estava insistindo – que a nova série chamasse *The Bourdain Experience*. Ela, por sua vez, preferia – "por suas múltiplas camadas de significados e pela curiosidade que despertaria", bem como por não ser cafona – outro título que havia sido proposto pelo departamento de marketing da rede: *No Reservations.*

Um debate acalorado estava por vir, suspeitou Aga, quando ela começou sua primeira ligação com Tony – que pode ou não ter dito olá antes de começar a insistir para que seu nome fosse parte do título. Se ele seria, ou não, uma estrela, antes ela precisava lidar com um cretino.

Capítulo 13

Tony e Ottavia Busia se casaram sem alarde, mas não sem alegria, na prefeitura de Nova York em 20 de abril de 2007. Ele tinha 50 anos, ela 28 e a filha deles, Ariane, cerca de 10 dias. Alguns meses antes, Ottavia estava deitada no sofá do apartamento que dividiam no Upper East Side de Manhattan, assistindo *Dancing with the Stars*, quando Tony de repente fez a pergunta. "Estávamos programados para voar para Miami em alguns dias para passar as férias de Natal lá, e ele planejava fazer o pedido nesse período, mas não conseguiu esperar", disse Ottavia a um amigo. "Então ele foi até o armário e saiu com uma caixa de joias e fez o pedido. Fiquei chocada."

Mas, claro, de uma forma positiva. "Eu nunca me casei nem mesmo fui noiva. Nunca pensei que me casaria, eu amo minha independência, mas agora..." Tony fez um bom trabalho escolhendo o anel, ela comentou. "Eu odeio joias, então era uma peça perfeitamente discreta." Ambos estavam "extremamente entusiasmados" com o casamento. "Claro, eu tinha visto vislumbres de escuridão aqui e ali em Tony, mas não fiquei realmente preocupada", disse Ottavia. "Ele era muito aberto sobre seu passado e, no mínimo, pensei que vencer um vício dizia muito sobre sua força e resiliência." Seus pais ainda não conheciam seu futuro marido – isso não aconteceria até que eles aparecessem no episódio da Sardenha de *No Reservations* um ano e meio depois –, mas "eles confiaram em meu julgamento e é claro que ficaram emocionados por se tornarem avós." Como havia demonstrado com Nancy – e em contraste com o tipo de situação que o atrairia mais tarde –, Tony parecia adorar a ideia de se casar com uma família de cidadãos sólidos com valores tradicionais.

O primeiro impulso de Tony e Ottavia, depois que ela se recompôs e disse sim, foi pensar em uma pequena cerimônia, descalços na praia, em frente ao hotel preferido deles, o Raleigh, em Miami. Mas quanto mais eles pensavam sobre isso, mais eles percebiam que estariam muito ocupados nos próximos meses para planejar até mesmo um evento simples, então, em vez disso, eles escolheram o caminho da prefeitura, como Matt Damon e sua namorada haviam feito, como Joe DiMaggio e Marilyn Monroe haviam feito há muito tempo em San Francisco. A ex-assistente de Tony, Beth Aretsky, a *Grill Bitch*, me disse que ela foi a única testemunha. Cerca de uma semana depois, Tony teve que partir para a Toscana para filmar um episódio de *No Reservations* e Ottavia foi junto em uma espécie de lua de mel – "a coisa mais próxima de uma lua de mel que jamais teríamos", disse ela. Eles se divertiram tanto quanto possível nas circunstâncias, mas ela também teve um gostinho do futuro com as longas ausências diárias de Tony. Um dia, enquanto ele estava filmando, um dos produtores do episódio disse a ela: "Não sei como você consegue fazer funcionar com aquele cara, com todas as mulheres que estão sempre tentando ficar com ele".

Tony era viciado em *overbooking*, como já havia sido em drogas pesadas, mas Ottavia também sabia muito bem como era ter uma agenda lotada. Ela tinha estudado odontologia em sua terra natal, Lombardia, mas quando conheceu Tony, ela estava administrando e trabalhando como *hostess* em um restaurante popular chamado Geisha, na East 61st Street, onde seu bom amigo Eric Ripert era o chef consultor. Ela tinha conhecido Ripert e sua esposa, Sandra, em 2002, quando, recém-saída de um avião da Itália e quase sem falar inglês, conseguiu um emprego de *hostess* no principal restaurante de

Ripert, Le Bernadin. Ottavia era linda, inteligente e enérgica. Ela estava basicamente feliz no Geisha, mas por causa das horas brutais que sua posição exigia, ela não tinha tempo para cultivar relacionamentos românticos. Tony, que já havia estabelecido uma agenda que o mantinha longe de Nova York 250 dias por ano, estava basicamente no mesmo barco. Pensando que eles deveriam se encontrar, apenas para se divertir um pouco sem compromisso, Sandra Ripert pediu a permissão de Ottavia para passar suas informações de contato para Tony. "Como todo mundo no ramo de restaurantes, eu tinha lido seu livro e visto pelo menos algumas de suas séries", disse Ottavia. "Pensei, por que não?"

Tony mandou um e-mail para ela no Dia de Ação de Graças de 2005 e eles combinaram de se encontrar na noite seguinte, que acabou sendo tudo menos uma Black Friday. "O encontro foi ótimo. Fomos a um bar de charutos porque nós dois fumávamos cigarros na época e aquele era o único lugar onde você podia sentar, fumar e conversar." Eles falaram principalmente sobre o negócio de restaurantes e "ele me contou sobre os últimos dois anos loucos de sua vida", período em que ele tinha terminado seu primeiro casamento e, à medida que o *No Reservations* se tornava cada vez mais bem-sucedido, começou a ser reconhecido na rua. Eles acabaram no apartamento dele – "um pequeno lugar de um quarto em Hell's Kitchen", disse Ottavia. "Ele ainda não tinha muito, mas sua casa tinha muita personalidade e estava cheia de lembranças de todas as suas viagens. Ele me mandou mensagem na manhã seguinte, perguntando se eu queria sair novamente naquela noite. Ele queria comer sushi. Eu recusei. Estava com uma ressaca terrível. Mas então eu mandei um e-mail para ele alguns dias depois, perguntando se ele queria sair de novo e ele disse que sim."

Quando estavam juntos há cerca de três meses, Tony a convidou para ir com ele ao South Beach Wine and Food Festival em Miami. Eles ficaram, é claro, no Raleigh. "No segundo dia, estávamos à beira da piscina", disse Ottavia, "e eu disse a ele que queria fazer uma tatuagem no estúdio onde o programa *Miami Ink* era filmado. Ele disse que também queria, e sugeriu que fizéssemos a mesma. Não achei que fosse uma boa ideia – afinal, estávamos saindo casualmente, mas então ele desenhou uma linda faca em um bloco de notas, e eu adoro facas, então acabamos fazendo isso juntos." Pouco tempo depois, Tony e Ottavia estavam com os Riperts em Nova York, e quando Ottavia levantou uma taça para brindar a Tony por alguma coisa, Eric Ripert percebeu que Tony tinha uma lágrima escorrendo pelo rosto enquanto ouvia. "Meu Deus do céu", pensou. "O cara está apaixonado."

Era bom ver o *SS Bourdain* finalmente navegando para um porto confortável. Os anos anteriores tinham sido de mares revoltos. Depois que ele e Ottavia fizeram suas tatuagens e se tornaram um casal, Tony confessou ter tido pensamentos suicidas após seu rompimento com Nancy, no início de 2005, dizendo que enquanto tentava apagar sua culpa nos bares e prostíbulos de Saint Martin, ele dirigia várias vezes bêbado, na esperança de ter um acidente fatal. Em *Medium Raw*, escrito vários anos depois, ele contou uma história semelhante para todo mundo, descrevendo como seguiu uma estrada escura da ilha "até que ela começou a girar ao longo das bordas dos penhascos se aproximando do lado francês. Aqui eu realmente pisei no acelerador... dependendo completamente da música que começou a tocar no rádio. Eu decidiria virar o volante no momento apropriado, continuando, mesmo que imprudentemente, a voltar para casa – ou simplesmente endireitaria o filho da puta e o atiraria pela borda, para cair no mar." Era uma maneira estranha, complicada e, pelo menos em certa medida, curiosamente feminina de abordar a autodestruição. Os homens, dizem os especialistas, tendem a optar por métodos mais simples e irreversíveis de suicídio, como uma bala na cabeça (ou uma corda no pescoço), enquanto as mulheres, em sua sabedoria, tendem a preferir uma abordagem menos confiável.

Tony queria mesmo se matar? É uma boa pergunta, mas também é justo questionar se esse flerte com o desastre realmente aconteceu. Como a escritora Maria Bustillos apontou, o principal protagonista masculino do romance de 1997 de Tony, *Gone Bamboo* – Henry Denard, com "1,80 m, magro e profundamente bronzeado" – vive uma situação surpreendentemente semelhante ao andar de patinete por Saint Martin em um estado de profunda frustração com sua esposa (que, por acaso, tem uma forte semelhança com Nancy). Se Tony estava imitando sua própria ficção, escrita oito anos antes, por que não mencionou isso em seu último livro? Com certeza não havia esquecido. Será que pensou que ninguém perceberia?

Os sentimentos de Tony sobre Nancy estavam obviamente misturados com seus sentimentos sobre si mesmo, mas não pareciam ser exatamente os mesmos sentimentos que ele descreveu para o mundo. Apesar de todo o remorso que demonstrou pelo divórcio de Nancy, ele nunca, nem por um momento de fraqueza, parecia ter sentimentos que o atraíssem de volta à vida que ela representava. "Quando você tem uma história muito dolorosa com uma pessoa", ele disse uma vez a Josh Cogan, fotógrafo do Travel Channel, "não é sensato olhar pelo espelho retrovisor". Seu rompimento com Nancy foi simples e permanente, e a principal forma de comunicação deles passou a ser o cheque mensal de pensão alimentícia. Sua intensa tristeza pela separação parecia ter sido principalmente uma questão de luto por sua própria autoimagem – como alguém que nunca faria o clássico marido frio e idiota com uma infeliz "primeira esposa".

Paula Froelich, uma jornalista que namorou Tony por cerca de um ano antes de ele conhecer Ottavia, me disse que acredita que "Nancy foi a única pessoa que ele realmente deixou" – isto é, até os últimos dois anos, quando ele abandonou quase todos como um prelúdio para abandonar a vida completamente. Eu não tinha pensado dessa forma, mas é verdade que ele tinha muita dificuldade em terminar as coisas (como seu programa de TV), que implorou a Ottavia que continuasse casada com ele – muito tempo depois de terem parado de viver como marido e mulher – e que ele raramente, se é chegou a fazê-lo, cortava ligações completamente com ex-namoradas. Tony, disse Froelich, sempre a mantinha informada sobre seus assuntos mais pessoais, embora ela fosse repórter do *Page Six* do *New York Post*. A última vez que a viu, em 2016, ele a levou para um canto tranquilo de um restaurante e disse: "Conheci essa atriz italiana. Ela é meio louca." Não ser capaz de terminar esse relacionamento pode ter lhe custado a vida.

Froelich esteve com Tony durante uma época em que ele próprio estava começando a ficar um pouco... excêntrico. A maioria de seus encontros eram coisas normais: filmes, jantares, festas, bebidas no Sibéria, o barzinho em um túnel do metrô na 50th com a Broadway. E parte de sua imprevisibilidade era inteiramente benigna, uma característica Bourdain. Por exemplo, embora pudesse conseguir rapidamente um lugar nos melhores restaurantes da cidade, Tony às vezes preferia um determinado Ruth's Chris Steakhouse localizado no centro da cidade, que parecia indistinguível de qualquer outro estabelecimento da rede nacional. "Ele ficava muito animado em ir para lá", disse-me Chris Wilson, um companheiro de bebida de Tony. "Ele balançava o dedo e dizia: 'Sempre peça o filé de costela!'" Uma noite, quando Wilson e uma namorada tiveram um encontro duplo com Tony e Froelich nesta churrascaria, Chris observou seu amigo conduzindo a conversa de maneira hilária e pensou, "Uau, aqui está esse cara famoso simplesmente improvisando para nós e os garçons, mas ele fala tão bem e é tão espirituoso quanto o Anthony Bourdain que você vê na TV." E era igualmente amargo, também. Quando a companheira de Wilson foi ao banheiro, Tony se inclinou sobre a mesa e disse: "Você sabe que sua namorada é retardada, certo?" Mas o Tony que Froelich via em momentos mais privados estava "ficando cada vez mais estranho", ela disse, e nem sempre de uma forma fofa ou engraçada. "Ele chegou a um ponto em que não queria atender o telefone ou abrir a porta", ela me disse. "Não parecia uma coisa de 'estrela'. Eu perguntava por que ele se sentia assim e ele apenas dizia: 'Não sou bom nisso, simplesmente não faço isso, não sei', e tentava deixar para lá." Tom Vitale, um dos diretores que mais trabalhou com Tony na TV, em seu livro de 2021, *In the weeds: around the world and behind the scenes with Anthony Bourdain*, diz que Tony parou de pedir serviço de quarto por causa de seus problemas com o telefone e a porta e, portanto, naqueles dias cada vez mais frequentes em que também se sentia incapaz de sair de seu quarto para enfrentar o mundo, chegava a passar fome até que algum membro de sua equipe pedisse algo para ele. Mas o que Vitale diagnostica como agorafobia (e, por sua vez, vê como um sintoma da síndrome do impostor) surgiu relativamente tarde na vida de Tony e nem sempre estava presente (Tony estava saindo sem problemas em Kaysersberg, filmando seu programa, no dia em que se matou). Quando ele estava namorando Froelich, ele parecia estar passando por algo como uma estranha fase de Greta Garbo. Em uma viagem de volta da Índia, onde tinham ido para o casamento de amigos de Froelich, o funcionário do balcão da companhia aérea ofereceu a Tony um upgrade para primeira classe para o voo de onze horas, e ele aceitou sem explicação ou pedido de desculpas, deixando Froelich na classe executiva. Foi um final estranho para o que parecia ter sido um momento divertido, e a abstração dele, ou o que quer que fosse, a deixou preocupada e irritada, ela disse. Depois que eles pousaram em Nova York, ele chamou um carro e a deixou em casa, mas no dia seguinte ela disse que não queria mais vê-lo. "Foi a terceira vez que terminei com ele. Eu estava perdendo a paciência. Ele estava ficando muito... estranho." Essa memória pareceu deixá-la chateada. "Mas quer saber", ela disse, depois de uma pausa, "era assim que ele era. Se você dissesse que ele tinha feito algo errado, ele não faria de novo. O que eu posso dizer? Era o Tony."

Exceto por ser em uma terça-feira, Tony e Nancy tiveram um casamento na igreja muito tradicional em 1985, com recepção na Mansão Vanderbilt e bolo de Sylvia Weinstock.

Ottavia, pelo contrário, era mais como as mulheres que Sky Masterson (personagem interpretado por Marlon Brando) – o adorável lotário do filme *Garotos e Garotas* (1955) –, faz referência quando diz que as damas tratam os homens como ternos e sempre querem levá-los para fazer alterações. Assim que o relacionamento deles começou a ficar sério, ela adotou uma abordagem diferente e mais ativa para o projeto que Tony sempre foi. Ela tentou ser gentil, porque entendeu desde o início, disse ela, que "Tony era uma pessoa frágil", mas a mudança que acabou realizando foi bastante extensa. Em 2016, com seu incentivo, Tony praticamente parou de beber e parou de fumar, assim como ela. Ao se exercitar mais, ele perdeu a barriguinha que havia desenvolvido, bem como a gordura facial que alguns colegas do Travel Channel tinham começado a notar. No processo, ele também pareceu ficar menos paranoico e, portanto, menos hesitante socialmente. Sua primeira visita a um médico em muitos anos felizmente resultou em um atestado de boa saúde. Ottavia também colocou ordem nas finanças de Tony. Embora a renda dele estivesse subindo vertiginosamente, ela tinha mais dinheiro do que ele quando se conheceram e uma avaliação de crédito muito melhor. Ao adicioná-lo à sua conta no American Express, ele conseguiu seu primeiro cartão de crédito em cerca de uma década. Para se assegurar de que nada passaria despercebido, ela pegou para si as tarefas de fazer sua contabilidade e pagar suas contas.

Sem dúvida alguma a regra mais séria que Ottavia estabeleceu era sobre prostitutas. Tony disse a ela que, nos últimos anos, antes de conhecê-la, ele pagava por sexo regularmente enquanto viajava e entre as viagens, em Nova York. Depois que ele deixou Nancy, as prostitutas passaram a fazer parte de uma vida que também incluía relacionamentos convencionais de longo prazo (como aquele com Froelich), casos breves que ele poderia ter com algumas das mulheres mais atraentes que entrevistava em seu programa e os relacionamentos um tanto ambíguos que ele mantinha com uma ou duas funcionárias da Zero Point Zero Production, a empresa que Lydia Tenaglia e Chris Collins abriram quando o programa de Tony mudou para o Travel Channel. Quando estava viajando para o *No Reservations*, Tony muitas vezes perguntava ao produtor local onde ele poderia "encontrar algumas garotas" naquela noite. Em Nova York, ele pegava referências de alguns de seus amigos chefs que também usavam prostitutas ou pedia a um colega da ZPZ que encontrasse uma mulher para ele em um determinado site ou de alguma outra fonte. Normalmente, por uma questão de privacidade e eficiência, as prostitutas vinham ao seu apartamento na 49th Street, entre a Eighth e Ninth Avenues. Ottavia disse a um amigo que Tony não tinha preferências incomuns de quarto ou uma necessidade extraordinária de sexo, mas ela supôs que ele usava as prostitutas para "cuidar dos impulsos normais sem compromisso". Embora ela não julgasse o passado dele, ela o fez prometer, assim que se tornaram um casal, que pararia de usar prostitutas sob quaisquer circunstâncias. Com base no que seus amigos e colegas me disseram, embora Tony regularmente exagerasse nos cigarros e álcool quando estava fora da vista dela, ele aparentemente evitou, por um bom tempo, qualquer tipo de sexo extraconjugal.

É interessante ver o efeito de Ottavia em Tony. Nós temos a tendência de igualar felicidade com liberdade, mas ele estava claramente pior emocional e fisicamente no período antes de conhecê-la, quando ele estava fazendo, ou não, o que quer que quisesse. Como Geoff Dyer diz em seu perspicaz livro de memórias *Out of sheer rage: wrestling with D. H. Lawrence*, "É fácil fazer escolhas quando você tem coisas que o atrapalham – um emprego, a escola das crianças –, mas quando tudo o que você precisa seguir são seus próprios desejos, então a vida se torna consideravelmente mais difícil, para não dizer intolerável." Tony adorava sua nova vida pessoal cercada com grade de proteção e adorava, especialmente, voltar para Ottavia e para o lar pacífico e organizado que ela fornecia.

Ela ainda era apenas namorada dele naquele momento, mas sentir falta dela tornou quase insuportável ficar preso em Beirute por dez dias no verão de 2006. Tony e sua equipe foram ao Líbano "procurando fazer um show feliz sobre comida e viagem", disse ele mais tarde, mas quando as bombas israelenses começaram a cair repentinamente na capital e o aeroporto fechou, ele se viu falando diretamente para a câmera sobre o absurdo que era o fato de elites mimadas da mídia – como ele e seus colegas – estarem sentados à beira da piscina do hotel enquanto "as pessoas e os bairros que eu estava começando a conhecer" eram "atacados como há 20 anos".

Assistindo novamente em 2021, achei um episódio curiosamente desinteressante que captura muito bem o tédio tenso de um certo tipo de guerra moderna esporádica – mas não há como negar que acabaram sendo quarenta e três minutos críticos de televisão. A princípio, Tony não quis juntar as imagens que eles gravaram em um episódio, sentindo, corretamente, que pareceria pelo menos um pouco de autopiedade e nada parecido com um episódio de *No Reservations*. Mas a verdade maior que ele e a rede tropeçariam era que seu público, em rápido crescimento, estava ansioso para vê-lo se afastar da mesa e ir enfrentar o mundo como ele era. Mesmo antes de sua aventura em Beirute ir ao ar, as expectativas para o programa mudaram e Tony abandonou sua jaqueta de couro cafona e começou a se transformar de cozinheiro em turnê em cavaleiro errante – a mistura perfeita de ação e reflexão. O Anthony Bourdain, que se tornaria um nome famoso, jantaria com um presidente e surpreenderia o mundo com seu suicídio, estava gradualmente entrando em foco. Na época, porém – antes que o Departamento de Estado dos Estados Unidos literalmente chamasse os fuzileiros navais para finalmente tirar ele e os outros do Líbano –, tudo o que importava era estar de volta nos braços de sua amada Ottavia. Ariane foi concebida na noite em que ele voltou para casa. Quando Ottavia lhe disse que estava grávida e perguntou se ele queria discutir um plano B, ele não hesitou: "Não, vamos girar a roleta novamente", disse. Aos 50, ele não era exatamente uma Pollyanna, mas ele tinha parado de rir da ideia de que a felicidade era possível. Por mais estranho que parecesse para um aspirante a misantropo como ele, tudo estava indo bem.

No fim das contas, Tony realmente não precisava da tempestade de publicidade que conseguiu por estar preso em Beirute. *No Reservations*, em sua segunda temporada, já havia substituído o *World Poker Tour* como o programa de sustentação do Travel Channel e ainda estava ganhando força. O episódio de Beirute pode ter sido um momento importante na percepção do público, mas a verdadeira virada, disse-me Myleeta Aga, executiva responsável pelo programa, tinha acontecido um ano antes, na primeira temporada, com a produção dos episódios cinco a oito – Vietnã, Malásia, Sicília, Las Vegas, Uzbequistão e Nova Zelândia. Foi quando Tony finalmente relaxou e encontrou a voz que usou no episódio de Beirute para se perguntar se "o bom e o mau não acabam ficando sob o mesmo peso" da opressão política.

Antes disso, ele desperdiçava energia tentando provar, tanto para os telespectadores quanto para os executivos do Travel Channel, o quanto ele era um inconformista, quando tudo o que as pessoas queriam dele era uma boa história, contada de seu ponto de vista. Assim que Aga resolveu a questão de qual seria o título do show, Tony começou a reclamar sobre a vinheta de abertura. Patrick Younge, antigo presidente da rede, explicou: "Recebemos uma mensagem dele que dizia: 'A vinheta, que deveria ser moderna, ousada e legal é, na verdade, banal e datada e teria sido legal em 1962.' E continuou: 'Não sei em que nono círculo do inferno habita o criador desta abominação, mas sinto meu entusiasmo por este projeto se esgotando.'" Quando Younge procurou a grande ofensa que causara essas ameaças e insultos desagradáveis, ele descobriu que o que Tony estava chateado era com o tom específico de azul no fundo dos títulos e a decisão de usar imagens digitais em vez das nostálgicas fotos do tipo Polaroid que ele disse que preferia. Tony finalmente venceu a batalha, mas no processo todos na rede tiveram um vislumbre de um homem cujo temperamento precisava ser administrado com cuidado.

Acontece que Aga, a única pessoa no Travel Channel disposta a aceitar o desafio de transformar o *No Reservations* em algo mais do que uma curiosidade da TV a cabo, também entendeu o equilíbrio correto entre aquiescência e estabelecimento de limites necessários para tirar o melhor proveito de Anthony Bourdain. Nesse sentido, ela era como Tenaglia e Collins, que às vezes eram amigos de Tony e às vezes seus pais, puxando-o de lado, dando-lhe broncas, dizendo: "Sabemos que você está cansado, mas acalme-se". Aga na verdade gostava do fato de que, mesmo em seus primeiros meses na rede, quando Tony ainda estava basicamente tateando para encontrar seu ritmo, ele não demonstrou absolutamente nenhuma humildade. Ele era alguém que, como um livro, se prestava a um estudo prolongado, um homem cuja medida não poderia ser tomada em uma única reunião. "Ele não falou muito em nossas primeiras interações pessoais", ela me disse. "Na maior parte do tempo ele ficava sentado ouvindo, mas eu podia sentir que ele não estava apenas ouvindo minhas palavras, mas captando tudo no ambiente ao seu redor, os objetos, as outras pessoas na sala, as vibrações que estavam acontecendo naquele momento e, sabe, meio que guardando tudo em algum lugar para possível uso futuro. Ele podia parecer reservado ou até mesmo um pouco distraído, mas a verdade é que ele estava absorvendo tudo. Ele era uma presença estacionária, mas muito *ativa*."

Você sabe que é carismático quando as pessoas falam sobre a maneira que você senta. Tony não conseguia evitar projetar essa aura especial. Ele não era apenas mais um grande ego que precisava de jovens nervosos com educação superior para remover as jujubas marrons da tigela de seu camarim. Ele se moveria nessa direção geral com o passar do tempo, sua energia diminuiria e ele voltaria às técnicas de gerenciamento de Andy Menschel e Pino Luongo, mas neste ponto ele era, pelo contrário, um homem com uma visão clara e específica para um programa de TV – um programa que, nos primeiros meses no canal, sofria de um único problema: ainda não existia. O que ainda precisava nascer naquela data tardia era a persona Bourdain plenamente desenvolvida, a lente importantíssima através da qual seu público veria o mundo. Observá-lo construir seu futuro foi, disse Aga, um privilégio. Ele fez a transformação muito conscientemente, com uma camisa havaiana aqui, um certo toque de música ali, uma alusão dolorosamente pessoal na narração e um telefonema ocasional informando a Aga que aqueles filhos da puta do departamento de marketing não tinham ideia de como falar sobre o programa dele. Ele trabalhou o interior e o exterior. Ele seguiu seus instintos, mas também incorporou lições que aprendeu com filmes e outros programas de TV, muitas vezes lições negativas, coisas que não deveria fazer. "Tony era deliberadamente quem ele era. Ele não era quem era por acidente", me disse Aga. Quando tudo se encaixou no meio da primeira temporada, em algum lugar entre o Vietnã (um país que para ele sempre induziu epifanias) e a Nova Zelândia, ela se viu trabalhando de perto com "um cara que poderia dizer honestamente: 'Sim, eu sei por que estou neste planeta!'" e foi arrebatada pela alegria de ter um sucesso inequívoco, assim como praticamente todos os envolvidos com o programa.

As pessoas às vezes discutem sobre o ponto alto da carreira de Tony da mesma forma que os fãs de esportes discordam sobre qual renovação de LeBron James – a dos Cavaliers, do Heat ou do Lakers – foi a melhor. Se você perguntasse a um grupo de aficionados de Bourdain, provavelmente ninguém diria que Tony atingiu o topo em *A Cook's Tour*, e muitos votariam em *Parts Unknown*, mas a maioria das pessoas dirá que seu momento ocorreu em *No Reservations*. Esta foi a era – 144 episódios, feitos entre 2005 e 2012 – em que sua consciência social parecia compensada de forma mais satisfatória por sua fome de comida e diversão. "O coração dele ainda era leve", disse Aga. "Ele era difícil às vezes, mas nem tudo era vida ou morte ainda. Ele poderia me provocar sobre minha vontade de trabalhar com um certo outro apresentador do Travel Channel que ele achava que não atendia aos seus padrões intelectuais, mas era apenas provocação – e então ele aparecia como convidado especial no programa do mesmo apresentador." Nessa primeira onda de sucesso, Tony se desculpou publicamente com

Rachael Ray e Emeril por ter, no passado, sugerido que eles representavam tudo o que havia de errado no universo. E ele estava mais solto no programa, disposto a revelar seu lado vulnerável por algo além de risadas. No episódio da Malásia, receber a honra de abater um porco por uma comunidade tribal em Bornéu o deixou obviamente abalado. "Estou me esforçando muito para manter a calma aqui", diz ele, fumando um cigarro com força depois de enfiar uma lança no coração do animal. "Eu gostaria de começar a chorar e a tremer incontrolavelmente, mas isso não seria muito bom, não é?" Simplesmente sendo honesto sobre seus sentimentos, ele se conectou a uma ampla gama de grupos demográficos – algo que a indústria recompensa. Alguns anos depois da estreia de *No Reservations*, quando seu amigo chef Scott Bryan comentou, durante uma bebida: "Você deve estar ganhando muito dinheiro agora", Tony assentiu e disse: "Cerca de quatro milhões por ano".

Para Ottavia, o episódio da Sardenha, filmado em 2008, foi o melhor dos melhores. O tema do episódio é férias em família, durante as quais ela, Tony e Ariane, de um ano, se encontram com seus pais e outros parentes e basicamente comem por toda a ilha "italiana, mas não italiana", onde seu pai foi criado e onde ela tirava férias quando criança. É o tipo de lugar de Tony e Ottavia, "um lugar onde todo mundo tem que carregar uma faca" para cortar as carnes e queijos curados que os locais ficam colocando na sua frente. Ottavia, que tem bastante tempo de tela e o aproveita bem, disse a amigos que não pode mais assistir ao episódio porque fica muito triste ao ver seus pais se apaixonando por Tony. "Viajamos juntos como uma família nos primeiros anos e éramos todos muito felizes naquela época", disse ela. "Às vezes era difícil passar horas em quartos de hotel com uma criança pequena, em um país estrangeiro, esperando que Tony voltasse de suas filmagens. Mas pelo menos estávamos juntos todas as noites." Tony parecia sentir o mesmo. Ele diz na narração que parece que ele está "recebendo uma rodada de bônus na vida, provavelmente imerecida, de alguma máquina de pinball insana, com pontos de bônus entrando em ação, independentemente de como eu joguei. Sou um cara absurdamente feliz esses dias." As mesas em que eles se sentam são tão longas quanto o pôr do sol e cheias de pessoas que se tornaram sua família. Ariane entra e sai da tela. Cannonau e Vermentino fluem. E Tony pensa na morte, mas de uma forma feliz, como algo distante e nitidamente sardo: "Eu me imagino caindo entre os pés de tomate em um quintal em algum lugar com uma fatia de laranja na boca." Como Montaigne sabia, o fim não precisava ser terrível. Pegue sua faca, o presunto está voltando. "O que você faz", Tony questiona, antes dos créditos, "quando todos os seus sonhos se realizam?"

Capítulo 14

No começo da primavera de 2017, o amigo e ocasional parceiro na TV de Tony, o escritor de culinária Michael Ruhlman, enviou-lhe um e-mail para dizer que estava planejando se casar e, em 7 de abril, Tony respondeu desta forma:

"Parabéns! O amor está em todo o lugar. Eu também estou muito feliz e apaixonado. Ottavia e eu estamos muito, muito amigavelmente separados e eu estou em um relacionamento delirantemente profundo com uma mulher ainda mais foda, a diretora e atriz italiana Asia Argento. Procure no Google!"

Não que Ruhlman pudesse saber na época, mas a breve mensagem de Tony estava repleta de sinais de alerta. Seu relacionamento com Argento não era nem de longe tão saudável quanto ele, provavelmente com toda a sinceridade, insistia que era. A palavra "feliz", por exemplo, era muito mais um desejo do que uma realidade, já que era contrariada por suas brigas cada vez mais frequentes sobre como suas vidas poderiam ou não se encaixar; desapontamento e ansiedade eram sentimentos muito mais comuns para ele (e, talvez, para ela também) do que sereno contentamento. Eles já estavam no ponto, ou talvez quase chegando nele, em que Tony diria a Ottavia que Argento era "um câncer que tomou conta de todo o meu corpo e do qual não consigo me livrar".

"Diretora e atriz" é tecnicamente correto, mas também um pouco ilusório. Argento era, citando a capa de 26 de março de 1999 da revista *Femme Fatales*, uma antiga "Princesa do Horror" – seu pai é o diretor Dario Argento, o rei do terror italiano, e ela apareceu em *Demons 2, Trauma* e *Dracula 3D* – e sua carreira não aconteceu, exatamente, em torno de uma demanda robusta por seus serviços. Os reality shows italianos e os filmes de orçamento cada vez mais baixo pareciam seu meio de sobrevivência, desde que ela tinha atingido o pico profissional ao estrelar um thriller medíocre, o filme *Triplo X,* com Vin Diesel, em 2002. Ela reclamava: "Eles sempre me dão o mesmo papel. Eu interpretei todas as variações possíveis da prostituta, da lésbica, da dançarina." As artes, claro, não são uma meritocracia. O fato de Argento, uma mulher solteira de 41 anos, com dois filhos, estar lutando para pagar o aluguel em um bairro operário de Roma não significa necessariamente que ela era uma atriz inferior (ou diretora, embora suas incursões nessa área fossem raras e não associadas ao sucesso). No entanto, Argento teve sua chance de ser grande; ela simplesmente não se estabeleceu como uma estrela de cinema. Observe que, mesmo quando Tony inflou as credenciais dela, ele teve que admitir que Ruhlman precisaria pesquisá-la no Google para ter uma noção real de onde ela se encaixava no mercado cinematográfico. Oito meses antes, quando Tony contou a Ottavia sobre seu caso de amor, embora igualmente italiana, ela também precisou pesquisar Argento no Google. E quando o fez, "uma das primeiras coisas que surgiram", ela disse a um amigo, "foi a foto de uma mulher se agarrando com um cachorro".

Argento era uma atriz da lista B que navegava entre o ultraje do começo do século XXI. Embora algumas de suas provocações pareçam simples agora, ela sempre teve uma boa noção de onde estavam os tabus em um determinado momento e como (meio que) superá-los. Antes de Tony conhecê-la, ela se gabou abertamente de seus casos de uma noite só, mostrou o dedo para os paparazzi, tingiu o cabelo de várias cores que não ocorrem na natureza, sugeriu que tinha feito sexo de verdade em certas cenas do filme, chamou antigos namorados de vagabundos e drogados, criticou os pais por terem destruído sua infância e apareceu na capa da revista *Rolling Stone* com uma enorme tatuagem de um anjo saindo da frente de suas calças desabotoadas ("minha tatuagem de buceta voadora", ela explicou em entrevistas). Assim como os produtores e diretores que ela acusava de estereotipá-la, ela se apoiou fortemente em sua sensualidade inerente para conseguir publicidade ou apenas para deixar as pessoas irritadas. Não é crime ser um disruptor ou ter instintos adolescentes na meia-idade, o próprio Tony sabia disso, por experiência própria. Mas embora ela também tivesse escrito um romance e artigos para revistas, e lançado um álbum, além de seu trabalho como atriz e diretora, Argento havia se tornado, na época do e-mail de Tony para Ruhlman, um exemplo clássico de uma *gossip girl*, alguém mais presente nas páginas de escândalo e programas de TV de fofocas, do que no palco ou na tela, uma pessoa sem seriedade perceptível. Como me disse a romancista americana Andrea Lee, que passou décadas na Itália: "Penso nela como um exemplo extremo de um tipo clássico de mulher que encontrei aqui – magnética, claramente selvagem e teatralmente perturbada; afundada em sexo e talvez drogas, mas de alguma forma aceita, com um encolher de ombros, como uma jovem basicamente boa que se perdeu."

Mas tudo isso mudou – se não na Itália, pelo menos em quase todos os outros lugares do mundo – quando um artigo sobre o produtor Harvey Weinstein, escrito por Ronan Farrow, saiu na *New Yorker*, em outubro de 2017. Seguindo uma história semelhante no *New York Times*, publicada alguns dias antes, o artigo de Farrow acusava Weinstein de assediar sexualmente certas estrelas femininas de seus filmes, bem como mulheres que trabalhavam nos escritórios de sua empresa, a Miramax. A reportagem de Farrow se baseou efetivamente na do *Times*, apresentando nomes adicionais e histórias de casos que ele reuniu depois de entrevistar algumas das supostas vítimas de Weinstein. Uma dessas era Argento, que tinha estrelado um filme chamado *Perigosa Atração*, distribuído pela Miramax em 1999. Ela contou a Farrow que Weinstein a forçou a fazer sexo oral, em 1997. Ela tinha 21 anos na época do estupro e era uma aspirante a estrela para quem a ajuda de Weinstein poderia fazer uma grande diferença na vida. Mesmo agora, em 2017, ele ainda poderia "destruí-la", disse ela, e é por isso que ela tinha hesitado tanto antes de se apresentar. As declarações de Argento, combinadas com as outras, pareciam confirmar tudo o que o público há muito suspeitava sobre a cultura "teste do sofá" em Hollywood. Mas a dela, ainda mais do que a das outras, não era uma história simples, como Farrow alertou no início de seu artigo. A agressão que ela descreveu foi, ela disse, o início de um relacionamento de cinco anos com Weinstein, durante o qual eles periodicamente faziam sexo consensual e ele pagava pela escola dos filhos dela (ele até a levou uma vez para conhecer sua mãe). Nas entrevistas dadas na sequência do artigo da *New Yorker*, a segunda parte um tanto confusa de sua história às vezes não aparecia, mas quando era o caso, Argento minimizava sua conexão pós-estupro com Weinstein, sugerindo que esse relacionamento era puramente transacional – uma daquelas coisas profundamente desagradáveis, mas necessárias, que uma atriz acaba fazendo de tempos em tempos para ter uma carreira. Ela disse que nunca gostou do sexo com Weinstein, chamando-o de "onanístico". Em outras ocasiões, ela disse que Farrow, devido a questões de espaço, havia comprimido demais os verdadeiros fatos – mas que a distorção levaria muito tempo e energia para ser organizada. O ponto mais importante, insistia, era que tinha sido estuprada.

Suas explicações não eram muito bem aceitas pela imprensa italiana, que levantava sobrancelhas há anos para as alegações que ela costumava fazer contra vários amantes e parentes – que muitas vezes eram bastante misóginas. Uma publicação em seu país de origem disse que ela não tinha o direito de fazer acusações sobre coisas que aconteceram vinte anos atrás; outra disse que deveria ser grata a Weinstein por conta do sexo oral. Mas inicialmente, pelo menos, a reação geral em todo o mundo foi mais simpática. Enquanto Argento continuava a assumir o papel de campeã feminista – ela fez um discurso impressionante em Cannes, em maio de 2018, dizendo que Weinstein a havia estuprado naquele mesmo festival vinte e um anos antes, e "mesmo esta noite, sentados entre vocês, existem aqueles que ainda devem ser responsabilizados por sua conduta contra as mulheres" –, ela era cada vez mais vista como o rosto e a voz do crescente movimento #MeToo. Alguns pensaram que ela havia finalmente encontrado uma saída digna para sua energia feroz, talvez seu verdadeiro chamado.

Mas não foram os princípios feministas dela que chamaram a atenção de Tony. Em 10 de janeiro de 2003, ele havia enviado um e-mail para Laura Albert, a autora (sob o nome de J.T. LeRoy) de *Maldito Coração*, elogiando a coleção best-seller de histórias como "uma obra inspiradora que me deixou comendo meu próprio fígado de inveja" e expressando interesse na futura versão em filme, que Argento estava escalada para estrelar e dirigir. "Eu tenho pensamentos impuros sobre a Srta. Argento", comentou com Albert. Tony provavelmente tinha visto a atriz em um dos filmes de seu pai, que às vezes causavam uma pequena sensação na Itália, especialmente quando ela aparecia nua. Mas a adaptação cinematográfica de *Maldito Coração* seria um fracasso de crítica e bilheteria. ("Inassistível", disse o *San Francisco Chronicle;* "Completamente inassistível", disse o *New York Times.*) Depois do lançamento, Albert seria desmascarada como a romancista por trás do jovem memorialista inexistente chamado J.T. LeRoy; Argento admitiria ter dormido com a jovem que se passava por J.T. LeRoy[*] em

---

[*] N.E.: A pessoa que se apresentava como sendo J.T. LeRoy é na verdade uma atriz chamada Savannah Knoop, meia-irmã de Geoffreu Knoop, marido da autora Laura Albert.

entrevistas na TV (pensando até o último minuto que ela era um homem); e Tony pareceria esquecer todo o escândalo incrivelmente complicado. Ele não falaria com o objeto de seus pensamentos impuros até o começo de 2016. Portanto, embora Argento viesse a ser vista por muitos dos fãs de Tony como a *femme fatale* responsável por seu suicídio, ela não pode ser considerada a *malafemmena** que arruinou seu casamento.

Não havia nenhuma *malafemmena*. A união que parecia tão sólida na Sardenha, começou a desmoronar em seguida e pelos motivos mais comuns e previsíveis: tempo e distância. "As coisas sempre mudam quando você tem filhos", Ottavia disse a um amigo. "Gradualmente, passamos do ótimo sexo de lua de mel para não muita ação acontecendo. Estávamos ambos cansados o tempo todo e também cada vez mais distantes. À medida que Ariane crescia, ficava cada vez mais difícil tirá-la da escola, então ela e eu paramos de viajar com Tony. E esse foi, realmente, o começo do fim. Nós apenas não estávamos mais juntos."

A separação, para eles, teve todas as consequências comuns, incluindo infidelidade. À medida que Tony se tornava cada vez mais famoso, ela disse: "comecei a ouvir rumores de que ele estava saindo com colegas e convidadas do programa – Nigella Lawson e Padma Lakshmi ou qualquer outra convidada particularmente atraente que ele tivesse naquela semana. [Não há nenhuma prova de que ele tenha tido casos com Lawson ou Lakshmi.] Também desconfiei que ele estava começando a sair com prostitutas de novo. Era tortura. Mas eu sabia que ele havia deixado sua primeira esposa porque ela não tolerava sua nova carreira, então tentei apoiá-lo." No final das contas, disse Ottavia, ela e Tony se acostumaram com as longas separações e gradualmente deixaram de estar apaixonados. "Nós nunca dissemos: 'Nós nos afastamos', mas o sentimento era

---

* NT: *Malafemmena*, do italiano, significa mulher ruim, má.

mútuo. Não houve dedos apontados, brigas, culpa. Com o passar do tempo, ficamos felizes em descobrir que tínhamos um melhor relacionamento como amigos."

Não era muito fácil ser amiga de Tony. Embora ele tivesse conquistado uma esposa e uma filha, ele tinha pouco tempo para outras pessoas. À medida que sua celebridade crescia e as oportunidades se multiplicavam, todos os seus relacionamentos e outras atividades tornaram-se secundários em relação ao emocionante negócio de ser Anthony Bourdain. Dinheiro estava entrando, mas para Tony nunca foi sobre o dinheiro – era a jornada que ele achava fascinante. Quem mais era carregado nos ombros de milhões e levado para algum local exótico? Pelo menos é assim que se sentia, às vezes, quando viajava para seu programa de TV. Afinal, ele estava no Chile, Montana ou Provence apenas porque havia uma demanda generalizada da sua visão pessoal do mundo. Ele costumava ridicularizar personalidades da TV cujo primeiro e principal objetivo na vida era continuar aparecendo na TV, mas isso era uma coisa inebriante com a qual nenhum lar aconchegante poderia competir. Ele podia ver o amor por ele na audiência crescente e, agora mais do que nunca, nos rostos das pessoas por quem passava na rua. Nas sessões de autógrafos, as fãs se empurravam atrás de sua mesa para tocá-lo. Nas ocasiões cada vez mais raras em que Ottavia estava presente, as mulheres às vezes a confundiam com sua assistente e lhe davam recados, sugerindo bebidas ou sexo, para passar para ele. Surgiram pessoas malucas – perseguidores que não conseguiam lidar com a devoção desesperada; pelo menos um deles carregava uma arma. Na maioria das vezes, porém, ele estava fazendo o trabalho que, como disse Myleeta Aga, ele já sabia que tinha sido colocado no planeta para fazer: "Quero dizer", ela disse, "o homem estava simplesmente *voando*." Em sua sexta temporada, a seguinte à da Sardenha, Tony e companhia rodaram em Paris, Panamá, Istambul, Praga, Equador, vários pontos do meio-oeste dos Estados Unidos, China, Maine, Caribe, Madri, Libéria, Índia, Dubai, Roma e Beirute novamente.

A essa altura, ele e seus amigos do ZPZ haviam aprendido uma ou duas coisas sobre como fazer uma televisão de viagem superior e aproveitavam a chance de praticar sua arte misteriosa. Conseguir que pessoas de várias culturas agissem com naturalidade na presença de uma equipe de filmagem de nova-iorquinos, usando equipamentos de última geração, era motivo de orgulho para eles. Se eles estavam filmando uma cena em um restaurante ou se encontravam em uma festa, eles sempre comiam, bebiam e conversavam como se pertencessem àquele lugar. "A ideia", disse Tony, "era que todos pensassem nesses caras como, na pior das hipóteses, um bando de parentes irritantes com uma câmera, não como um exército invasor estrangeiro". A equipe ZPZ também sempre mantinha as câmeras baixas, abaixo do nível do ombro, se possível, para que não parecesse que eles estavam dominando as pessoas que estavam filmando. O simples bom senso e pequenos truques do ofício fizeram uma grande diferença – e quando você sente que é o melhor no que faz, é divertido fazê-lo.

Tony ficou especialmente satisfeito com um procedimento que desenvolveu para reduzir seu tempo em cada local de filmagem. Em vez de ficar horas esperando a instalação do equipamento, ele ficava no quarto do hotel até o último minuto, quando um carro com ar-condicionado o levava ao set. Depois de fazer suas entrevistas e outros negócios, ele fazia um sinal indicando o fim da filmagem e, então, muitas vezes com um aceno ou sem sequer acenar, voltava para o carro e para o hotel. Era um "comportamento de diva", mas planejado. Aparecendo em períodos circunscritos, ele sabia que conseguia manter todos nervosos e comportados. Além disso, ele podia usar o tempo extra que tinha em seu quarto de hotel para escrever livros, artigos e roteiros e se comunicar com redes, editores, empresários e sua agente sobre a realização de mais projetos. Essencialmente, ele estava se empanturrando com a demanda por seus serviços apenas porque podia – e porque sempre mantinha a suspeita de que amanhã toda a atenção poderia desaparecer. No final da sexta temporada de *No Reservations*, quando uma pessoa mais razoável teria feito uma pausa, ele fechou um acordo com o Travel Channel para fazer vinte episódios de um programa que eles chamariam de *The Layover*, que foi apresentado a ele como um guia útil para os lugares em que ele estaria de qualquer maneira.

Claro que a adrenalina só o levaria até certo ponto. Olhando para trás, o grande passeio de Tony pela cultura popular parece mais uma roda-gigante do que uma montanha-russa, com o ápice sendo indistinguível do início da descida. Filmar *The Layover* acabou sendo uma tarefa terrível; porque os episódios praticamente não tinham linha narrativa, não havia um tempo de preparação que ele pudesse gastar em seu quarto de hotel e a câmera estava sempre bem na frente de seu nariz, implorando por uma frase ou expressão facial digna de Bourdain. "Ele simplesmente odiou fazer aquele programa", disse Ottavia, que apesar da separação, falava com ele ao telefone quase todos os dias. "Ele tinha que fazer muitas refeições em um dia. Ele estava ficando fisicamente doente. Ele ganhou mais peso do que nunca. Ficou tão feliz quando acabou."

Mas também, por ser viciado em estar ocupado, ele ficou desapontado por ter acabado. A solução de Tony para qualquer problema relacionado ao trabalho era sempre trabalhar o problema, e se o sol tivesse nascido no leste naquela manhã, ele beberia o problema também. Ele tinha se tornado abstêmio apenas na presença de Ottavia, e assim que começaram a viver separados, nem isso ele fazia mais. Já em 2008, no meio de uma filmagem nas Filipinas, ele bebia cerveja às nove da manhã e falava entre as tomadas sobre como estava exausto das viagens. "Ele disse que todas as viagens e os compromissos o estavam deixando esgotado", disse-me Joel Binamira, um empresário de Manila que apareceu no episódio.

"Disse que estava pensando em se mudar para o Vietnã, onde a comida era boa e a vida mais fácil. Ele estava brincando com a ideia de desistir de tudo." Binamira disse que ficou impressionado não apenas com a conversa de Tony sobre aposentadoria aos 51 anos, mas também "com a enorme quantidade de cerveja que ele consumia em um único dia".

Tony pode ter sido o apresentador de programa de viagens mais talentoso que já apareceu na TV, mas, de certa forma, ele não era feito para o trabalho. A única coisa que é sempre certa sobre a viagem é que ela vai te desgastar; e Tony, como um alcoólatra muito ativo, ingeria constantemente substâncias que certamente aumentavam o cansaço. Não foi apenas Binamira quem notou o quanto Tony bebia antes, depois e enquanto a câmera rodava. O escritor inglês Geoff Dyer, que apareceu em um *spin-off* patrocinado chamado *Explore Parts Unknown*, filmado na Irlanda, me disse que "além da sensação de que eu poderia ter sido amigo dele – algo que imagino que muita gente sentia – a única coisa notável em nosso encontro foi que ele bebeu três canecas de Guinness e era apenas um almoço!" No requintado restaurante de doze lugares Rakuichi, em Niseko, Japão, o chefe de cozinha e proprietário, Tatsuru Rai, compartilhou comigo suas boas lembranças de Tony virando "saquê, saquê, saquê por cinco horas". David McMillian, coproprietário do grupo de restaurantes Joe Beef, em Montreal, me disse: "Uma hora antes das filmagens sempre era: 'Ok, vamos abrir as garrafas, vamos entrar no clima, vamos começar a festa. Ele tinha uma teoria – uma teoria correta – de que beber era ótimo para a TV porque há um sentimento de generosidade descontrolada que acompanha esse ato, um sentimento de tudo ou nada que o público percebe. E foi assim que a estrela sempre precisou de uma certa quantidade de coquetéis para entrar no clima." O humor nunca durava, porque em algum ponto do processamento do veneno escolhido da vez, o corpo transformava o lubrificante em um depressor. "Estou com tanta ressaca que só quero rastejar até os arbustos e morrer", disse Tony a Eric Ripert em um episódio de Parts Unknown de 2018, ambientado nos gloriosos Alpes franceses – mas ele poderia ter dito algo semelhante em qualquer filmagem matinal ao longo de seus dezesseis anos de carreira na TV.

Com sua segunda esposa, Ottavia.

O outro fardo extra que Tony carregava para onde quer que fosse, era a sua intensa timidez. Conhecer novas pessoas exigia muito dele, que era muito sensível à sua provável inclinação, bem como à sua própria aversão correspondente, a se envolver. O renomado chef de sushi Naomichi Yasuda me disse uma noite, em seu restaurante em Tóquio, que quando ele e Tony se conheceram durante uma filmagem de *No Reservations*, em 2013, eles se reconheceram instantaneamente como o tipo de pessoa que sabia que "já tinha relacionamentos suficientes" e que "uma vez que a maioria dos relacionamentos é basicamente de mão única", eles não tinham desejo de criar novos. "Sou uma pessoa que não tem interesse em fazer parte de uma comunidade – faço as coisas do meu jeito", disse Yasuda enquanto me preparava um requintado sushi de atum e cavala que ele havia – desafiando a sabedoria convencional – comprado a "preços de pico de frescor passado" no mercado de peixes de Tsukiji e então congelado. "Eu sou o primeiro e o último no que faço da maneira que faço – e Tony era da mesma maneira."

Durante os últimos anos de *No Reservations*, manter as pessoas distantes de Tony tornou-se uma tarefa cada vez mais importante para seus companheiros de viagem da ZPZ. Os freelancers locais que eles contratavam eram sempre lembrados de que o aparentemente descontraído apresentador de TV não era, na vida real, seu amigo, e que ele e somente ele iniciaria qualquer conversa. "Era só você se encontrar andando de carro ou van com ele para rapidamente descobrir qual era a questão", disse-me um desses membros da equipe de meio período. "Se alguém ia contar histórias, esse alguém seria o Tony. Ele era um ótimo contador de histórias, então isso não era um problema – mas você tinha que entender que Anthony Bourdain nunca iria ouvir *suas* histórias."

Tony estava sempre ajustando a distância entre ele e até mesmo aqueles que já havia aceitado em seu círculo, tentando encontrar um nível de conforto com o qual pudesse viver. "Por um acordo informal, você seguia as instruções de Tony quando se tratava de amizade", disse-me David McMillan. "Seus relacionamentos mudavam ao longo dos anos e para seguir amigo dele você tinha que estar ciente de qual era o clima atual. Antigamente, você poderia dizer: 'Foda-se!' e jogá-lo na neve e ele lidaria com isso muito bem. Mas com o passar do tempo, havia regras e você tinha que segui-las ou poderia facilmente cair em desgraça com ele. Por exemplo, você não se sentava com Tony para falar sobre novas namoradas ou questões íntimas. Você precisava deixar que ele tomasse a iniciativa nesses casos." Nas maratonas de carro que eles às vezes faziam dos aeroportos para locais de filmagem, McMillan disse que Tony poderia ser "absolutamente intimidador sobre música. Você podia passar nove horas direto com ele e não haveria maneira dele tocar alguma música que você gostasse, nem uma canção que fosse. Eu dizia 'Você devia escutar isso' e ele respondia 'Ah, tá bom.' Se eu conseguisse fazer que uma escolhida por mim tocasse no carro, não valia a pena, porque ele simplesmente acabaria comigo por causa da minha escolha." O parceiro de negócios de McMillan, Fred Morin, me disse que, depois que se tornou uma estrela de TV, Tony "tinha que estar certo sobre tudo. Ele era implacável. Dave e eu estamos sóbrios agora, mas nos dias em que ainda bebíamos, se tivéssemos uma conversa profunda com Tony sobre culinária francesa e o instruíssemos, isso significava que tínhamos que deixá-lo nos ensinar outra coisa."

Tony não pedia desculpas pela sua falta de charme nos bastidores, mas pelo menos uma vez ele tentou explicá-la. "Mudo de locação a cada duas semanas", disse ele a Patrick Radden Keefe, do *New Yorker*, "o cuidado e a atenção exigidos dos amigos, francamente, sou incapaz. Eu não estou *lá*. Eu não vou me lembrar do seu aniversário. Eu não vou estar presente nos momentos mais importantes da sua vida. Não vamos passar muito tempo juntos, não interessa como eu me sinta por você. Por quinze anos, mais ou menos, eu estou viajando por 200 dias no ano. Eu faço muitos bons amigos uma vez por semana."

Seu plano parecia razoável, mas no mundo real não parecia funcionar. O chef Yasuda acredita que, apesar da tentativa de Tony de estabelecer limites, ser Anthony Bourdain o desgastou. "Para Tony, cada novo episódio era, no fim, como um novo trabalho com novas pessoas", disse Yasuda. "O estresse que isso causa, acredito, o levou a beber muito. E beber muito o levou aos pensamentos suicidas. E os pensamentos levaram a sua... *bon voyage*."

Em 2012, Tony obviamente havia superado o Travel Channel. Seus dois rabinos lá, Myleeta Aga e Patrick Younge, haviam mudado para outros empregos anos antes, e os seus sucessores começaram a fazer os mesmos barulhos – sobre a beleza inerente de shows centrados em churrasco ambientados no bom e velho Estados Unidos, sobre seu público não possuir passaportes – que o Food Network havia feito oito anos antes. O que acabou com tudo, porém, foi quando o Travel Channel reeditou um episódio finalizado de *No Reservations* para incluir uma cena de Tony entrando em um jipe inclinado de uma forma que tornava o logotipo da Chrysler claramente visível. Tony, como ele disse no capítulo do *Medium Raw* chamado "Selling Out", não estava tão obcecado com a ideia de pureza moral quanto antes. Ele percebeu que – da mesma forma que Emeril e outros chefs famosos que tinha um dia criticado por seus acordos de patrocínio e *product-placement** – ele tinha chegado a um ponto em que havia um número razoável de pessoas dependendo dele e precisava pensar em termos da segurança deles, além da sua própria. (Ele adorava contar a piada do homem que pergunta a uma mulher se ela dormiria com ele por um milhão de dólares. Quando ela diz que sim, ele diz: "Que tal por um dólar?" Quando ela fica ofendida, ele diz: "Então determinamos que você é uma puta. Agora estamos só discutindo o preço.") Tony seria uma puta – mas só quando o preço *e* o produto fossem certos. Ele rotineiramente recusava as ofertas mais lucrativas, que sempre pareciam estar ligadas às coisas mais extravagantes e arriscadas – os tratamentos para diarreia e as cadeias de restaurantes com nomes de pessoas. Ele sempre queria ter agência na sua própria degradação. Ele nunca conseguiu isso no Travel Channel em relação à questão

---

* NT: *Product-placement* é uma técnica de marketing em que os produtos são inseridos de forma discreta nos programas de TV, sem serem citados, apesar de estarem ali.

Miserável no Paraíso

da Chrysler, mas teve a chance de reclamar de seu empregador e tuitar obscenidades sobre a montadora – o que para ele na época era uma coisa talvez quase tão boa quanto. A raiva estava naqueles dias se tornando seu estado padrão. Ele reclamava para cima e para baixo, para os chefes e para a equipe, e sempre pelo mesmo motivo básico: ninguém era capaz de atingir seus padrões.

A oferta para mudar do Travel Channel para a CNN veio precisamente na hora certa ou precisamente na hora errada, depende se você coloca ou não a vida antes da carreira. Em retrospecto, fica claro que Tony precisava desesperadamente de uma pausa, uma chance de dar um passo atrás, se recuperar e considerar o preço que estava pagando por seu sucesso em termos da pessoa que estava se tornando. Em vez disso, ele conseguiu – merecidamente, de certa forma – a chance de uma vida, uma quantidade inesperada de dinheiro e apoio moral que desencadeou outra descarga de adrenalina e afirmou sua crença de que ele entendia melhor do que qualquer outra pessoa no mundo como fazer o que quer que ele estivesse fazendo. Mark Whitaker, então editor-chefe da CNN, foi o primeiro na rede a sugerir chamar Tony para uma reunião e ficou encantado ao descobrir que seu contrato com o Travel Channel estava na época de renovação. "Ele veio com sua agente, Kim Witherspoon, e pareceu lisonjeado com nosso interesse", disse-me Whitaker. "Ele ouviu educadamente o que tínhamos a dizer, que a CNN seria uma plataforma de maior nível para ele e que poderíamos fornecer cobertura jornalística – cobertura de segurança – que ele não conseguiria em um canal de TV a cabo menor. Não falamos sobre dinheiro na primeira reunião, mas, antes de ele sair, pedi que assinasse minha cópia de *Kitchen Confidential*, o que ele fez e também acrescentou o desenho de uma faca de cozinha. Acreditei que estávamos em um bom lugar com ele." E estava. Um contrato para dezesseis episódios por ano foi logo assinado. Em seu livro *In the weeds*, o diretor de longa data de Tony, Tom Vitale, relata o momento em que Tony

259

lhe contou sobre a mudança de canal: "Você pode se despedir desses cretinos do Travel Channel. *No Reservations* ACABOU! Parabéns, Tom, CARALHO! Estamos levando a PORRA do show pra PORRA da CNN! Você acredita NESSE CARALHO?!?!?!?"

A empolgação dele era justificada. *Parts Unknown* rapidamente se tornou a versão de luxo de seus projetos de TV anteriores, um dos programas mais bonitos e envolventes da televisão e, em pouco tempo, a hora de maior audiência da CNN. Ele tinha mais câmeras, mais equipe, um orçamento maior para viagens – e tudo isso era bem visível na tela. Vitale disse: "A CNN nos deu a liberdade criativa para experimentar, assim como uma plataforma e as ferramentas que permitiram que o programa se tornasse o que sempre quis ser." Tendo começado, nos dias do *A Cook's Tour*, com meia caixa de equipamento, eles agora transportavam cerca de trinta caixas. Além disso, disse o produtor Chris Collins, a CNN deu a eles "a confiança para fazer o que você sabe fazer e crescer". Com o tempo, Tony realizaria vários sonhos da sua vida, como ir ao Congo para refazer a jornada do louco caçador de marfim Kurtz, do *Coração das Trevas* de Joseph Conrad. Chegou a trabalhar ao lado de ídolos como o diretor Darren Aronofsky, o escritor Jim Harrison e o diretor de fotografia Christopher Doyle. Era maravilhoso e nunca era suficiente. Tony estava se tornando cada vez mais parecido com Ralph Waldo Emerson, que disse: "Eu procuro o Vaticano e os palácios. Eu busco me intoxicar com visões e sugestões, mas não estou intoxicado. Meu gigante vai comigo para onde eu vou." Estar em um lugar de cada vez deixava Tony ansioso. Nos breves momentos de inatividade, durante a filmagem de sua refeição de bun cha com Barack Obama, no Vietnã em 2016, ele estava ao telefone com Harley Flanagan, líder dos Cro-Mags, combinando o episódio que se passaria no Lower East Side. Dizer que ele se pressionava da mesma forma que pressionava os outros redime Tony? Seu coração estava com certeza ficando mais duro. Na segunda vez que ele e a equipe filmaram um episódio em Bornéu, dez anos depois da primeira, ele conseguiu matar o porco sem hesitar. As pessoas que viajavam com ele, pessoas como a produtora Helen Cho e o diretor Tom Vitale, que falaram sobre experimentar seu "olhar cruel" e o chamaram de "traiçoeiro, imperdoável, provavelmente criminoso e geralmente extremamente eficaz", não ficaram surpresos que ele agora segurou a lança com tanta alegria. "Você nunca dizia 'ação' para ele, nunca dizia 'corta', provavelmente não olhava para ele", disse um membro veterano da equipe. Se você o fizesse, ele poderia responder dizendo: "Você está fora do programa." E ele estava falando sério.

"Muito raramente é uma boa mudança de carreira ter consciência", disse Tony. Aquela voz interior sitiada, porém, não estava completamente morta.

"Banco baixo de plástico, macarrão barato, mas delicioso, cerveja gelada de Hanói – é assim que me lembrarei de Tony", disse Barack Obama (com Bourdain no Vietnã em 2016).

Capítulo 15

Ninguém compreende direito o relacionamento de Tony com Asia Argento. Alguns dizem que era "só besteira de adolescente" (Fiquei surpreso com a quantidade de vezes que essa frase apareceu), mas Tony tinha quase 60 anos quando a conheceu e não era ingênuo. Ottavia disse que quando tenta explicar o caso – que ela viu acontecer da primeira fila – para si mesma ou para um amigo, ela se vê caindo em um clichê. "É difícil entender o poder da Asia", ela disse. "Não consigo deixar de pensar que ela o enfeitiçou de alguma forma, por mais ridículo que isso seja." Algo que complica as coisas é que mais parecia que dois relacionamentos diferentes estavam acontecendo simultaneamente. Se você mapeasse o nível de fervor de Argento nos últimos dois anos da vida de Tony, teria a forma (familiar, nesses casos) de um arco. A linha de Tony seria reta, direta e sempre para cima. O que talvez nunca saibamos é o que o levava com tanta intensidade direto para o sol. Era agosto de 2016, Tony, Ottavia e Ariane estavam nos Hamptons tendo uma ótima semana de praia com alguns amigos e familiares quando, de repente, ele disse que eles precisavam conversar e pediu a Ottavia para encontrar um bom momento. Pela expressão no rosto dele, não pareciam más notícias, então ela não se preocupou. Eles não estavam mais vivendo como marido e mulher, mas estavam tranquilos com relação a suas circunstâncias atuais, como sugeriam as férias compartilhadas. De acordo com Ottavia, seu novo modo de vida rapidamente passou a parecer natural, talvez (por mais irônico que pareça) porque as ausências de Tony eram tão longas e frequentes, e ele tinha uma vida tão agitada longe de casa, que a impossibilidade de um casamento tornou-se ainda mais óbvia e inevitável.

Se houve algo próximo de um momento específico em que Ottavia sentiu que eles haviam chegado ao fim do casamento, foi alguns meses antes, na primavera, quando o apartamento ao lado do deles ficou disponível e Tony disse a ela que queria alugá-lo e transformá-lo em sua "caverna masculina". Ottavia não pôde deixar de perceber que "não era um studio, era um apartamento completo, de um dormitório." No final das contas, ela disse, "ele não estava pensando em um espaço masculino típico, com uma mesa de bilhar e uma TV de tela grande, mas algo como um espaço regular de longo prazo com seu próprio quarto e sala de estar. Ele pediria que alguém abrisse a parede entre os apartamentos, para que não sentíssemos que estávamos tão separados. Mas acho que foi quando parei de pensar em nós como um casal e, em vez disso, algo mais como pais ou amigos. Tony sempre disse que éramos uma família de gente esquisita e eu não posso negar que a situação funcionou bem para mim. Eventualmente, acabamos comprando um lugar diferente, que era uma combinação de dois apartamentos, para que ele ainda pudesse ter sua própria ala."

O que Tony queria dizer a Ottavia naquele dia nos Hamptons era que ele estava envolvido com Asia Argento havia três ou quatro meses, desde que tinham gravado juntos um episódio de *Parts Unknown*, em Roma. Não está claro por que ela ressurgiu em sua mente depois de tantos anos, mas sabemos que ele seguiu Argento no Twitter em algum momento no início de 2016, e depois que ela o seguiu de volta, ele a mandou uma DM e eles começaram a conversar. Não demorou muito para que ele a convidasse para seu programa e ela concordou – embora pareça, pelos e-mails deles, que ela recusou os US$ 13.000 de cachê. Eles se conheceram pela primeira vez no set – em um restaurante no bairro dela, Vigna Clara –, em maio daquele ano, na frente da equipe e, por assim dizer, na frente do mundo inteiro. Seu novo corte de cabelo e, sim, o nervosismo adolescente podem ser vistos no episódio nove da sexta temporada. Assim como a beleza, inteligência e força dela. Ela causa uma ótima primeira impressão. Em um e-mail para mim, ao se recusar a ser entrevistada para este livro, ela citou Oscar Wilde: "É sempre Judas quem escreve a biografia." Assim como Pino Luongo, ela sabe dar um bom soco, e tanto no boxe quanto na vida, isso é algo admirável.

Argento e Tony ficaram muito sérios, muito rápido. Quase desde o início, parece que ela contou a ele sobre seus problemas mais íntimos – como sentia que os pais de seus filhos não passavam muito tempo com eles ou não lhes davam apoio financeiro, como ela mesma estava precisando de dinheiro e como ela lutava contra seu desejo por "Charlie", que era seu apelido para cocaína. Mas, em vez de comprar para ela um exemplar de *Namoro para Idiotas* e depois correr na outra direção, Tony seguiu em frente imprudentemente. Seus e-mails desse período o mostram intercalando entre os papéis de conselheiro antidrogas, preparador físico e tio rico ou, como alguns dizem, *sugar daddy*. Quando ele disse a ela para fazer mais exercícios para ocupar sua mente e melhorar seu humor (a mãe de Argento, a atriz Daria Nicolodi, disse no Twitter, em 2016, que Asia é bipolar), e ela disse em resposta que seu treinador de boxe só vinha uma vez por semana porque ela não tinha dinheiro para pagá-lo, Tony disse: "Diga a palavra e eu vou colocar o cara na folha de pagamento. Pagarei para que ele te chute para fora da cama e corra atrás de você na academia, independentemente de como você está se sentindo. Você precisa de um treinamento programado (ou qualquer coisa programada) que seja bastante punitivo todas as manhãs, o mais cedo possível – algo que você PRECISE fazer. Uma rotina. Me ajuda. Não dê ao Cérebro Ruim a chance – ou o tempo – de racionalizar. Talvez seja por isso que eu encha minha agenda de forma patológica. Para não dar ao meu lado viciado e preguiçoso qualquer oportunidade de estragar tudo – desculpe, estou começando a parecer um membro da igreja."

Quando ela perguntou a ele em uma mensagem de texto por "um bom motivo para não buscar Charlie", ele disse: "Porque você vai se sentir realmente horrível e neurótica e então terá que beber muito para apagar e então acordará se odiando, sentindo-se mal e envergonhada. E você tem responsabilidades além de hoje à noite que serão impactadas. Também porque eu te amo e fico louco de preocupação quando você se machuca ou está infeliz. E cocaína = infelicidade. Toda vez." Ele também disse a ela para contratar uma babá e que ele cuidaria de todas as despesas com os filhos (como Weinstein fez por um tempo). Sua mensagem básica era que era maravilhoso que eles tivessem se encontrado e juntos pudessem aliviar os problemas um do outro: "Somos viciados. Lembra? E por mais improvável que seja, incrivelmente, vivendo (acredite ou não) na esperança."

Mas ela não parece estar interessada em esperança – ou em escutar os problemas dele. Quando ele diz o seguinte: "Escrevi a manhã toda (provavelmente por isso estou tão inquieto, mórbido e com o cérebro ruim). Sentado em um bar no andar de baixo. Essa urgência, essa necessidade de fazer qualquer merda, de criar, de escrever, de fazer... de ser bom em alguma coisa. É uma benção ou uma maldição? Escrever livros. É uma queda em um profundo abismo de dúvidas."

Ela responde assim: "Você tem um trabalho. Eu não tenho nada."

Tony e Argento tiveram sua cota de explosões desde o início, enquanto tentavam estabelecer as regras de seu relacionamento. Dois meses depois de se conhecerem, em julho de 2016, Tony alugou uma casa no sul da França onde planejaram ficar por uma semana, mas Argento cancelou no último minuto, depois que Tony já havia chegado, dizendo que estava cansada de ser uma esposa de fim de semana e terminaria permanentemente, a menos que ele contasse a Ottavia sobre ela e saísse de seu apartamento imediatamente. Tony ficou muito irritado e desapontado, e depois que terminaram de brigar pelo telefone, ele foi a um restaurante e bebeu tanto que apagou. Isso raramente ou nunca aconteceu com ele (ele era conhecido por ser capaz de lidar bem com a bebida), e isso o assustou. Quando ele acordou horas depois em sua vila, sem saber como havia chegado lá, ele entrou em pânico e ligou para várias pessoas, incluindo Nancy, para consertar qualquer mal que já tivesse feito a elas. "Ele pensou que o blecaute era um sinal de que estava chegando ao fim", disse Ottavia. "Ele me disse que sempre sentiu que iria morrer prematuramente, como seu pai, e agora essa hora estava chegando."

Tony não disse nada a Ottavia sobre Argento quando pediu desculpas a ela, mas um mês depois estava na cozinha dos Hamptons descrevendo como estava animado por finalmente ter um relacionamento saudável. Ottavia acreditou em sua palavra e disse que se sentia feliz e animada por ele. Houve lágrimas e abraços. Nesse ínterim, ele obviamente tinha cedido às exigências de Argento. Ele se mudaria do apartamento deles, disse a Ottavia, para uma casa de dois quartos no que era então o Time Warner Center (agora Deutsche Bank Center) em Manhattan. Tony relatou a Argento que havia feito o que ela pediu e dado a notícia de seu relacionamento; mas alguns dias depois ela reclamou com ele que ainda via fotos no Instagram dele, Ottavia e Ariane se divertindo nos Hamptons. Tony pediu a Ottavia que parasse de postar fotos de família, até mesmo fotos dele e de Ariane, já que estar com sua filha sugeriria que ele esteve pelo menos brevemente na companhia de sua esposa. Ele disse que a situação era apenas temporária para "deixar Asia confortável" e que, na verdade, nada na rotina deles iria mudar. "Ele me disse que ainda viria ao nosso apartamento todas as manhãs para ver Ariane acordar, fazia questão de preparar o café da manhã dela e levá-la e buscá-la na escola. Disse que ainda jantaríamos juntos e dormiríamos na mesma casa."

As intenções de Tony eram boas. "Ele manteve o quarto e o escritório do jeito que eram. O armário dele estava cheio de roupas. Ele quase não levou nada para o novo apartamento", disse Ottavia. Mas nenhuma de suas previsões sobre como a vida seguiria se concretizou. Era um plano irreal desde o início, já que ele passava dois terços do ano na estrada e, quando estava em Nova York, passava um tempo em projetos paralelos como o *game show* gastronômico *The Taste*, que teve três temporadas na ABC, e o *Bourdain Market*, um conglomerado de barracas de comida de rua inspirado no Eataly, que deveria ocupar o píer da 57th Street no rio Hudson, mas que desabou sob o peso de sua própria ambição. Mas Tony era mais do que apenas um pai cada vez mais ausente; ele parecia cada vez mais uma vítima de sequestro assustada, fazendo uma performance que era difícil para Ottavia e Ariane, de nove anos, assistirem. Quando questionado em entrevistas sobre as recentes mudanças em sua vida pessoal, ele expressava grande entusiasmo por Argento, "a diretora e atriz italiana", enquanto descartava os últimos dez anos de sua vida com um encolher de ombros – ou fazia uma piada frequentemente repetida sobre como ele havia "ido para a cama com Sophia Loren, mas acordado com Jean-Claude Van Damme" (uma referência ao interesse de Ottavia pelas artes marciais). Em setembro de 2016, com a ajuda de sua ex-namorada Paula Froelich, Tony plantou uma história no *Page Six* do *New York Post*, dizendo que ele e Ottavia haviam se separado e viviam vidas totalmente separadas. Nunca era o suficiente, porém, porque sua audiência de um precisava de garantia constante, e ele estava sempre preocupado com ela se cansando de toda a situação complicada e terminando com ele. "Quando ele aparecia para jantar e Asia ligava, ele sempre sentia que precisava falar com ela imediatamente", disse Ottavia a um amigo. Para arrumar um tempo sozinho, "ele dizia a Ariane que tinha que correr até o caixa eletrônico ou dava a ela alguma outra desculpa e depois não voltava por duas horas, ou talvez nem voltava mais. Ou ele me dizia para ter o jantar pronto quando ele chegasse, porque não tinha tempo de ficar com a gente, mas depois que ele saía, postava stories no Instagram de si mesmo, sentado sozinho em um bar. Era tudo pela Asia, mas o problema é que Ariane tinha Instagram. Ela via tudo e isso a deixava confusa e com o coração partido."

Desde o início do relacionamento com Argento, Tony pressionou para que eles se vissem o máximo possível. Suas repetidas ofertas para pagar uma babá que dormisse no serviço pareciam motivadas em grande parte por seu desejo de que ela o visitasse, seja em Nova York ou, em um caso, em Los Angeles, onde ele estava filmando um episódio de seu programa, em setembro de 2016. "Estou muito feliz por você aceitar ajuda", disse ele em um e-mail, em 5 de setembro daquele ano. "Me dê o número da conta e eu pedirei que minha assistente faça a transferência direto para a sua conta. Isso é um grande alívio para mim – e saber que você pode contar com alguém para cuidar de seus filhos enquanto você trabalha ou quando voa para ficar comigo me deixa feliz." Falando sobre a filmagem em Los Angeles, ele diz, "POR FAVOR, venha me ver. O programa vai ser interessante e... você sempre pode ficar na piscina e se bronzear se não quiser se juntar a mim (mas você é mais que bem-vinda). O diretor [Tom Vitale] é muito legal e economiza MUITO meu tempo. Normalmente eu entro e saio com ele, sem desperdício, sem ficar esperando. Devo ter muito tempo antes, depois e durante as gravações."

Logo depois que ela viajou para Los Angeles, eles planejaram que Tony a visitasse imediatamente após o Natal em sua casa em Roma. Ele já havia estado lá antes e gostava de cozinhar para ela e sua família e postar fotos de seus momentos felizes nas mídias sociais – fotos que Ariane também via e ficava magoada porque Tony estava indo vê-la com pouca frequência. Argento estava programada para gravar um filme com seu ex-marido, o diretor Michele Civetta, em dezembro, mas o plano era que ela e Tony ficassem juntos durante a parada de fim de ano do trabalho. À medida que a data da visita se aproximava, porém, ela disse a Tony para não vir porque ela estaria muito ocupada. Quando ele continuou pressionando e insistindo, porém, ela admitiu que Civetta estava hospedado em seu apartamento e que eles tinham dormido juntos.

Tony teve uma crise de raiva e terminou com ela imediatamente. Ela não apenas tinha proibido que ele fosse fotografado com sua ex-esposa, como também Argento havia criticado Civetta nos últimos anos por supostamente espioná-la e tentar retratá-la na mídia como uma mãe inadequada. Agora tudo isso não parecia importar; Argento criava suas próprias regras à medida que avançava. A primeira ligação de Tony foi para Ottavia. Ele disse a ela que estava com o coração partido e planejava contratar "duas prostitutas ucranianas" para ajudar a aliviar a dor. Nos dias seguintes, "ele disse a todos que o relacionamento com Asia havia acabado e todos ficaram aliviados ao saber disso", disse Ottavia. Os amigos de Tony se uniram ao seu redor. Witherspoon, que estava indo para Paris em uma viagem de negócios, sugeriu que ele fosse com ela, para bancar o vagabundo por alguns dias e clarear a cabeça. Tony, porém, estava em um estado de agitação. Primeiro ele concordou, mas depois cancelou. Então ele foi para Saint Martin, mas voltou um dia depois, dizendo que estava muito infeliz para se sentar na praia. Seu próximo passo foi ir ver uma antiga namorada em San Francisco. Ela tinha sugerido a visita e ele tinha visto isso como um convite para reacender o romance – mas quando descobriu que ela queria apenas consolá-lo como amigo, ele voou de volta para Nova York no dia seguinte. Acabou passando a virada de ano em seu antigo apartamento, com Ottavia e Ariane. Pouco tempo depois, porém, ele estava com Argento outra vez.

Tony aceitava com gratidão qualquer fragmento ou promessa de tempo com Argento que pudesse conseguir, mas o que ele realmente queria era que eles compartilhassem suas vidas. Isso foi, por muitas razões, um problema realmente assustador e que eles provavelmente não deveriam ter enfrentado tão cedo em seu relacionamento. Ela ficou desconcertada com o que rapidamente começou a ver como a carência dele e sua atenção sufocante; e embora ela ocasionalmente professasse seu amor por ele, ela também o lembrava de que eles não haviam feito nenhuma promessa um ao outro, sobre fidelidade sexual ou qualquer outra coisa. Tony, embora muitas vezes reconhecesse que era o caso, persistia, propondo sua ideia maluca de ambas as famílias compartilharem uma casa no topo de uma montanha na Itália e outras ideias menos elaboradas. E se ela se mudasse para NYC? Tony escreveu entusiasmado para Argento, dizendo que havia decorado seu novo apartamento pensando nela. Desde o início, Argento se recusou a considerar a coabitação, embora por um tempo ela tenha pensado que morar em Nova York poderia ser bom para sua carreira como ativista do #MeToo. Talvez encorajado com essa possibilidade, Tony tentou recrutar Ottavia para tornar mais fácil para Argento fazer a travessia transatlântica. No passado, muitas vezes confiara em Ottavia para fazer o que poderia ser chamado de trabalho sujo. "Certa vez, quando saiu uma foto dele parecendo particularmente sarado e as pessoas começaram a especular sobre ele tomar esteroides, ele me pediu para fazer login com um nome falso e dissipar os rumores", disse ela – embora os rumores fossem realmente verdadeiros. "Sempre houve essa hipocrisia com ele de que, se alguém dissesse algo desagradável on-line sobre minha aparência, eu deveria deixar falar e não me incomodar com isso. Mas se alguém falasse algo negativo sobre *ele*, então era o fim do mundo." Nesse caso, ele pediu a Ottavia para ver o que ela poderia fazer para colocar a filha de Argento, Nicola, então com oito anos, na escola particular de Ariane e prometer garantir que Ariane seria amigável com Nicola se e quando Argento fizesse a mudança.

Além de pressionar Argento, Tony pressionava Argento para todo mundo. "Ele frequentemente a inseria nas conversas e falava sobre como ela era ótima e insistia que ele estava tão feliz", disse-me o cineasta Amos Poe, que apareceu no episódio de 2018 do Lower East Side de *Parts Unknown*. Sua paixão parecia tão intensa, disse Poe, "que tomei isso como um sinal de alerta e disse a ele, como um companheiro viciado em recuperação: 'Tony, é ótimo ser romântico, mas nunca seja romântico em relação ao romance porque isso o derrubará.'" O chef David McMillian me disse que terminou de filmar um episódio em Newfoundland com Tony, em 2017, pensando: "Uau, ele está estranho. Ele parece uma criança que acabou de conhecer a primeira namorada. Parecia o amor juvenil que a maioria dos homens experimenta na adolescência – do tipo em que você quer sentar do lado de fora da janela dela para ver se ela está com outro homem. Todo mundo tem um relacionamento assim, mas quase sempre antes de completar vinte anos." Tony elogiou Argento publicamente e em particular por sua inteligência, bravura, atuação e habilidades de direção e por, de alguma forma, salvar sua vida. Em uma mensagem para Ottavia, ele a chamou de "a única mulher que pode me amar do jeito que preciso ser amado" – e em outra ocasião, quando ele estava fazendo reflexões sobre Argento, observou sem pensar direito: "Eu costumava me sentir assim sobre você." No Dia das Mães de 2017, ele twittou e postou stories no Instagram elogiando os instintos e talentos maternos de Argento, mas não mencionou Ottavia ou sua própria mãe, que ainda estava viva. No documentário de 2021, *Roadrunner: a film about Anthony Bourdain*, o diretor Morgan Neville incluiu um vídeo de Tony falando sobre a habilidade incrível de Argento em fazer baliza.

Além do dano que estava causando a ele e ao relacionamento em si (não havia sinais de que ela gostasse de sua defesa excessiva), a aparente obsessão de Tony por Argento começou a prejudicar sua vida profissional. Na época em que a conheceu, o esgotamento e o sucesso já haviam o transformado em um tipo muito particular de criatura: o chefe infernal, que o mundo reverencia como um santo e que seus próprios superiores, mais ou menos, desistiram de administrar. Considerando que uma vez ele tinha buscado a sabedoria de Hunter Thompson, Stanley Kubrick e Frank Zappa, suas influências mais óbvias agora eram Andy Menschel, Pino Luongo e sua própria mãe. "Planejamento e preparação adequados evitam um desempenho ruim" há muito tempo tinha sido substituída por "Você está fora do programa" como a frase favorita de Tony – e mesmo quando ele não queria dizer isso literalmente ou permanentemente, essas palavras naturalmente machucavam. Em seu livro, Vitale nos conta que Tony "recrutava informantes, disseminava informações falsas e alimentava rivalidades entre equipes, colocando diretor contra diretor, câmera contra câmera, para motivar todos a fazer o melhor trabalho. De uma maneira estranha, fazer o show parecia ir para a guerra, mas sem as armas. Existe algo como o TEPT[*] das *férias da sua vida* em que seu algoz também é seu herói, mentor e patrão?" Trabalhar com Tony tornou-se, disse ele, "uma espécie de nó górdio de contradições irreconciliáveis, basicamente uma foda mental gigante".

A existência de Argento apenas fez com a atmosfera na ZPZ Production piorasse. As brigas e ansiedades que definiram o relacionamento colocaram uma pressão adicional em sua estrela. Sua promoção constante dela para participações especiais e atribuições de direção também pesou nas mentes e corações dos colegas que voaram ao redor do mundo com ele por anos, aguentando muitas coisas, mas, por mais brega que pareça, sempre sendo sustentados no final pela crença de que estavam sendo liderados por um homem

---

[*] Transtorno de Estresse Pós-Traumático

extraordinário em busca da excelência na televisão. Agora parecia que o papai havia dobrado a curva. Argento foi encantadora no episódio de Roma e sua conexão pessoal com Tony aumentou a intriga do programa. Mas, desde o início, o segredo da TV Bourdain era mostrar o mundo através dos olhos de um viajante incisivo; a ideia de eles se transformarem gradualmente em uma equipe parecia o contrário de uma boa narrativa. Além disso, o currículo de Argento não dava motivos para considerá-la uma diretora particularmente boa (nem ela era, como logo descobriram, especialmente agradável de se trabalhar). A resistência a ela por parte dos produtores e da equipe era silenciosa e passiva, mas Tony mesmo assim percebia. Ainda assim, isso não o impediu de continuar a indicar Argento para trabalhos em *Parts Unknown*, que ele achava que iriam reforçar sua carreira e conta bancária – e, assim, possivelmente reforçar o que ele sempre suspeitou serem sentimentos não muito fortes que ela tinha por ele.

As manobras nos bastidores do episódio de Hong Kong, em 2018, demonstraram como a vida mudou para todos os envolvidos com *Parts Unknown*. O diretor original era Michael Steed, um dos pilares do ZPZ, que havia trabalhado em cerca de sessenta episódios dos vários programas de Tony. Quando Steed foi hospitalizado para uma cirurgia de emergência da vesícula biliar no final de 2017, Tony imediatamente viu isso como uma oportunidade de inserir Argento na programação e insistiu que ela dirigisse o episódio – o diretor de fotografia em Hong Kong, Christopher Doyle, famoso por suas colaborações com o diretor Wong Kar-Wai (*Amor à Flor da Pele* e *Amores Expressos*), já havia sido contratado. Argento, talvez sabendo que ela não seria bem recebida pela equipe, parece ter agido com alguma resistência. O resultado final foi um episódio bonito que começa com um Tony bastante preocupado pensando em voz alta (via narração) na balsa Star que conecta Hong Kong a Kowloon: "Capítulo Um. Se apaixonar pela Asia é uma coisa. Se apaixonar *na* Ásia é outra. As duas coisas aconteceram comigo." Sua vida, ele segue dizendo, é "um presente, um sonho, uma maldição. A melhor coisa, a coisa mais feliz, mas também a mais solitária do mundo."

Claramente, ele não estava bem e isso não é bom, mas quanto daquela cena incrivelmente iluminada – e o resto da hora (mais convencional, mas decididamente ainda melhor do que o normal) – pode ser creditada aos talentos de Argento como diretora? Alguém em posição de saber me disse que desde o início da filmagem todos sentiram que ela não estava à altura da tarefa e que Tony e Doyle constantemente corriam para ajudá-la com sugestões e correções sempre de forma muito diplomática. Ela estava envolvida o suficiente na produção, no entanto, para ter uma desavença – ou algum tipo de momento tenso – com o diretor de fotografia de Tony, Zach Zamboni, um membro extraordinariamente talentoso da equipe de quem Tony havia se tornado especialmente amigo ao longo dos anos. Às 9h45 da manhã seguinte ao incidente, Tony foi ao quarto de hotel de Zamboni em Hong Kong e, de acordo com o que Zamboni disse mais tarde a um amigo, "me despediu como se eu fosse um estranho", sem praticamente nenhuma explicação, além do fato de que quem não conseguia se dar bem com Argento estava "fora do programa". Zamboni tentou apelar. O assunto que causara tudo aquilo tinha sido tão insignificante que ele não tinha certeza do que havia acontecido, mas se houvesse uma "falha de comunicação", ele disse a Tony que ficaria feliz em discuti-lo e, se parecesse apropriado, ofereceria um pedido de desculpas. Ele tinha encontrado tantas maneiras de resolver problemas com os programas do Tony durante os anos, comentou, por que não mais esse? Tony "friamente" rejeitou a proposta e saiu do quarto.

O desejo de Tony de proteger e defender Argento atingiu novos níveis de intensidade quando o *New Yorker* publicou sua história sobre Harvey Weinstein, em outubro de 2017. Não está claro se Tony sabia de seu envolvimento com Weinstein, mas quando a notícia foi divulgada, ele fez algo semelhante ao que fez em Hong Kong – correu para ajudá-la antes que ela pedisse qualquer ajuda, sem se preocupar se ele poderia estar oferecendo mais ajuda do que ela queria. Ele demonstrou seu apoio a ela exaltando sua bravura e desculpando-se publicamente por glorificar a cultura machista do negócio de restaurantes em *Kitchen Confidential*. Ele também se esforçou para conseguir um contrato de livro para ela, encontrando um *ghostwriter* em quem achava que podiam confiar e, em seguida, conectando-se com sua agente (o livro nunca aconteceu). O artigo de Farrow, é claro, precipitou uma avalanche de acusações semelhantes. Quando, cerca de seis semanas depois, as mulheres começaram a acusar Mario Batali de assédio e abuso sexual, Tony condenou o velho amigo, que havia aparecido em vários episódios de seu programa. Ele também vazou informações adicionais sobre Batali para a mídia e pressionou sua assistente Laurie Woolever, que já havia trabalhado para o chef, a apresentar suas próprias histórias. Quando ela hesitou e se ofereceu apenas para dizer "sem comentários" se perguntada sobre Batali, Tony disse que isso não era suficiente. "Sem comentários não vai funcionar", ele respondeu em uma mensagem de texto. "Você precisará de algo pronto, dizendo especificamente se viu algo desagradável. Vimos isso com Weinstein e as pessoas que trabalharam com ele. Se você for rápida, firme e decisiva, ficará bem." (Ela acabou se recusando a falar sobre Batali.)

"Tony sempre esteve do lado certo da questão, mas era meio assustador o quão obcecado por Mario ele ficou", disse Ottavia. Quando seu amigo Michael Ruhlman disse algo neutro sobre Batali para a imprensa mais ou menos nessa época, Tony cortou todas as comunicações com ele. Quando o próprio Batali enviou um e-mail a Tony para perguntar se os vazamentos vinham dele, porque ele não acreditava que sim, Tony respondeu de forma concisa e evasiva. Em uma mensagem para sua amiga Jen Agg, *restaurateur* de

Toronto, Tony disse: "Tenho ajudado a juntar algumas das mulheres a outras pessoas que estão dispostas a denunciar. Quando você atira em um predador deste tamanho, você TEM que atirar na cabeça dele, primeiro tiro. Se você o ferir, é muito perigoso." Ottavia disse: "A reação de Tony parecia doentia para mim. Se um amigo meu fosse acusado de um ato criminoso, eu ficaria zangada, triste, desapontada, não tonta de empolgação esperando que mais notícias aparecessem, como ele ficou. Eu não acho que o velho Tony teria agido dessa forma."

Após o artigo de Ronan Farrow na *New Yorker*, Argento parecia concentrar a maior parte de sua ira no autor e, claro, Tony estava lá para apoiá-la. Ela não conseguia superar o fato de que Farrow, em sua opinião, havia distorcido os fatos. Embora ela continuasse a ser amplamente vista como o rosto legítimo do movimento #MeToo e fosse convidada para falar em Harvard e Cannes, ela sentia que Farrow havia prejudicado tanto a causa quanto sua reputação pessoal e queria que ele escrevesse, e o *New Yorker* publicasse, uma correção que diria... bem, ela nunca foi muito clara sobre isso, mas algo que capturasse melhor a nuance da situação e deixasse sua situação de vítima mais clara. Enquanto discutiam sobre como lidar com a situação, ela e Tony criaram um apelido para Farrow (que é abertamente gay): Traidor de Gloss. Quando ela disse a Tony que Farrow havia respondido positivamente ao seu convite para discutir mais o assunto, Tony disse: "Não quer estragar sua imagem de herói. Ou o gloss."

Tony estava, nesse momento, no piloto automático: os inimigos de Argento eram seus inimigos, os amigos eram seus amigos. Quando Argento disse a ele que achava que Annabella Sciorra, também acusadora de Weinstein, precisava desesperadamente de dinheiro para pagar o aluguel, Tony imediatamente enviou um cheque. E quando Sciorra escreveu de volta para agradecê-lo e dizer que ela realmente tinha gastado o dinheiro em um vestido para usar no Oscar, ele deu de ombros. "Não me arrependo", ele disse para Argento. "Ela está uma bagunça. Mas, sim, uma escrava do mecanismo." E então, entregando elogios exagerados, como sempre fazia, ele acrescentou: "Você é a única que ainda não tentou monetizar ou tentar transformar isso em uma oportunidade de carreira ou um ensaio fotográfico. Você deve se sentir bem sobre isso, minha A."

Em abril de 2018, com Argento ainda furiosa com Farrow, Tony escreveu a David Remnick do *New Yorker*:

Sendo justo ou não, é inevitável que algumas das mulheres sentissem algum ressentimento ao ver Ronan de smoking todas as noites no IG com diferentes pessoas famosas, aceitando elogios, por mais merecidos que fossem – enquanto elas seguiam com suas vidas e suas dificuldades. E esse é, infelizmente o caso. Não há nada a ser feito sobre isso. Se eu fosse o Ronan, eu com certeza estaria aproveitando o momento. Mas no caso de Asia, são essas quatro palavras que continuam a atormentar todos os dias. "Relacionamento de cinco anos" Todos os dias. Nas mídias sociais e na imprensa italiana. Há um milhão de maneiras graciosas, a meu ver, de Ronan lidar com isso. Por uma questão humana de decência e misericórdia. Esta não é uma discussão sobre o mérito do caso. Tecnicamente, sim, qualquer que tenha sido a situação distorcida, terrível, absurda e punitiva em que ela se encontrou nos anos seguintes ao ataque inicial pode ser interpretada como um "relacionamento". Mas isso, infelizmente, não é de uso comum. Ela sofreu e continua sofrendo por conta da brevidade. Eu entendo que houve um tempo em que ela entendeu. Mas a cada dia que passa, conforme essas palavras continuam a ser usadas para rejeitá-la ou atacá-la, seus sentimentos se tornam mais tóxicos. Seria uma coisa pequena olhar para trás em uma reflexão e expressar arrependimento de que aquela parte de sua vida pudesse ter sido mais desenvolvida, melhor explicada ou descrita de outra forma. Mas significaria tudo no mundo para ela.

Eu amo essa mulher. Ela pagou um preço enorme pela sua honestidade. E eu me sinto péssimo por ter dito a ela que, se ela fizesse a denúncia, ela TINHA que contar tudo – não importa o quão horrível ou embaraçoso –, pois era totalmente provável que ela fosse processada, e deixar de fora qualquer coisa a deixaria vulnerável no tribunal e nos tabloides.

Por favor, ajude-a. Peço como um amigo e um admirador. Tanto seu quanto de Ronan. Vocês dois estão, por merecimento, no topo do mundo agora. Olhem para baixo e ajudem uma alma despedaçada.

A resposta de Remnick foi de simpatia e admiração por Tony e Argento. Mas Remnick rejeitou a ideia de que sua revista a havia ferido com quatro palavras, dizendo que Farrow tinha tentado, no artigo original e em uma continuação três semanas depois, colocar os comentários e ações de Argento no contexto. Ele sugeriu que o verdadeiro problema deles não era o *New Yorker*, mas outros meios de comunicação – "Twitter, tabloides e sabe-se Deus o que mais... que a estão atacando de forma maldosa." Ele pediu um tempo para pensar no assunto, prometeu discutir com Farrow e cogitou a possibilidade de ela dar uma entrevista à imprensa italiana. Mas ele também expressou desagrado pela sugestão de Tony, feita em um e-mail futuro, para uma entrevista dupla com Argento e Farrow que aconteceria na CNN ou PBS, dizendo que não queria que Tony "inventasse algo, mesmo com a melhor das intenções".

É interessante que Remnick tenha colocado dessa forma, porque Tony estava no caminho certo para o inferno. "Ele parecia paranoico o tempo todo depois que o artigo de Weinstein saiu", disse Ottavia a um amigo. "Ele bebia muito e Ariane e eu raramente o víamos. Eu falava com ele constantemente, porque estava muito preocupada. Ele me ligava no meio da noite me pedindo para ir ao apartamento dele, mesmo sabendo que eu não poderia deixar Ariane sozinha." Na primavera de 2018, ele começou a consultar um terapeuta, algo que parecia ter feito apenas uma vez antes, brevemente, após seu rompimento com Nancy. "Ele disse que ficou com medo de beber até morrer se não tivesse feito isso", disse Ottavia. "Fiquei muito aliviada e, como ele me disse que as coisas estavam muito melhores, comecei a me preocupar menos. Claro, agora acho que ele estava apenas tentando me afastar."

Tony se viu em apuros. Ele queria mais do que tudo ser o benfeitor supremo de Argento, mas podia sentir que suas tentativas de dar-lhe dinheiro e apoio moral não estavam sendo recebidas calorosamente e, na verdade, estavam tendo um efeito negativo em seu caso amoroso. Ela estava disposta a aceitar ajuda financeira, mas como não gostava de se sentir em dívida com ele, ela se ressentia do fato de que ele pagava a maior parte de suas contas. Enquanto isso, ela parecia cada vez mais contrária a receber ajuda na forma de emprego em seu programa. Talvez ela simplesmente não estivesse interessada em televisão de viagens ou sentisse a falta de respeito profissional e até mesmo a hostilidade por parte dos colegas de Tony. No entanto, Tony estava *sempre* lá para ela. "Oh, minha A, eu acredito em você, mais do que acredito em mim mesmo", disse ele, mas mensagens como essa eram exatamente o problema. Sua devoção estava ficando ainda mais ridícula, excessiva e, às vezes, parecia depreciativa de uma maneira patriarcal. Tony, em mensagens de texto para Ottavia, reconheceu que entendia que quanto mais fazia por Argento, mais a afastava – mas sua serenidade não era a única coisa que estava em jogo, especialmente quando ela começou a fazer barulho sobre abandonar o episódio do sul da Itália de *Parts Unknown*, que tinha sido construído em torno de sua aparição como convidada. Como a série bem programada não podia acomodar grandes mudanças de última hora, uma grande confusão aconteceria se ela desistisse e cancelasse, e Tony arcaria com o peso da culpa e do constrangimento. O fato dos "eu avisei" não ditos que viriam tornava a possibilidade daquilo ainda pior.

Depois que Tony, antes do Dia dos Pais, lembrou a Ottavia de não postar nenhuma foto dele e de Ariane no Instagram, para não incomodar Asia, ele e Ottavia discutiram o estado atual das coisas por mensagem de texto:

OB: Você não queria que eu colocasse uma foto sua porque a Asia iria surtar e eu tenho a sensação de que isso não vai mudar tão cedo. Estou cansada de fingir que não conheço você. Ou de que nunca estamos no mesmo lugar juntos.

AB: Eu entendo. Mas eu estava sendo sincero. A situação com os paparazzi é horrível. Desde que deixei vocês, porém, ela está pirando. A ideia de ser algo como Brangelina é abominável para ela. Ou mesmo um "casal" com expectativas. E eu não espero que você ateste por ela. Principalmente porque eu com certeza vou acabar me fodendo. Encontro-me na terrível posição de estar perdidamente apaixonado por esta mulher. No momento, nem sei se Puglia vai acontecer. É com isso que vivo todos os dias. E eu odeio meus fãs, também. Eu odeio ser famoso. Eu odeio meu trabalho. Eu estou sozinho e vivo em uma incerteza constante. E sinto muito.

É uma coisa horrível, o amor. Ele com certeza não deu certo comigo. Nada além de dor e humilhação entre raros momentos de incrível alegria.

Eu amei você assim um dia.

OB: Como assim não sabe se Puglia vai acontecer? O que está acontecendo? Você pediu que eu desejasse sorte como se você estivesse indo para o Afeganistão.

AB: Eu sinto o amor dela desaparecendo.

E quando isso acontece, eu reajo como um adolescente magoado, e ela odeia isso.

Eu não sei se nós sabemos como amar ou ser amado.

OB: Sinto muito. Tive a impressão de que vocês estavam basicamente em lua de mel e tudo estava ótimo.

AB: É uma qualidade atraente para mim. Ser impossível... doente. E sim, era como uma lua de mel há uma semana. Eu nunca sei.

Acho que toda a imprensa nos retratando como grandes amantes a deixa enojada.

Ela é ferozmente independente.

Se ela desistir de Puglia no último minuto, vou cancelar o episódio. E viver um escândalo humilhante no trabalho. Mas não dá para seguir se ela desistir. E eu acho que ela vai. Eu sinto. Como foi que eu vim parar nesse lugar?

OB: Isso é ridículo, você precisa seguir em frente. Pense em todas as pessoas que dependem de você para o programa e que estão trabalhando duro na pré-produção. Não consigo nem imaginar cancelar o show da Sardenha no último minuto, depois de quase criar a 3ª Guerra Mundial para organizar todas as cenas. Não sei o quão central ela é neste episódio de Puglia, mas seria altamente antiprofissional desistir.

AB: Não sei se tenho forças.

Ela juntou tudo para nós.

Só a humilhação seria horrível. E a dor.

OB: Ela não pode desistir três dias antes, é ridículo.

AB: Não sei. Talvez eu esteja sendo muito pessimista.

Não seria a primeira vez, porém.

OB: Vocês estavam bem quando estavam juntos há alguns dias?

AB: Sim.

Ótimos.

Ela já desistiu no último minuto antes. França, Nova York... Ela fica com medo. Ela se sente intimidada. Ela sente que estou tentando possuí-la ou comprá-la ou chegar muito perto e ela enlouquece. E eu entendo. Ela teve alguns homens ruins na vida. Ela olha para mim algumas vezes esperando que um homem ruim apareça.

Seu último marido era um maldito monstro, ciumento, roubou seus diários, tentou levar seus filhos.

OB: Acho que quando vocês não estão juntos e você não está lá para tranquilizá-la, ela cria uma coisa na cabeça dela.

AB: Sim.

Capítulo 16

"Já que você está aqui, talvez você queira ter uma conversa sobre peyote? Posso ajudar você. Posso levar você ao deserto. Posso mostrar o remédio. Você só precisa me dizer, você gostaria de mastigar a planta ou transformá-la em chá? É você quem decide. A única coisa é, se você vai ter a conversa, devemos passar a noite inteira na beira do rio sob as estrelas. Você gostaria de vir?"

Algumas vezes, ainda era o melhor emprego do mundo.

O convite fora das câmeras veio de Sandro Canovas, um ativista que ajuda as pessoas em Marfa, Texas, a fazer casas de adobe. Isso foi na primavera de 2018, quando Tony tinha apenas algumas semanas de vida e meio que parecia mesmo. Ele e a equipe estavam trabalhando em um episódio de *Parts Unknown* no oeste do Texas e Canovas foi uma das pessoas que ele conheceu e entrevistou, junto com um taberneiro caolho de pele enrugada, que lhes disse que a gentrificação tornou possível obter lula em Marfa; uma família de fazendeiros que ainda trabalhava com o gado a cavalo; a filha do falecido artista Donald Judd; e uma pequena equipe de mulheres que faziam tacos de posto de gasolina "inacreditáveis". Em suma, foi uma edição gloriosa, mas típica, de um programa que, se você pudesse superar a palidez do apresentador, parecia ainda estar a todo vapor. Durante um intervalo, Tony e Canovas estavam sentados nos degraus de uma igreja com alguns outros, bebendo tequila e seu primo louco, sotol, e Tony semicerrou os olhos para a paisagem e disse: "Gosto muito deste lugar. Eu gostaria de voltar no verão com minha namorada Asia e tomar um pouco de ácido e simplesmente ir para o deserto." Canovas não disse nada nesse momento. Mais tarde, porém, quando conseguiu ficar sozinho com Tony, disse-lhe que tinha uma ideia que poderia interessá-lo.

"Não levo muitas pessoas para fazer isso", Canovas me disse. "Tenho acesso ao remédio e sou muito protetor com essa tradição. Quando você atinge esse estado superior de consciência, se torna capaz de enviar essa energia na forma de mensagens e pensamentos. Você aparece nos sonhos das outras pessoas. É poderoso. Eu nunca levo esses *hipsters* que vêm de Austin e estão tentando encontrar a vida espiritual sem o devido respeito. Eu sabia que Tony entenderia por causa de tudo o que ele tinha visto em sua vida."

Tony disse a ele que a viagem ao deserto era impossível – a agenda estava muito apertada. Apenas três dias para filmar tantas coisas, depois para o próximo lugar etc. Canovas disse que entendia. Então, algumas horas depois, Tony mandou uma mensagem para ele dizendo: "Ok, estamos combinados".

Era exatamente o tipo de aventura paralela que seus fãs imaginavam que ele tivesse onde quer que fosse, e também era apenas um pouco de tempo de folga de que ele tanto precisava. Eles se encontraram após a filmagem daquele dia e seguiram para o sul no carro de Canovas. Enquanto se dirigiam para o interior do México, Tony contou a ele a história de uma vez que tentou se matar ao dirigir bêbado no Caribe. Ele não ligou esse sentimento a nada do que estava acontecendo no presente, mas disse que sentia que agora estava em uma encruzilhada em sua vida. "Eu tenho o melhor emprego mundo, mas estou cansado dele. Estou cansado das viagens. Cansado de pagar a hipoteca da minha ex." Os dois riram sobre isso.

Trinta quilômetros depois da fronteira, eles foram parados pelos *federales*. "Onde vocês estão indo?", um perguntou.

"Vou levar meu amigo para ver a paisagem", disse Canovas. "Deixe-me ver os documentos dele."

Tony não estava com seu passaporte nem tinha visto de turista, apenas a carteira de motorista, o que não impressionou os *federales*.

"Vou ter que prender seu amigo e levá-lo para a imigração. Ele provavelmente vai ficar lá até amanhã de manhã."

"Isso não vai acontecer, policial, porque se fizermos isso, os amigos do meu amigo vão cortar minhas bolas. Vamos consertar isso aqui mesmo, e eu e meu amigo vamos embora."

Canovas deu ao *federale* tudo o que tinha, US$ 40, mas escutou: "Rapazes, isso não vai ser suficiente."

Os dois olharam para Tony, que olhou pela janela e suspirou, depois abriu a carteira e tirou US$ 80, que Canovas juntou aos US$ 40 e passou para o policial.

"Dirijam com cuidado", disse o *federale*. "Fiquem longe dos problemas."

Bourdain colhendo uma planta de peiote, em 2018.

No deserto, sentaram-se um pouco perto da fogueira, bebendo mescal. "Ele me disse que as únicas duas pessoas que amava neste mundo eram sua filha e Asia."

Depois de prepararem e beberem o chá de peiote, Canovas deixou Tony sozinho por cerca de uma hora. "Sempre faço isso quando trago alguém e, às vezes, quando volto, as pessoas ficam muito emocionadas, até chorando, mas Tony estava muito tranquilo, fumando um cigarro e bebendo sotol. Ele me disse que tinha tido um sonho, e nós conversamos."

"Ele falou sobre o que sonhou?", perguntei.

"Sim", disse Canovas. "Dinossauros e Harvey Weinstein."

No caminho de volta, Tony praticamente só escutou, enquanto Canovas falava com ele sobre suas próprias lutas contra o vício e pensamentos suicidas em uma época em que havia perdido o emprego e a mulher que amava por causa do crack. "Depois de tudo o que passamos", disse ele, "depois de rastejar pelo vale da escuridão, depois de perdermos tudo e querermos nos matar, você não acha que vale a pena viver?" Ele disse que Tony respondeu mudando de posição no banco do passageiro e olhando diretamente para ele e dizendo: "Com certeza, Sandro. Vale a pena viver."

A vida estava ficando cada vez mais difícil, porém. Em novembro de 2017, um mês depois de contar ao mundo que havia sido estuprada por Weinstein, Argento foi notificada de que estava sendo processada por Jimmy Bennett, o ator que interpretou seu filho no filme de 2004, *Maldito Coração*, por agressão sexual. Bennett alegava que o incidente tinha acontecido em um quarto de hotel na Califórnia, em 2013, quando ele tinha dezessete anos e Argento tinha trinta e sete. Ela tinha lhe dado álcool, feito sexo oral nele e então subido em cima dele, ele disse. A história não sairia na imprensa até depois da morte de Tony, em agosto de 2018, quando o *New York Times* noticiaria que havia obtido documentos e fotografias que apoiavam a reivindicação de Bennett, pedindo

US$ 3,5 milhões em danos por sofrimento emocional, perda de salários e agressão.

Tony e Argento passaram os primeiros meses de 2018 discutindo como lidar com o assunto do ponto de vista jurídico e de relações públicas. E-mails vazados para o site de fofocas TMZ mostraram mais tarde que ela inicialmente negou a acusação para Tony e disse que foi Bennett quem a agrediu. "Eu não fui estuprada, mas estava congelada", ela disse a ele. "Ele estava em cima de mim. Depois que ele me disse que eu era sua fantasia sexual desde os doze anos." Tony acreditou nela, ou pelo menos fingiu. Ele disse a ela que pagar o homem, que ambos chamavam de "o burro", não era "admissão de nada, nem era uma tentativa de esconder o acontecido. Era simplesmente uma oferta para ajudar uma alma obviamente torturada, desesperada e tentando roubar você por dinheiro." Argento respondeu: "Nunca vou comprar o silêncio dele por algo que não é verdade, já que também estou sem dinheiro."

Tony pagou seus honorários advocatícios e contratou um detetive particular que tentaria desenterrar alguma sujeira de Bennett que pudesse ser usada para chantageá-lo ou manchar sua reputação. Por fim, ele pagou US$ 380.000 em troca de sua promessa de não prosseguir com uma ação legal. Era o clássico escândalo bombástico das celebridades, esperando para explodir na imprensa, o tipo de show de merda em que Tony, apenas alguns anos antes, não poderia se imaginar envolvido, a antítese de tudo o que ele esperava representar como homem público.

Em geral, ele estava desmoronando, mas as últimas semanas foram de altos e baixos. Pouco antes de ele embarcar no avião para Kaysersberg, a publicitária da CNN, Karen Reynolds, ligou para ele para dizer que o episódio de Hong Kong havia estreado com ótimas críticas e audiência e ele estava "muito feliz – quero dizer, quase atordoado", disse ela. Ele mandou uma mensagem para ela dizendo: "Este é o ponto alto, esta é a melhor coisa que já fiz". Mas era difícil para ele sustentar os bons sentimentos. Nas entrelinhas, os e-mails de Argento contavam uma história triste e, para ele, assustadora. Não havia mais expressões como "eu te amo", não havia mais "sou para sempre sua" sendo ditas para ele. "Ela constantemente pedia a ele para fazer coisas por ela, para resolver seus problemas, ajudá-la com sua 'carreira de ativista'", disse Ottavia. "E ela nem era legal sobre isso. Ela dizia a ele que sua vida estaria acabada se todos os seus problemas não fossem resolvidos imediatamente e ele, claro, ficava apavorado."

Parecia que tudo o que eles faziam era brigar. Na maior parte do tempo, ela reclamava que ele era muito possessivo. Mais tarde, Argento diria: "Eu sempre disse a ele que meus filhos vinham em primeiro lugar, meu trabalho vinha em segundo lugar e ele em terceiro". Uma de suas principais preocupações, no entanto, era que um dia ele ficasse em quarto ou quinto lugar, atrás de seu homem ou homens do momento. Não era um simples ciúme que o atormentava, ele tentou explicar em conversas privadas com ela; era o medo de que ela destruísse suas chances de compartilhar suas vidas ao se envolver com estranhos. A distinção pode parecer sutil, mas era importante para ele.

Em junho de 2018, o relacionamento deles havia evoluído para algo bizarramente complicado e decadente, mesmo para os padrões de celebridades e de outras pessoas não vinculadas às considerações sociais – ou lógicas – normais. Pelo que ele sabia, ela não tinha estado com mais ninguém em seu tempo juntos, exceto seu ex-marido, Civetta – embora ambos concordassem que, teoricamente, tinham todo o direito de ter amantes adicionais (desde que ele ficasse longe de Ottavia). Ele aparentemente não manteve nenhum relacionamento paralelo desde que a conheceu, exceto as prostitutas, provavelmente dizendo a si mesmo que não contava, porque não havia envolvimento emocional e porque ele e Argento ficavam separados com muita frequência. Enquanto isso, ele fazia

Miserável no Paraíso

o possível para manter Argento leal a ele, dando-lhe dinheiro e apoio moral, bem como ingerindo grandes quantidades de esteroides, hormônio de crescimento humano e Viagra, para que houvesse menos chances de sua idade ser um problema entre eles. Era essa bagunça generalizada que um dia tinha sido um caso de amor que Tony estava desesperadamente tentando manter quando – com ele apenas começando a filmagem em Kaysersberg com Eric Ripert – Argento apareceu nos sites dos paparazzi se divertindo nas ruas de Roma (e no saguão do Hotel de Russie, onde ela e Tony desfrutaram de interlúdios românticos) com um jovem e bonito jornalista francês chamado Hugo Clément. Às vezes, embora raramente, a equipe do ZPZ dava boas-vindas às brigas telefônicas de Tony e Asia, pensando que elas poderiam terminar em uma separação permanente. Essas brigas foram diferentes.

Uma misteriosa conta no Twitter chamada @justicefortony – que já não existe mais, mas acredita-se que pertencia a um membro da equipe ZPZ – divulgou que Tony e Argento "começaram a brigar na terça-feira, 5 de junho. Tony teve que sair do set várias vezes para falar com ela ao telefone. As coisas pioraram na quarta-feira, quando, segundo todos os relatos, ela disse a ele que não queria mais ficar com ele. Todo mundo estava de olho nele dia e noite porque ele estava incrivelmente perturbado. Mais telefonemas aos gritos, o dia todo. Na quinta-feira, ele parecia estar melhor e meio que queria que todos se afastassem."

Uma possível razão para a melhora de seu humor era que ele havia se divertido na noite anterior quando, com as câmeras rodando, ele e Ripert tinham visitado um restaurante de duas estrelas Michelin chamado JY's, na cidade vizinha de Colmar. O proprietário e chef, Jean-Yves Schillinger, tinha conhecido Tony quinze anos antes, quando ele tinha uma casa na cidade de Nova York; e enquanto Tony e Ripert experimentavam sua abordagem enérgica da culinária da Alsácia, as memórias voltaram em ondas agradáveis. No final da refeição, Schillinger, um belo francês loiro de cinquenta e cinco anos, propôs que ele, Tony e Ripert fossem tomar uma cerveja em Freiburg, Alemanha, 50 km a sudeste, para uma bebida antes de dormir – e lá foram eles, como um bando de jovens de férias. *Parts Unknown* não era transmitido regularmente em Kaysersberg, o que explicava o anonimato de Tony lá, mas ia ao ar em Freiburg, e assim que Tony entrou na lotada cervejaria ele se tornou Anthony Bourdain novamente, recebendo diversos *allos*, *prosts* e calorosos apertos de mão, todos os quais ele retribuiu com um largo sorriso. "Ele aproveitou cada minuto", Schillinger me disse quando visitei seu restaurante. "Ele se iluminou como o Tony que eu conhecia. Tudo estava normal."

Naquela noite, antes de ir para a cama, Ripert, que ocupava o quarto vizinho ao de Tony no hotel em que estavam, Le Chambard, e que obviamente estava preocupado com seu amigo, encostou o ouvido na parede e ouviu um ronco tranquilo, conseguindo, então, também dormir melhor.

Durante toda a sua vida adulta, beber e comer com os amigos tinha sido a definição de alegria de Tony. E tinha um carinho especial pela farta culinária daquele canto do mundo com cheiro de chucrute. Mas a noite com os amigos, longe do telefone, pode ter desencadeado um momento de autodescoberta. Ao reviver brevemente seu passado com Schillinger, Ripert e sua equipe, ele pode ter tido um vislumbre de quão longe ele tinha chegado. Ao lembrar o que tinha sido, ele pode ter visto com mais clareza no que tinha se transformado – em um personagem de um romance sórdido e ligeiramente perturbado de James Ellroy, um amante condenado e desesperado que tinha contratado um detetive particular para prejudicar um ator mirim obscuro pelo bem de uma mulher que o respeitava menos a cada esforço que ele fazia por ela. O tipo de homem que tinha pessoas talentosas e leais vivendo em constante medo de serem banidas de um programa pelo qual trabalharam duro e desistiram de muito para tornar excelente. Foi uma coisa especialmente horrível para Tony descobrir sobre si mesmo, que ele havia perdido sua integridade em busca de uma mulher que parecia passar a vida se apresentando para os paparazzi e fazendo palhaçadas no Instagram, mas talvez houvesse algum consolo e paz em finalmente ver as coisas como elas eram.

> AWAY with tears and sighing,
> And leaden-eyed despair :
> Life is a flight for flying
> Serene through sunlit air :
> 'Tis a ball if you 'll but fling it,
> A sceptre if you 'll swing it,
> A song if you 'll but sing it,
> And singing, find it fair.
>
> What of the darkness pending ?
> The game may yet be won ;
> Life showeth not the ending,
> But somewhere is the sun.
> 'Tis a garden if you 'll tend it,
> 'Tis a bow if you 'll but bend it—
> A fool is he who 'd end it
> Before the game is done.

Asia Argento me enviou este poema do pintor de paisagens da Nova Inglaterra, Roy Elliott Bates (1882-1920).[*]

---

[*] Afastado com lágrimas e suspiros, / E desespero de olhos de chumbo: / A vida é um voo para voar / Sereno através do ar iluminado pelo sol: / 'É uma bola se você apenas arremessá-la, / Um cetro se você o balançar, / Uma canção se você apenas cantá-la, / E cantando, achar justo. / E quanto à escuridão pendente? / O jogo ainda pode ser ganho; / A vida não mostra o fim, / Mas em algum lugar está o sol. / É um jardim se você cuidar dele, / É um arco, se você o dobrar – / Um tolo é aquele que acabaria com isso / Antes que o jogo termine. (tradução livre)

No dia seguinte, Tony e Argento brigaram de novo. Ela estava desistindo do episódio da Índia, em que estava programada para aparecer, porque, segundo ela, ela não aguentava mais a possessividade dele. Seu histórico de navegação mostrou que nos últimos três dias de sua vida ele pesquisou "Asia Argento" centenas de vezes no Google. Na noite anterior à sua morte, ele trocou mensagens de texto com ela:

AB: Eu estou bem. Eu não sou rancoroso. Não estou com ciúmes por você estar com outro homem. Não sou seu dono. Você é livre. Como eu disse. Como eu prometi. Como eu realmente quis dizer.

Mas você não foi cuidadosa. Você foi imprudente com meu coração. Com a minha vida. De Russie... É só lá que dói, minha A.

Talvez seja parte de nosso caráter. Mas você sempre foi honesta comigo. Eu quero ser honesto com você.

Eu não ressinto essa parte de você. Como espero que você não me ressinta.

Mas é isso que machuca.

Eu fui e sou sincero em tudo que já falei para você. Mas espero que você tenha misericórdia de mim por conta desses sentimentos.

AA: Eu não aguento isso.

Argento continua dizendo que não pode mais manter seu relacionamento com Bourdain, que mostrou ser muito parecido com os outros homens com quem ela já se envolveu.

AB: Teria sido tão fácil me ajudar.

Eu pedi tão pouco. Mas "foda-se" é a sua resposta.

Miserável no Paraíso

Enquanto eles continuam o diálogo, ela reclama de sua "possessividade idiota", o chama de "caralho de burguês" e diz a ele para "chamar a porra do médico". "Eu sou a vítima aqui", ela diz.

AB: Minha A. Não acredito que você tenha tão pouco carinho ou respeito por mim a ponto de não ter empatia por isso.

Depois das filmagens do dia seguinte, Tony recusou o convite de Ripert para jantar e saiu sozinho. Ele comeu e bebeu demais. Ripert acordou no meio da noite e, uma vez mais, encostou o ouvido na parede, mas não ouviu nada.

Epílogo

Tony costumava dizer que seria ótimo morrer na Espanha com um grande pedaço de carne de porco na boca ou no Chateau Marmont como John Belushi. E quando as coisas não iam tão bem, ele frequentemente ameaçava se enforcar com a cortina do chuveiro. No evento, porém, ele se enforcou no que se tornou – graças a Robin Williams, Kate Spade e agora a ele – o estilo preferido das celebridades: de uma maçaneta, sentado, inclinando-se para a frente até desmaiar e depois sufocar. Embora o último site que ele

De seu último quarto de hotel, Bourdain
podia ver uma torre medieval e vinhedos.

visitou, depois de mais alguns googles em Asia Argento, fosse um serviço de prostituição, a polícia declarou que ele morreu sozinho e – caso você tenha ouvido os rumores sobre asfixia autoerótica – com o zíper fechado, e talvez até de sapato. Ele vestia calça jeans, uma camisa polo de cor desconhecida e meias. Tinha bebido muito, mas estava provavelmente ficando sóbrio quando tomou a decisão. Nas horas após sua morte, Argento, sem saber o que havia acontecido, continuou a enviar mensagens de texto para ele, dizendo, como ela havia dito muitas vezes nas últimas semanas, que queria terminar o namoro.

Passei a noite de 28 de novembro de 2019 no quarto em que Tony morreu – talvez porque eu acreditei no grande biógrafo Richard Holmes, autor de *Shelley: the pursuit* e *Coleridge: darker reflections*, quando ele disse que um escritor sério de biografias deve sempre "perseguir seu sujeito fisicamente pelo passado." A Manon Suite, como é chamada, em homenagem à filha do dono do local, é muito agradável e confortável, embora nada rústica como a parte externa e a maioria das áreas comuns do Le Chambard, decorada como em um estilo moderno em preto, branco e roxo e oferecendo todas as comodidades recentes. Se Tony quisesse um gosto da velha França, porém, tudo o que ele precisava fazer era abrir as venezianas. A acidentada "torre das bruxas" de pedras, que se acredita ter feito parte das fortificações da cidade na Idade Média, fica a menos de um quarteirão de distância do hotel e além dela estão os campos onde as uvas Riesling sempre cresceram. Na verdade, Tony filmou algumas cenas desta janela, que usou para um story no Instagram. Ele também postou fotos da constelação de pequenas estrelas iluminadas eletricamente no dossel acima da cama.

O que me faz pensar que ele certamente deve ter notado as várias fotos grandes nas paredes – fotografias em preto e branco de Manon e sua prima, ambas parecendo ter a idade de Ariane em 2018 – e foi em frente e tirou a própria vida de qualquer maneira, quero dizer, mesmo que essas imagens possam muito bem tê-lo lembrado de sua amada filha. Menciono isso porque Dennis Mullally, o *barman* do Formerly Joe's, e muitas outras pessoas com quem conversei para este livro me disseram que estavam com raiva de Tony por não pensar em Ariane quando se matou. Como ele pôde ter se comportado de forma tão impensada?, eles disseram. Alguns chamaram de abandono infantil. Mas foi esse o caso? Já que Tony não deixou nenhum bilhete suicida no qual o nome de Ariane pudesse estar presente ou ausente, é impossível dizer como ela apareceu em seus últimos pensamentos. Ela pode ter estado muito em sua mente naquela noite fatídica e a estratégia de saída de Tony, pelo menos em parte, pode ter sido um ato de amor paternal. Mais de um profissional de saúde mental me disse que as pessoas à beira do suicídio podem acreditar que estão fazendo um favor a seus amigos e familiares, pois acreditam que os entes queridos certamente ficarão melhor sem eles.

A outra coisa que devo dizer sobre o quarto é que, enquanto eu estava desfazendo as malas, a porta deslizante do armário de repente começou a se mover por conta própria e com impulso suficiente para sair do trilho e parar um pouco antes de onde eu estava. Um ato de agressão ou a aparência de um abraço?

Enquanto escrevo isso, o irmão de Tony, Christopher Bourdain, ainda tem as cinzas de Tony. Quando Kim Witherspoon o encarregou de organizar o memorial que Tony acabou tendo – em 27 de setembro de 2018 –, Christopher considerou brevemente dar a cada um dos convidados um pequeno frasco contendo uma parte dos restos mortais, uma ideia pela qual ele quase perdeu seus privilégios de planejamento. O evento – que estava cheio de conexões de negócios de Tony e bastante leve com relação aos velhos amigos discutidos em *Kitchen Confidential* – foi realizado no restaurante favorito de Chris em Chinatown, o Golden Unicorn, a apenas alguns quarteirões do restaurante favorito de Tony em Chinatown, o Oriental Garden. A maioria dos discursos foi ótima, minhas fontes me disseram, mas o de Chris parecia cheio de ressentimento, talvez porque ele sentisse que nos últimos dois anos Tony o havia afastado, ou porque ele ainda tinha raiva porque a ZPZ Productions não o havia pedido para assumir como apresentador do *The Layover* quando Tony se cansou do programa. "O tom dele no memorial foi, tipo, 'Vocês acham que Tony era tão bom? Bem, deixem-me contar umas coisas'", disse-me Fred Morin, o *restaurateur* de Montreal. Outras pessoas tentaram desajeitadamente transformar o que era para ser uma homenagem em um brinde. Com os discursos indo cada vez mais longe na noite, a filha dele foi ficando cada vez mais chateada e Ottavia a levou para casa mais cedo.

Agradecimentos

Este é um livro que se baseou muito em um grupo de tamanho razoável de pessoas íntimas de Anthony Bourdain (e amigos de pessoas íntimas) que preferiram não ser identificados. Devo imensos agradecimentos a essas fontes, mas não sou menos grato às pessoas que falaram comigo ao longo dos dois anos e meio em que trabalhei nesta biografia e não se importaram em serem identificadas. São elas, em ordem alfabética, Myleeta Aga, Laura Albert, Jessica Alger, Beth Aretsky, Asia Argento, Dae Bennett, Joel Binamira, Andrea Blickman, Nancy Bourdain, Chris Boyd, Scott Bryan, Paul Cabana, Sandro Canovas, Josh Cogan, Holly Critchlow, Ariane Daguin, Christopher Doyle, Wylie Dufresne, Geoff Dyer, Edie Falco, Esther B. Fein, Abel Ferrara, Harley Flanagan, Paula Froehlich, Maria Gardner, Sam Goldman, Zamir Gotta, Laurel Graeber, Bobby Gray, Daniel Gray, Joh Gwin, Chris Hanley, Roberta Hanley, Don Hecker, Richard Hell, Caroline Hirsch, Kai Eric Hyfelt, the Orange Janitor, Edu Kariuki, Patrick Radden Keefe, David Kinch, Emily Klotz, Philippe Lajaunie, Andrea Lee, Pascal Lohr, Pino Luongo, Adam Lupsha, Kimmarie Elle Lynch, Francis Mallmann, David Mansfield, Lark Mason, Bonnie McFarlane, David McMillan, José Meirelles, Jason Merder, Fred Morin, Mitch Moxley, Emily Mraz, Dennis Mullally, Nick Mullins, Enid Nemy, Diane Nottle, Carina Novarese, Claudine Ohayon, Christopher Phillips, Amos Poe,

Debbie Praver, Richard Price, Doug Quint, Midori Rai, Tatsuru Rai, Ian Rankin, Christian de Rocquigny du Fayel, Joel Rose, Robin Rosenblum, Michael Ruhlman, Robert Ruiz, Tim Ryan, Julie Scelfo, Jean-Yves Schillinger, Michael Schnatterly, K. F. Seetoh, Kim Severson, Elaine Sheldon, Vijayeta Sinh, Uday Sripathi, Steven Tempel, John Tesar, Nick Valhouli, Vellini Verso, Brendan Walsh, Toj Ward, Stephen Werther, Tracy Westmoreland, Lisa Wheeler, Mark Whitaker, Michael White, Chris Wilson, Richard Wolffe, Naomichi Yasuda, Patrick Younge, Diego Zakduondo, e Michiko Zentoh. Também devo agradecimentos àqueles que ajudaram a me conectar com pessoas da órbita de Bourdain, um grupo que inclui Niklas Amundsson, Ethan Crenson, Doug Crowell, Cutler Durkee, Diana Eliazov, Emily Lobsinger, Elaine Louie, Robert Sherman, Lucy Rendler Kaplan e, de uma maneira engraçada, mas muito importante, Kim Witherspoon.

Sou grato pelo apoio e conselhos que recebi de Kristine Dahl, minha agente brilhante e sempre solidária na agência literária ICM, e do incrível Bob Bender, meu editor na Simon & Schuster, que ao longo de cinco livros nunca deixou de me salvar de mim mesmo. A colega de Kris, Tamara Kawar, que fez de tudo para me ajudar a rastrear algumas pessoas de interesse, que por acaso tinham conexões na ICM; e os colegas de Bob na S&S, a editora Johanna Li e a copidesque Martha Schwartz, que tornaram tudo mais suave e a leitura muito melhor.

Minha esposa, a escritora e psicoterapeuta Sarah Saffian Leerhsen, é o amor da minha vida *e* uma excelente editora. Só posso agradecer a Deus por isso.

Notas finais

Muitas fontes são identificadas no texto. Aquelas não identificadas estão listadas abaixo.

Prelúdio

A troca de texto de abertura foi fornecida por uma pessoa próxima a Tony e Ottavia Bourdain. A informação na seção de abertura foi obtida nos livros de James Kaplan *Frank: a voz* e *Sinatra*. A citação que começa com "Viajar nem sempre é bonito" é da trilha sonora de *Roadrunner: a film about Anthony Bourdain*. As informações sobre a reação imediata do círculo íntimo de Bourdain e seu relacionamento com a mãe vieram de fontes confidenciais. A estatística nas pesquisas do Google sobre o suicídio de Bourdain veio do *Google Trends*. Informações sobre a reação imediata da tripulação à morte de Bourdain e à investigação policial em Kaysersberg vieram de fontes confidenciais; Christian de Rocquigny du Fayel, vice-diretor de Justiça Criminal, Assuntos Criminais e Indultos, que conduziu a investigação da morte de Bourdain; e entrevistas feitas pelo autor realizadas na Alsácia, França. Bourdain bebeu martinis Bombay Sapphire na presença de vários jornalistas, incluindo a escritora de culinária Helen Hollyman. O ensaio de Karen Rinaldi "Por que Anthony Bourdain importa" apareceu na edição de 20 de junho de 2018 da *Publishers Weekly*. A citação que começa com "Havia caos em torno dele o tempo todo" vem de um episódio de *Parts Unknown* chamado "Behind the scenes", que foi ao ar pela primeira vez em 28 de outubro de 2018. A citação que começa com "Viajo pelo mundo todo, como um monte de merda" aparece no perfil da *New Yorker* "Anthony Bourdain's Movable Feast", de Patrick Radden Keefe, 13 e 20 de fevereiro de 2017. Bourdain disse "Não ligar para porra nenhuma é um modelo de negócios fantástico para a TV" durante uma palestra em 23 de outubro de 2006 (com Michael Ruhlman, Eric Ripert e Gabrielle Hamilton) chamada "How I Learned to Cook", na 92nd Street Y em Nova York, que foi lançada pela Audible em 26 de março de 2007. A citação que começa com "espécie de diário de viagem doido" vem de *Medium Raw: a Bloody Valentine to the world of food and the people who cook*, de Anthony Bourdain. Bourdain disse "os poderes estranhos e terríveis da televisão etc." em "Anthony Bourdain: the upsell interview", com Helen Rosner e Greg Morabito, *Eater's Digest*, 24 de outubro de 2016. A citação que começa com "Qualquer diretor com uma ideia para qualquer coisa que possa causar medo e confusão na rede" vem das "Notas de campo" de Bourdain para o episódio de Hong Kong de *Parts Unknown*, publicado em: https://explorepartsunknown.com/destination/hong-kong/, 30 de maio de 2018. "A pior, mais repugnante e terrível coisa que eu já comi" vem do artigo do *Wall Street Journal* "You eat that?", por Rachel Herz, 28 de janeiro de 2012. A citação de Bourdain sobre comer o coração ainda pulsante de uma cobra aparece em vários lugares, inclusive em *Anthony Bourdain: the last interview and other conversations*. A citação que começa com "o mundo está cheio de pessoas fazendo o melhor que podem" vem de uma entrevista em vídeo que Bourdain fez para a revista *Fast Company*, em 2013, chamada "Anthony Bourdain: our last full interview", que está disponível no YouTube: https://www.youtube.com/watch?v=-vUEFdWAKpf0. A citação do diretor Tom Vitale sobre diversão vem do episódio *Parts Unknown* intitulado "Behind the scenes" (temporada 12, episódio 6). A citação de Bonnie McFarlane vem de minha entrevista por telefone com ela. Entrevistei Joel Rose na casa dele, em Manhattan. Entrevistei David McMillan em pessoa, em Montreal. Os comentários de Bourdain para sua esposa, Ottavia, vêm de uma fonte confidencial. A citação de Lionel Trilling é de sua introdução a *Homenagem à Catalunha*, de Orwell (Nova York: Harcourt, Brace, 1952).

Capítulo 1

Bourdain disse que "os grandes chefs entendem o desejo humano" em *Anthony Bourdain: the Kindle singles interview*, por David Blum. A citação de Kimberly Witherspoon sobre a necessidade de proteger a marca veio de uma fonte confidencial, assim como a afirmação de Ripert sobre controlar a narrativa. A citação de Helen Rosner vem de sua introdução ao livro enganosamente intitulado *Anthony Bourdain: the last interview and other conversations*. Daniel Halpern disse que Bourdain "tinha uma noção muito boa do que queria defender" em uma entrevista com Chris Crowley na revista *New York*. ("He always understood that he was blessed: writing books, and building a legacy, with Anthony Bourdain", 23 de abril de 2019). A descrição da vida em Leonia vem em grande parte de entrevistas confidenciais, entrevistas com amigos de infância de Bourdain e do *Bergen Record*. O artigo do *New York Times* sobre Leonia, "Well-Read, Well-Shaded and Well Placed", de Jerry Cheslow, apareceu na seção de imóveis em 15 de junho de 1997. Os primeiros escritos não publicados de Bourdain foram fornecidos por uma fonte confidencial.

Capítulo 2

Bourdain falou em várias ocasiões – em seus programas de TV, em palestras que deu e em entrevistas – sobre seu pai e suas idas ao Hiram's. A citação que começa com "Ele nunca me viu terminar um livro" é de "Anthony Bourdain: the 'Parts Unknown' interview", com Kam Williams do *NewsBlaze*, 9 de janeiro de 2015. As memórias de Bourdain sobre seu pai e a citação que começa com "rabiscos de nazistas patetas" vêm de *A Cook's Tour: in search of the perfect meal*. Muitas das informações neste capítulo vêm de entrevistas do autor com cerca de uma dúzia de amigos de colégio de Bourdain. A história sobre o avô de Anthony Bourdain, Pierre, sendo "adotado" pelas tropas americanas apareceu no *New York Tribune*, em 31 de julho de 1919, e em vários outros jornais. As informações sobre a vida do velho Pierre na América vieram em parte dos registros do Censo dos Estados Unidos. A citação que começa com "Meu pai era, para mim, um homem misterioso" aparece em *A Cook's Tour*, de Bourdain. As informações sobre a educação do pai de Bourdain vieram da Universidade de Yale. Alguns detalhes do histórico de trabalho de Pierre Bourdain vieram de seu obituário no *New York Times*, 30 de abril de 1987. Um relato do roubo do apartamento de Martha Sacksman aparece no *New York Daily News*, 29 de abril de 1949. Informações sobre Milton Sacksman foram obtidas dos registros do Censo dos Estados Unidos e de vários artigos de jornais sobre suas atividades criminosas, incluindo o *Paterson News* (New Jersey), de 8 de dezembro de 1948.

O relato da vida dos Bourdain em Leonia vem de comentários feitos em inúmeras entrevistas por Anthony Bourdain, fontes confidenciais e entrevistas com seus amigos de infância. Bourdain chamou seu pai de "um homem de necessidades simples" em um artigo do *Bon Appétit* de junho de 2012, que foi republicado pelo *Bon Appétit online* em 8 de junho de 2018, como "Como Anthony Bourdain veio a ser Anthony Bourdain". Alguns dos detalhes e citações desse capítulo vieram de *Kitchen Confidential*. A citação sobre o "completo desenvolvimento" vem da entrevista *Wealthsimple* mencionada no texto principal. O anúncio de Avisos Legais sobre o leilão da casa dos Bourdain apareceu no *Hackensack Record*, em 15 de outubro de 1962. As citações sobre Tony e seu irmão, Christopher, vêm de uma fonte confidencial. Vários dos ex-colegas de Gladys Bourdain no *New York Times*, incluindo Diane Nottle, me contaram a história sobre seu mal-entendido sobre o emprego para o qual estava sendo entrevistada quando foi contratada. A citação sobre a dinâmica da família Bourdain veio de uma fonte confidencial. A citação sobre a introdução de Bourdain ao sushi vem de um artigo que ele escreveu para a *Bon Appétit*, publicado na edição de junho de 2012 e republicado no site da revista imediatamente após sua morte. A redação de inglês do Ensino Médio de Bourdain veio de seus papéis pessoais. Bourdain falou sobre a culinária de sua mãe em *Behind every great chef, there's a mom! More than 125 recipes from the mothers of our top chefs*, editado por Chris Styler. A avaliação do aluno de Anthony Bourdain na Englewood School veio de uma fonte confidencial.

Capítulo 3

As informações sobre Bourdain planejando viver no topo de uma montanha na Toscana com Asia Argento, Ottavia Bourdain e seus filhos vieram de uma fonte confidencial. A informação sobre Bourdain sendo levado para a faculdade por seus pais veio de uma coleção de seus primeiros escritos não publicados, repassada a mim por meio de uma fonte confidencial. A citação que começa com "Passei a maior parte das minhas horas acordado bebendo" vem de *Kitchen Confidential*, assim como as citações imediatamente subsequentes. As informações sobre a classificação escolar de Bourdain vieram de uma fonte confidencial. Bourdain frequentemente se referia a si mesmo como "vagabundo de hotel". Julian Barnes escreveu sobre "aquela coisa rara e paradoxal, o turista sábio" em *Something to declare: essays on France and French Culture* (Nova York: Vintage International, 2003), onde também cita Edith Wharton. As citações sobre Vassar de Elizabeth A. Daniels, William W. Gifford e Lucinda Franks vêm do artigo de Franks "Whatever happened to Vassar" no *New York Times*, 9 de setembro de 1979.

Capítulo 4

A citação de Chris Bourdain que começa com "Não, não, não" veio de uma fonte confidencial, embora ele tenha dito coisas semelhantes publicamente. A citação de Lydia Tenaglia sobre a câmera e o nariz de Anthony Bourdain veio de "The last curious man: the enormous life of Anthony Bourdain, according to those who knew him best", de Drew Magary, *GQ*, 4 de dezembro de 2018. David Simon escreveu sobre Tony em seu blog *The Audacity of Despair*, em 11 de junho de 2018. A informação sobre o de crescimento de Bourdain no ensino médio veio de Sam Goldman. As citações sobre o quarto de Bourdain em Vassar vieram de arquivos inéditos de sua juventude que fui autorizado a ler. As citações sobre Provincetown e a equipe de cozinha com quem ele trabalhou vêm de *Kitchen Confidential*. Detalhes sobre Joe DiMaggio e Marilyn Monroe vêm de *Joe DiMaggio: the hero's life,* de Richard Ben Cramer. A citação de George Orwell sobre autobiografia vem de seu ensaio "Benefits of clergy: some notes on Salvador Dali", publicado em 1944. A citação sobre o uso da hipérbole por Bourdain vem de "Cooking up a mystery: an interview with Anthony Bourdain", por Jessica Bennett, *Rain Taxi Review*, verão de 2003, reimpresso em *Anthony Bourdain: the last interview and other conversations.* Bourdain negou ser jornalista em várias ocasiões; esta citação sobre não se sentir qualificado é de "Anthony Bourdain: the upsell interview", com Helen Rosner e Greg Morabito, 24 de outubro de 2016.

Capítulo 5

A citação que começa com "Eu gosto da arregimentação" é de um artigo do *Guardian* intitulado "Kitchen Devil", 10 de junho de 2001. As citações sobre o Culinary Institute of America vêm de *Kitchen Confidential*. As informações sobre a vida de Tony no CIA vieram de seus contemporâneos de CIA, Nick Valhouli e Tim Ryan. As citações que começam com "Aquele tipo de amor" vêm de "Anthony Bourdain's moveable feast", por Patrick Radden Keefe, *New Yorker*, 13 e 20 de fevereiro de 2017. Bourdain disse: "Eu não preciso ser adorado" no programa *On the Table* do Reserve Channel, com Eric Ripert, episódio 1, 19 de julho de 2012. Os colegas de tripulação de Tony no Zero Point Zero falaram sobre seu hábito de dizer "Apenas acaricie o bebê quando ele estiver dormindo" nos episódios "Behind the scenes" de *Parts Unknown*, em 2018. Minhas impressões sobre Donald Trump vêm em parte da experiência pessoal. Eu coescrevi o segundo livro de Trump, *Surviving at the top*.

Capítulo 6

A citação que começa com "um clássico antiquado" veio de uma entrevista que fiz com um ex-colega de trabalho de Joe de Bourdain, que pediu para não ser identificado. Uma amiga de Nancy Bourdain me contou sobre seu interesse ocasional em se tornar designer de calçados. A citação de Bourdain "Nenhum carro esportivo jamais curaria meus problemas" apareceu no *Medium Raw*, assim como sua memória de "um escritório de aparência imunda no andar térreo de um conjunto habitacional" e sua referência a "sonhos de menino com viagens e aventuras." As citações de Michael Schnatterly vieram de uma entrevista por telefone que fiz com ele. As citações de Robert Ruiz vieram de uma série de entrevistas por telefone que fiz com ele. A citação de Eric Ripert sobre cozinhar lado a lado com Bourdain veio do perfil "Anthony Bourdain's moveable feast" do *New Yorker*, de Patrick Radden Keefe, 13 e 20 de fevereiro de 2017, assim como sua citação que começa com "Tenho uma curiosidade desenfreada." As citações de Scott Bryan vêm de uma entrevista que fiz com ele. Falei com David McMillan em pessoa, em Montreal. Bourdain falou "fui pelo dinheiro" em *Kitchen Confidential*, entre muitos outros lugares. A citação de A. J. Liebling vem de *Between meals: an appetite for Paris* (1959; reimpressão, Nova York: North Point Press, 2004). A citação de Gordon Ramsey vem de *Roasting in Hell's Kitchen: temper tantrums, F words, and the pursuit of perfection* (Nova York: HarperCollins, 2006).

Capítulo 7

A citação sobre "comer lixo no topo do mundo" é de *Kitchen Confidential*; aquela sobre "béchamel semelhante a cimento" é de *Medium Raw*. A citação de Philip Roth vem de *Conversations with Philip Roth*, editado por George J. Searles (Jackson: University Press of Mississippi, 1992). A autodescrição de Andy Menschel vem de *Kitchen Confidential*. Informações sobre Sam Goldman vieram das minhas entrevistas com ele. Goldman também foi uma entre cerca de 10 pessoas com quem falei sobre Menschel.

Capítulo 8

A citação sobre o W.P.A. original ser esnobe e pretensioso vem do *New York Daily News*, 24 de agosto de 1981. As informações sobre os chefs Jan Birnbaum e Alain Sailhac vêm do livro *Chefs, Drugs and Rock & Roll*, de Andrew Friedman.

Capítulo 9

Entrevistei o chef Fred Morin em pessoa, em Montreal. A citação de Nancy Putkoski sobre o uso de heroína vem de "Anthony Bourdain's moveable feast", de Patrick Radden Keefe, *New Yorker*, 13 e 20 de fevereiro de 2017. A citação que começa com "Nós nos comportamos como um culto de maníacos" e as seguintes citações vêm de "Anthony Bourdain: my favorite mistake", *Newsweek*, 26 de junho de 2011. Bourdain fez seus comentários sobre os cozinheiros não serem estrelas do rock em "Anthony Bourdain: the eater upsell interview", podcast com Helen Rosner e Greg Morabito,

Miserável no Paraíso

24 de outubro de 2016. Harold Bloom escreveu sobre sua teoria em *The anxiety of influence: a theory of poetry* (Nova York: Oxford University Press, 1973). Bourdain disse que viu "alguém que valia a pena salvar" no episódio de Massachusetts de *Parts Unknown*, em de 2014.

Capítulo 10

A citação de Bourdain sobre escrever ser vergonhosamente fácil veio de Jessica Bennet, "Cooking up a mystery: an interview with Anthony Bourdain", *Rain Taxi*, Verão de 2003. Ruth Reichl falou sobre o primeiro rascunho de Bourdain em "It was kind of magical: Ruth Reichl on Anthony Bourdain's 'vomit draft', and what her ideal magazine would look like in 2019", por Alan Systma, revista *New York*, 2 de abril de 2019. A citação de Vladimir Nabokov, "A língua da minha primeira governanta", é de *O Encantador*, traduzido por Dimitri Nabokov (Nova York: Putnam's, 1986). Bourdain falou sobre não ser capaz de se sentar em um sótão escrevendo romances inéditos em *Fresh Air*, com Dave Davies, em outubro de 2016, na entrevista chamada "In 'Appetites', Bourdain pleases the toughest critic (His 9-Year-Old)". Os relatos do comportamento raivoso de Bourdain no Formerly Joe's vieram de minhas entrevistas com antigos funcionários. Bourdain fala sobre seus anos de drogado em *Kitchen Confidential*. A citação sobre o sonho de "bater na cara estúpida dela com um moedor de pimenta" estava em uma entrevista na *Rain Taxi Review of Books*, verão de 2003.

Parte Três

A citação de Gustave Flaubert vem de sua carta a George Sand de 10 de maio de 1875, publicada em *The George Sand–Gustave Flaubert letters*, traduzida por Aimee L. McKenzie (Nova York: Boni e Liveright, 1921).

Capítulo 11

Entrevistei José de Meirelles, coproprietário da Brasserie Les Halles, em seu restaurante Le Marais, no centro de Manhattan. Philippe Lajaunie falou comigo com moderação por e-mail. Bourdain contou sua versão de como seu artigo chegou ao *New Yorker* na edição de abril de 2013 da revista *Delta Sky*. Esther B. Fein confirmou que Gladys Bourdain havia lhe dado uma cópia do artigo de Anthony para repassar a seu marido, David Remnick. A citação de Remnick que começa com "Abri o envelope sem nenhuma expectativa" vem de "New Yorker Editor David Remnick on Anthony Bourdain", de Matt Buchanan, *Eater*, 8 de junho de 2018. A citação sobre como ele encontrou as histórias de Bourdain vem do podcast do *New Yorker*, Episódio 69: "Bun Cha with Obama, and Trump's new world disorder", 10 de fevereiro de 2017. A citação de Bourdain sobre filetar o salmão quando Remnick ligou é de sua entrevista para a *Delta Sky*. Bourdain descreveu sua refeição de sushi com Lajaunie em *Kitchen Confidential*. A citação de David Halpern sobre o método de escrita de Bourdain veio da entrevista de Grub Street: "He always understood that he was blessed: writing books and building a legacy with Anthony Bourdain", na revista *New York*, 23 de abril de 2019.

Capítulo 12

O relato de Bourdain sobre o encontro com Lydia Tenaglia e Chris Collins veio em grande parte do *Medium Raw*. As citações de Lydia Tenaglia sobre o primeiro encontro com Bourdain vêm de "Tony's compass: how Anthony Bourdain became the Food TV Star of a generation", de Alan Siegel, *The Ringer*, 18 de dezembro de 2018; "The last curious man", de Drew Magary, *GQ*, 4 de dezembro de 2018; e "Meet the woman who turned Anthony Bourdain into a TV Star", de Ivy Knight, *Vice*, 12 de maio de 2017. A citação que começa "aquele programa anterior e menos bom", vem do *No Reservations* de Bourdain e do blog *Snarkology: the sweet science* no Facebook,

Miserável no Paraíso

24 de janeiro de 2009. As informações sobre Vic Chanko vieram da postagem no blog *Snarkology* e de uma fonte confidencial. As citações de Bourdain que começam com "Eu senti como se o mundo inteiro estivesse se abrindo para mim" vêm de "Anthony Bourdain's moveable feast", de Patrick Radden Keefe, *New Yorker*, 13 e 20 de fevereiro de 2017. As citações de Tenaglia sobre o comportamento de Bourdain no Japão vêm de "Tony's compass". As citações de Chris Collins vêm de "The last curious man". As citações de Robert Ruiz vêm da minha entrevista com ele.

Capítulo 13
As citações e informações sobre Ottavia Bourdain vieram de uma fonte confidencial. A citação de Eric Ripert que começa com "Meu Deus do céu" veio do documentário *Roadrunner: a film about Anthony Bourdain*. As observações de Maria Bustillo sobre a vida de Bourdain imitando sua ficção apareceram na página Longform no *Eater*, "Fiction confidential: is the real Anthony Bourdain lurking in his early novels?", 25 de janeiro de 2017. A citação de Bourdain que começa com "Quando você tem uma história muito dolorosa com uma pessoa" veio de minha entrevista com o fotógrafo Josh Cogan. As citações sobre suas experiências em Beirute vieram de "Anthony Bourdain talks travel, food, and war", uma entrevista com John Little, publicada em *Blogs of War*, 20 de julho de 2014. As informações sobre a gravidez de Ottavia e ela perguntando a Bourdain sobre um plano B vêm de uma fonte confidencial. A citação "Sabemos que você está cansado, mas acalme-se" veio de Myleeta Aga. A história sobre Bourdain contando a Scott Bryan quanto dinheiro ele estava ganhando veio de minha entrevista com Bryan.

Capítulo 14
As informações sobre o e-mail de Bourdain para Michael Ruhlman vieram de minha entrevista com Ruhlman. A descrição que Bourdain

311

fez de Argento como "um câncer que tomou conta de todo o meu corpo" veio de uma fonte confidencial. Argento falou sobre suas dificuldades profissionais no site *La Vanguardia* ("Asia Argento: lo realmente terrorifico es hacia donde va el mundo"), 19 de julho de 2019, entre outros lugares. Argento apareceu na capa da edição de 5 de setembro de 2002 da *Rolling Stone* e se referiu à sua tatuagem de "buceta voadora" no artigo que a acompanha. O artigo inicial de Ronan Farrow sobre Harvey Weinstein, "From aggressive overtures to sexual assault: Harvey Weinstein's accusers tell their stories", apareceu na edição de 10 de outubro de 2019 da *New Yorker*. As informações sobre as interações de Bourdain com Laura Albert e sobre o relacionamento íntimo entre Argento e Savannah Knoop, a mulher que se fez passar por J.T. LeRoy, vieram de minha entrevista com Laura Albert, bem como da reportagem do *Guardian* de 1º de novembro de 2008; "New Film 'JT LeRoy' explores bizarre details of early-2000s literary scam", de E. J. Dickson, *rollingstone. com*, 26 de abril de 2019; e o documentário de 2016 *Author: the JT LeRoy story*. Bourdain falou longamente sobre suas técnicas de produção de televisão em uma entrevista para a Television Academy Foundation, gravada em 14 de agosto de 2015. As citações de Ottavia Bourdain sobre *The Layover* vieram de uma fonte confidencial. Um dos lugares em que Bourdain contou a história sobre o homem que pergunta a uma mulher se ela dormiria com ele por um milhão de dólares foi seu livro *Medium Raw*. Chris Collins fez sua declaração sobre a confiança dada pela CNN em "Tony's compass: how Anthony Bourdain became the Food TV Star of a generation", de Alan Siegel, *The Ringer*, 18 de dezembro de 2018. A citação de Ralph Waldo Emerson é de seu ensaio "Self-Reliance". Harley Flanagan me disse durante uma entrevista pessoal que Bourdain havia ligado para ele durante os intervalos de sua conversa com Barack Obama. A citação que começa com "Muito raramente é uma boa mudança de carreira" vem do *Medium Raw*.

Capítulo 15

As citações de Ottavia Bourdain vieram de uma fonte confidencial, assim como as informações sobre o casamento de Anthony Bourdain. As informações sobre os e-mails de Asia Argento, os próprios e-mails e as informações sobre seu relacionamento com Bourdain também vieram de uma fonte confidencial. A citação de Oscar Wilde vem de "The critic as artist", em *Intentions* (Londres: Methuen, 1891). As citações de Zach Zamboni vieram de uma fonte confidencial. As informações sobre Mario Batali e Laurie Woolever vêm de comunicações fornecidas por uma fonte confidencial, assim como as informações sobre a sugestão de Kim Witherspoon de que ele fosse com ela a Paris. As informações sobre Annabella Sciorra e o e-mail para David Remick foram fornecidos por fonte confidencial, assim como as mensagens de Bourdain para Ottavia. O artigo seguinte de Ronan Farrow foi "Weighing the costs of speaking out about Harvey Weinstein", *New Yorker*, 27 de outubro de 2017.

Capítulo 16

As informações sobre as experiências de Bourdain com Sandro Canovas vieram de minha entrevista com Canovas. O artigo do *New York Times* que apoiou a acusação de Jimmy Bennett, "Asia Argento, a #MeToo Leader, made a deal with her own accuser", de Kim Severson, foi publicado em 19 de agosto de 2018. A informação sobre Tony contratar um detetive particular para desenterrar informações sujas sobre o ator Jimmy Bennett veio de uma fonte confidencial. As citações de Karen Reynolds apareceram em "Anthony Bourdain was 'giddy' just a week before his death, says longtime CNN coworker", de Ana Calderone e Karen Mizoguchi, *People*, 8 de junho de 2018. A informação sobre Eric Ripert ouvindo pela parede veio de uma fonte confidencial, assim como as mensagens entre Bourdain e Argento.

Charles Leerhsen

Epílogo

A citação de Richard Holmes vem de *The long pursuit: reflections of a romantic biographer* (Nova York: Pantheon, 2017). Os detalhes da morte de Bourdain e seu histórico de pesquisa no computador vieram de fontes confidenciais, assim como as informações sobre o memorial.

Referências

ALVAREZ, A. *The Savage God: a study of suicide*, 1971. Reprint. New York: Norton, 1990.

ANTHONY Bourdain: the last interview and other conversations. Introduction by Helen Rosner. Brooklyn, NY: Melville House, 2019.

ARGENTO, Dario. *Fear*: the autobiography. Goldaming, UK: Fab Press, 2019.

BATTERBERRY, Michael; BATTERBERRY, Ariane. *On the Town in New York*: a history of eating, drinking and entertainments from 1776 to the present. New York: Scribner's, 1973.

BLUM, David. *Anthony Bourdain*: the Kindle singles interview. Kindle, 2013.

BOURDAIN, Anthony; ROSE, Joel. *Anthony Bourdain's Hungry Ghosts*. Illustrated by Alberto Ponticelli, Irene Koh, and Paul Pope. Milwaukie, OR: Berger Books/Dark Horse Comics, 2018.

BOURDAIN, Anthony; MEIRELLES, José de; LAJANUNIE, Philippe. *Anthony Bourdain's Les Halles cookbook*: strategies, recipes, and techniques of classic bistro cooking. New York: Bloomsbury, 2004.

BOURDAIN, Anthony; WOOLEVER, Laurie. *Appetites*: a cookbook. New York: Ecco, 2016.

BOURDAIN, Anthony. *The Bobby Gold stories*. New York: Bloomsbury. 2002.

BOURDAIN, Anthony. *Bone in the throat*, 1995. Reprint. New York: Bloomsbury, 2000.

BOURDAIN, Anthony. *A Cook's Tour*: in search of the perfect meal. 2001. Reprint. New York: Ecco, 2002.

BOURDAIN, Anthony; ROSE, Joel. *Get Jiro!* Illustrated by Langdon Foss. New York: Vertigo/DC Comics, 2012.

BOURDAIN, Anthony; ROSE, Joel. *Get Jiro*: blood and sushi. Illustrated by Joel Rose and Alé Garza. New York: Vertigo/DC Comics, 2015.

BOURDAIN, Anthony. *Gone Bamboo*. New York: Villard, 1997.

BOURDAIN, Anthony. *Kitchen Confidential*: adventures in the culinary underbelly. New York: Bloomsbury, 2000.

BOURDAIN, Anthony. *Medium Raw*: a Bloody Valentine to the world of food and the people who cook. New York: Ecco, 2010.

BOURDAIN, Anthony. *The Nasty Bits*: collected varietal cuts, usable trim, scraps, and bones, 2006. Reprint. New York: Bloomsbury, 2007.

BOURDAIN, Anthony. *No Reservations*: around the world on an empty stomach. New York: Bloomsbury, 2007.

BOURDAIN, Anthony. *Typhoid Mary*: an urban historical. 2001. Reprint. London: Bloomsbury, 2005.

BOURDAIN, Anthony; WOOLEVER, Laurie. *World Travel*: an irreverent guide. New York: Ecco, 2021.

BURROUGHS, William S. *Junky*: the definitive text of "junk". Edited and with an introduction by Oliver Harris. New York: Grove Press, 2003.

CNN. *Anthony Bourdain remembered*. New York: Ecco, 2019.

CRAMER, Richard Ben. *Joe DiMaggio*: the hero's life. New York: Simon & Schuster, 2000.

DINERSTEIN, Joel. *The Origins of Cool in Postwar America*. Chicago: University of Chicago Press, 2017.

DOMENBURG, Andrew; Page, Karen. *Chef's night out*: from four-star restaurants to neighborhood favorites: 100 top chefs tell you where (and how!) to enjoy America's best. New York: Wiley, 2001.

DUFRESNE, Wylie; MEEHAN, Peter. *Wd~50*: the cookbook. New York: Anthony Bourdain/Ecco, 2017.

DURKHEIM, Émile. *Suicide*: a study in sociology. Translated by John A. Spaulding and George Simpson. Edited and with an introduction by George Simpson. Glencoe, IL: Free Press, 1951.

FARROW, Ronan. *Catch and Kill*: lies, spies, and a conspiracy to protect predators. New York: Little, Brown, 2019.

FLANAGAN, Harley. *Hard-Core*: life of my own. Edited by Laura Lee Flanagan. Port Townsend, WA: Feral House, 2016.

FREELING, Nicolas. *The Kitchen and The Cook*. London: Big Cat Press, 2002.

FRIEDMAN, Andrew. *Chefs, Drugs and Rock & Roll*: how food lovers, free spirits, misfits and wanderers created a new American profession. New York: Ecco, 2018.

GREENE, Graham. *The Quiet American*, 1955. Reprint. New York: Bantam, 1957.

GREENE, Graham. *Ways of Escape*, 1980. Reprint. Harmondsworth, UK: Penguin Books, 1981.

HAMILTON, Gabrielle. *Blood, Bones & Butter*: the inadvertent education of a reluctant chef. New York: Random House, 2011.

HELL, Richard. *I dreamed I was a very clean tramp*: an autobiography. New York: Ecco, 2013.

JAMISON, Kay Redfield. *Night falls fast*: understanding suicide, 1999. Reprint. New York: Vintage, 1999.

JOINER, Thomas. *Why people die by suicide*. Cambridge, MA: Harvard University Press, 2007.

KAPLAN, James. *Frank*: the voice, 2010. Reprint. New York: Anchor, 2011.

KAPLAN, James. *Sinatra*: the chairman, 2015. Reprint. London: Sphere, 2017.

LUONGO, Pino; FRIEDMAN, Andrew. *Dirty Dishes*: a restaurateur's story of passion, pain, and pasta. Foreword by Anthony Bourdain. New York: Bloomsbury, 2009.

MATÉ, Gabor. *In the Realm of Hungry Ghosts*: close encounters with addiction. Foreword by Peter A. Levine, 2007. Reprint. Berkeley, CA: North Atlantic Books, 2010.

McFARLANE, Bonnie. *You're Better Than Me*: a memoir. Foreword by Anthony Bourdain. Anthony Bourdain/Ecco, 2016.

MITCHAM, Howard. *The Provincetown Seafood Cookbook.* Introduction by Anthony Bourdain, 1975. Reprint. New York: Seven Stories Press/Tim's Books, 2018.

MORIN, Frédéric; McMILLAN, David; ERICKSON, Meredith. *The art of living according to Joe Beef*: a cookbook of sorts. Berkeley, CA: Ten Speed Press, 2011.

MORIN, Frédéric; McMILLAN, David; ERICKSON, Meredith. *Joe Beef, Surviving the Apocalypse*: another cookbook of sorts. New York: Alfred A. Knopf, 2019.

ORWELL, George. *Down and Out in Paris and London*, 1933. Reprint. Boston: Mariner Books, 1972.

PETROFF, Bryan; QUINT, Douglas. *Big Gay Ice Cream*: saucy stories & frozen treats: going all the way with ice cream. Foreword by Anthony Bourdain. New York: Clarkson Potter, 2015.

REAL, Terrence. *I don't want to talk about it*: overcoming the secret legacy of male depression. New York: Scribner, 1997.

REICHL, Ruth. *Save me the plums*: my gourmet memoir. New York: Random House, 2019.

RIPERT, Eric; CHAMBERS, Veronica. *32 Yolks*: from my mother's table to working the line. New York: Random House, 2017.

SOLOMON, Andrew. *The Noonday Demon*: an atlas of depression. New York: Scribner, 2001.

STYLER, Chris (ed.) *Behind every great chef, there's a mom! More than 125 treasured recipes from the mothers of our top chefs.* New York: Hyperion, 2005.

SZALAVITZ, Maia. *Unbroken Brain*: a revolutionary new way of understanding addiction. New York: Picador St. Martin's Press, 2016.

THOMPSON, Hunter S. *Fear and Loathing in Las Vegas*: a savage journey to the heart of the American dream, 1971. Reprint. New York: Vintage, 1989.

VITALE, Tom. *In the weeds*: around the world and behind the scenes with Anthony Bourdain. New York: Hachette, 2021.

WOOLEVER, Laurie. *Bourdain*: the definitive oral biography. New York: Ecco, 2021.

Créditos de Imagens

Página 16: Andrea Blickman

Página 56: Dae Bennett

Página 81: Michael Schnatterly

Página 134: Andy Menschel

Página 142: Jason LaVeris, Getty Images

Página 172: Cortesia de Nancy Bourdain

Página 186: Dimitrios Kambouris, Getty Images

Página 191: Pete Souza

Página 210: Sandro Canovas

Página 214: Charles Leerhsen

Página 216: Charles Leerhsen